四库存目

校正全本易林補遺

納甲匯刊 [三]

[明]张士宝◎撰　郑同◎校

华龄出版社

责任编辑：薛　治
责任印制：李未圻

图书在版编目（CIP）数据

四库存目纳甲汇刊. 3 /（明）张士宝撰.
—北京：华龄出版社，2016.6
ISBN 978-7-5169-0730-6

Ⅰ. ①四… Ⅱ. ①张… Ⅲ. ①《四库全书》—图书目录 Ⅳ. ①Z833

中国版本图书馆 CIP 数据核字（2016）第 124117 号

书　　名	：四库存目纳甲汇刊（三）：校正全本易林补遗
作　　者	：（清）张士宝撰　郑同校

出 版 人	：胡福君
出版发行	：华龄出版社
地　　址	：北京市东城区安定门外大街甲 57 号　邮　编：100011
电　　话	：（010）58122246　　　传　真：（010）84049572
网　　址	：http://www.hualingpress.com

印　　刷	：九洲财鑫印刷有限公司
版　　次	：2016 年 6 月第 1 版　2019 年 11 月第 2 次印刷
开　　本	：720×1020　1/16　　　印　张：16.25
字　　数	：238 千字　　　　　　　印　数：5001～8000
定　　价	：48.00 元

版权所有　　翻印必究
本书如有破损、缺页、装订错误，请与本社联系调换

易林补遗题辞

夫易广矣大矣，精焉惟焉。于物无所不包，于道无所不贯。先天后天，六虚循环而叵测；近取远取，万化倚伏而周流。画前易在，系后辞繁。四圣人阐其奥而令蓄无涯，诸先生溯其蕴而研穷未尽。卜筮民用以前，龟策神物是寓。左丘明占象占爻，事多吻合；焦子贡演文演卦，验最神奇。帘下陈词，君平率能巧中；军中布武，孔明辙炳几先。至于卦影捷同，桴鼓杪忽靡差；迨夫梅花数例，灵棋纤毫莫舛。盖阴阳司吉凶之囊籥，而动静转生克之枢机，一经推测，成败昭然；少露端倪，鬼神卓尔。造命何能夺命，命不可逃；代天安得逆天，天果有定。六壬篇秩浩繁，畴知检校；五行休咎变幻，谁解参详。

世宝张生者，若水星家，吴门术士；在幼丧明，从孩学易。盲于目而不盲于心，心源澄澈；暗于外而不暗于内，内视晶莹。从明师而肄习，不减穆、邵之渊源；得异书而探求，何止王、蔡之授受。耳提面命，业擅专门；口诵心维，神通灵窍。旨发先儒之秘，订二爻不变之讹；见称独得之真，纠暗动合住之谬。庶几闻所未闻，允乎见所未见。乃深慨凡情之用罔，又复欲群动之纷纭。广列条章，群汇事类。自朝常至于鄙事，巨细兼收；由星象以逮民功，精粗合载。生平之道备矣，涉世之务赅焉。纲举目张，洞焉观火；支分节解，断似析薪。加之句叶宫商，篇工骈骊；云霞杰于齿吻，金石作于声容。季主之辩若悬河，逊其藻绘；孝先之言如符契，让其圆融。诚马庭高弟，羲陛忠臣矣。彼《启蒙》之杂乱，每膺托于前贤；视《何知》之浅陋，仅雷同于勋说。相提而论，非碔砆之与美玉，燕石之与明珠哉。付之剞氏，可称书部琳琅；传之卜人，堪作易林鼓吹。

万历甲辰夏五月吉赐进士第文林郎
前奉勅巡视通仓管河道巡按顺天兼督三关
侍经筵官陕西道监察御史
西吴儆韦居士顾尔符撰并书

吴兴卜士张星元易林补遗叙

　　湖人之医难可尽凭，故凭于卜，其卜者亦不问医而问鬼。故湖之民半贫于鬼，其物畜亦半尽于鬼，非鬼之刑之卜人之言刑之也。星元张生，十言十当，余不为取。何者？言而当，非能令病者起，死者生也。盖张生幼而瞽，遂学卜。每问师何以断鬼，都曰："我知何鬼？第家大则鬼大，病大则鬼亦大"，如是而已，张生心不然之，以故不言鬼而言医。盖十余年，而群鬼多畏之者。有附病妇而命其夫曰："尔无卜于张星元，而妇犹可生，不者而妇死矣。"已而妇竟死。张生亦悔之曰："病亦有鬼，第不可为妄言耳。"故其著为《易林补遗》，于《搜决神鬼》一章，特加精覈，云："由是病而卜者，有忏悔而免，有斋素而祀。"其物产不为倾废，而生畜不尽于屠戮，则是书之活之多矣。

　　余读《易》五十余年，宦游几半天下，求其可为问《易》者而不得。偶问张生曰："八卦甲子，止于四十八卦，毋乃非全书乎"。生曰："乾坤于冬至后首甲乙，夏至后宜首壬癸"。余不敢深辩，要之，其于《易》也，亦不为苟言之矣。其于鬼神之情状，亦不敢谓尽知。然其立言之旨，根于天地生德，则于圣人开物之思，庶为近之也。

问易道人吴兴王豫叙

易林补遗序

　　《易》之变不居，而其体则恒，圣人戒无恒，曰"不占而已"，君子是以玩其占也。占候家如焦如京最古，焦详于体变，而京详于时会。时会者，干支胜不胜之属，五而经之，十二而纬之，其道员而禅，故其传简。体变者，六虚之义也，由三而八，由八而六十四，由六十四而四千九十六，其道方以顺，故其林繁。法为卜筮家袭。京氏之肤而不究其委，其犹言亭亭、白奸及胜光、神后等云者亦希矣，而遑问四千九十六之所居凭。不佞悼焦氏之学如线，患在分塗于京氏之思为合其法而未有杂也。敝笼中得苑洛韩公所刊正《经纬》一书，曰：是亦焦氏本经者也。已又得瞽者张世宝所撰《易林补遗》，呀然曰："尔何拾乎林而补之，岂又将合今卜筮家杂焦氏耶。且亦称四千九十六云者，则杂家体变之致乎，而又胡庸传道。"诸曰："子何以其体为载其事之云。体恒而虚，虚则觭，而百事故繁。事无恒而实，实则有数，而可统记，故约。且吾以古御今，不若以伪附雅，推京氏之半，能合焦氏之渺论，苟有当乎人，亦其非分塗，而《易林》之全书可次第行矣。"不佞舍然大喜，勉刻经纬，遂附以其《补遗》，云："张瞽，童而瞽，六书之点画形构不能目受之而能言其义，使之占，传事陈理，间以谐讽，天人善败，几几乎莫之能违也。其而亦谓恒而贞者耶。"

大朴之子沈漼仲雨氏撰

易林补遗序

　　谈卜筮者必本于《易》，羲画周爻，民用赖之，然宁为卜筮设哉。鸿蒙剖判以后，凡日月之升沉，庶类之荣枯，人事之屈伸，不离阴阳，则不离变易，无之而非是，故曰画前原有易，智者得之，愚者惑焉。使天下而皆智也，则羲图之包涵已画，即象之爻之，犹为附益也。惟天下不皆智也，则易象之昭示无尽，即极变穷占，犹不无阙遗也。古来精《易》者无虑数百家，著书立言，可谓详矣。然用以导惑而教愚，犹嫌其略。略而更详之，此《易林补遗》之所为作也。吴郡有世宝张君者，幼而丧明，以卜筮为业，比长，多好学，耳之所闻，无不深心体会，遂至辨天地之道，日月之运，阴阳吉凶之本，非惟究成说，且能定折衷，非性周世故，且能谙兵略，探赜索隐，分门折类，自成一家言，庶几盲于目而不盲于心者欤。以之决趋避而全民用，厥功岂细乎哉。夫司马季主一屈贾宋之辨，名垂至今。是编也，立义精，取用博，亦贾宋之所宜闻而心折者也。倪逢龙门氏表章之，不将与季主同垂不朽耶。

　　　　赐进士第翰林院编修兼起居注西吴温体仁题

易林补遗自叙

　　世宝家世苏人，幼随父近山公寓吴兴，遂家焉。甫三岁，以痘失明，里人咸惜之。余父独太息曰："昔贾子云，古之圣人不居朝廷，必在卜医之中。小子虽废乎目，倘能穷阴阳之变，剖吉凶之途，使病者或以愈，且死或以生，患或以免，事或以成，嫁子娶妇，或以养生，此之为德，岂不小补哉。小子勉之。"余时闻之，窃沾沾自喜。因遍访省内诸名师，相与讲求易理，若《玄妙赋》、《感应篇》、《鬼谷百问答》等书，靡不研究。久之，得《黄金策》，而飞伏互变之纱，稍稍有窥，试之卜辄中，世谬以神断目之，然余心未敢自是也。尝试以为易道尚变，六爻动皆变，此取用九用六之意。乃京房变法，谓一爻动则变，二爻动则不变，岂其传之误耶。则《火珠林》之术其验如响，而变法与《易》不符，此何以故。他如《卜易阐幽》谓动爻逢合不变，《黄金策》谓卦静逢冲暗动，亦变动者老也，暗动者少也。《易》称老变而少不变，似不其然。夫诸书世所取衷者也，然其旨或舛而可疑，或隐而未畅，或略而未详，或散而无统，使学者不得其门而入，余窃悯焉，思有以折衷之，以诏来学，而智虑谫陋未能也。偶闻管子书有曰："思之思之，思之不得，鬼神从而通之。"始悟向之所未通者，特思未深耳。于是殚虑研精，旁蒐博採，务穷其奥而后已。或昼之所不得，夜以继之，沉潜既久，梦寐中恍若有指示余者，及觉而胸中豁然，蔽者以开，滞者以达。因以其所得，类而成书，其为集者四，其为卷者十有二，其为章者百四十有五，凡上而天道之运，下而民故之烦，巨细不遗，机缄毕露。藏诸椟中，时出以就正，诸缙绅先生咸谬为推许，命曰《易林补遗》，各锡佳序，弁诸简端，且欲付之剖劂。余自分管窥之见，何敢列于《易林》？亦惟是先人近山公以医卜命之，间尝奉侍汤药，究心岐黄，方饵所投，庶几屡获奇效矣，而时方专力于卜，未遑本业。今是编也苦思十载，幸而成矣，又幸而得诸名公为之表章矣，庸可自秘乎？虽未敢以为可传，然千虑一得者，少有裨于民用，以无负先人之志云尔。

时万历癸卯岁季冬望日张世宝叙

张星元传

夫观人以外必以艺，观人以内必以心。若奇以显其艺，而巧以行其心，则在恒人且难之，况号称瞽者乎。昔左丘明厥有《国语》，此千载著书异人，而韩愈氏谓瞽者能吐胸中之奇，则非谫才浮枝，必且上下古今，纵横宇宙，有常人见之啧舌而不敢道者。吾于今世得一人，作《张星元传》。

传曰：君讳世宝，号星元居士，为苏之吴县人，盖望族也。其父近山公，性嗜法书名画，商鼎秦彝，遂挟千金重宝，游湖中，爱山水清远，叹曰："此故学士松雪居也。"乃家焉，此时星元君已生有十之三矣。盖近山素苦无子，而得异梦，生星元，有异人相之曰："此子当名闻天下，异汝家福薄，不可留。已而瞽于痘。"异人复来视之曰："疾则不死，终当显名。"年十五，自能闲于丝竹，或时作商音，悽然动人，若有不自得者。于是湖中士大夫争奇之，谓此子既慧，何不教读书。近山公不惜百金，延明儒，教之字形，训之字义，星元日记千余言，至丙夜朗朗为父诵，父喜曰："儿既已富于学，学可已乎。"星元泣曰："儿将游四方，究天人性命之学，岂若博士家执笔为句读耶。"近山公乃治巨舰，名香苦茗，携之东游于吴会云中，维扬之间，访山林高士，厚礼重币，纵谈宏辩，凡天文地理，兵法医学，堪舆之说，靡不口授心维。一日恍然曰："宇宙之理，咸备于阴阳五行，故《易》之一书，贯通百家。"乃弃去一切，而于《易》潜心焉。凡古之论《易》，上自京房，下至康节，皆有奇秘不传之书，星元捐金购得焉，篝灯令人读而卧听之，尽获其髓。试之射覆辄验。效司马季主故事，垂帘市中，士大夫求卜者，铁限为穿。其最奇者，归安汪邑侯召问转擢，得卦之既济，则答以水主冬官，且居北部，而世空无司，傍观者笑曰："升而无司，殆不升耶。"已而果如其言。本府陈郡侯，方日夜焦劳民事，命之卜雨则亢旱而云雨兴，命之卜晴则霖霪而云日出，皆克期而至，如影随形。郡侯先期示民，民赖克济。虽府主一念精诚，昭格天地，而星元实泄天意干於穆[①]也。本府节推署，素

---

① 於穆：对美好的赞叹。於，叹辞也；穆，美也。《诗·周颂·维天之命》："维天之命，於穆不已。"

不利，卜得风山渐，而动于初爻。星元曰："巽象临空，青龙东陷，宜为高楼以镇之。且官化离宫，必转留都。"已而独升于介四府，而又为应天司理，则卜之先兆验也。

吴按台事竣，不得代，召星元卜之，许以冬孟转官，应如形响。盖自邑令二千石分司兵宪，观察左右辖御史大夫中丞公，靡不奇其术，而赐额焉不可一二计。乃翰林礼部两沈公，尤爱而重之，故礼部给劄，捐资刻书，皆出两公盛心，为世罕有。兢识两公高义，而星元术固有以动之也。

著书出乃父近山公之意，盖星元天性仁孝，近山易箦之际，星元号为佛事，近山呼之曰："来，吾子，以子之慧，而不得一官，天限子耳。今子惟著书，流行四方，或好事者，培植尔进贤一冠，他日衣冠拜吾墓下，吾愿足矣。"父没之后，星元遂苦心著书成，延两博士弟子校其字讹，乃书义则君独成，无一赞者，可谓前无古人，后无作者矣。

吾乡王金宪公，挂冠之后，闭户读书，宏览博物，而于《易》得周孔心印，亦赏其书。星元感金宪公知己之恩，私为其长公子卜之，当入粟，且利于南。是时长公文章宏丽，为世作则，岂肯俯首入胄，即胄，亦北雍耳。星元强之胄，又强之南，而秋试告捷，若探囊取者。虽长公子之才，固所向无敌乎，星元谓必胄而后中，则术之神也。

然星元尝啬于子，而今且三郎君，绕膝下如玉，廼吾所谓巧以行其心之仁者，可略言其概焉。遇人之子来占其父，则引之孝；遇人之弟来占其兄，则引之恭；遇人之妻来占其夫，则引之随。有欲出妻者，问卜得泰，星元掷钱惊曰："汝妻出则泰反为否，而汝应死。"其人问何以免之，则曰："惟弗出耳。"乃号泣而止。其人去而门人问曰："卦本吉而言凶，何也。"答曰："《书》不云乎，悲莫悲于生别离，且彼有离妇心，故不恤耳。今闻吾言，殆将合也。"已而夫果爱妻，生子，成数百金赀。不尔，则逐妇旷夫之根，宁有已耶。一少年嗜呼卢，一掷万钱，父兄亲戚环泣而谏之不止。鸣之官，而杻械枷锁又不止，私卜于星元。星元佯惊曰："汝不旬日死矣。"问何以不死术。惟有闭门绝党自守耳。其人归而索居，不复赌矣。一少年散千金于花柳杨，止遗屋址弹丸地耳，犹欲市之，为歌姬卮酒费，来卜于星元，得卦同人，星元抛策大呼曰："汝有不可同之人而同之，且白虎为恶疮，主折股失足，血流于床，皮废于面，叫号三岁乃死，死惟骨耳。"其人注曰："何以免

・7・

之。"星元曰："惟同汝妻闭门不出三年，乃免。"其人许诺，自此不入平康之境。人家火葬者，官府严禁之，不得。星元呼不利，则惧而止。奴背主者，主人且无可奈何，星元一言凶而叛心息矣。有河南人以事在逃，星元呼之曰："汝有父母妻子而不归，奈何令汝家思汝耶。吾试为汝占之。"发策，则大叫"不祥，不归且有疾"，已而疾作，其人神其言而亟归。令此人之家父母妻子欢然如故者，皆星元一激之力也。妻之妒者，必教之娶妾则免灾；子弟之好游者，必劝之读书则无祸。盖星元盛名之下，畴不信之。一言而能令惰者勤，刻者恕，好争者息非，淫荡者自检。此其阴功其渺小哉。吾所谓巧以行其心之仁者，信非星元不能也。然吾闻张君于人暗昧之事，不欲显祝，且不敢直告者，则不复视卦，而但云不吉。吾地安邑粮房为利孔，亦为弊窦，有数辈来占空拳问利可获否。星元占曰："获利则倾舍，无利则全躯。卦如是止矣，汝自择之。"有信其言者果获全，而不住者则遇我陈郡主英断，无一漏网，皆如星元之言。盖张君之术有补于国家，非仅仅卜学已也。故说者谓星元之书当具疏，而星元之名当载志，盖不徒取其奇以显术而巧以行仁也。实有裨于国用云耳。

野史氏张辂曰：吾叩张君之学，渊渊乎其深哉。其谈鬼神事，得异人授，甚精，而克应如响，乃不欲深言者，少时有本空和尚戒之，切弗以物命活人命故也。则又通乎禅理矣。今观其《搜决神鬼章》，有味乎其言之欤。张君平时以不得褒其父为恨，然闻古之行兵法者孙膑无足，则区区失明无论已。君于风角鸟占甚神，八门遁甲了了胸次。观所著《出师征伐章》，神鬼为惊，矧丑虏耶。方今边塞多事，倘有能具疏，经略开府之用，则趋吉避凶，百战百胜，足舒朝廷西北之忧而封诰可期，生平之志亦慰矣。辂山野病之夫，将拭目观之，是为之传。

时万历二十四年仲冬朔日
吴兴杨文山明珠庵发僧张辂谨撰

目 录

易林补遗题辞 …………………………………… 1
吴兴卜士张星元易林补遗叙 …………………… 2
易林补遗序 ……………………………………… 3
易林补遗序 ……………………………………… 4
易林补遗自叙 …………………………………… 5
张星元传 ………………………………………… 6

易林补遗元集卷之一 ………………………… 1
易林总断章第一 ………………………………… 1

易林补遗元集卷之二 ………………………… 23
天时晴雨章第二 ………………………………… 23
地理风水章第三 ………………………………… 25
朝廷国事章第四 ………………………………… 27
出师征伐章第五 ………………………………… 29

易林补遗元集卷之三 ………………………… 39
年时丰歉章第六 ………………………………… 39
身命造化章第七 ………………………………… 41
六亲寿命章第八 ………………………………… 46

易林补遗亨集卷之四 …… 49

倩媒说合章第九 …… 49
婚姻嫁娶章第十 …… 49
女卜男婚章第十一 …… 52
女家择婿章第十二 …… 53
后嗣有无章第十三 …… 53
怀胎虚实章第十四 …… 54
安护胎息章第十五 …… 55
收生保产章第十六 …… 56
六甲生产章第十七 …… 57
选择乳母章第十八 …… 59
婴童否泰章第十九 …… 60
出继男女章第二十 …… 61
承继绩嗣章第二十一 …… 61
更名顶籍章第二十二 …… 62
平生学艺章第二十三 …… 62
五经定肄章第二十四 …… 64
求师训迪章第二十五 …… 65
求馆开设章第二十六 …… 66
相资寓所章第二十七 …… 67
应举科名章第二十八 …… 68
仕宦升迁章第二十九 …… 69

易林补遗亨集卷之五 …… 71

袭求武弁章第三十 …… 71
援监纳吏章第三十一 …… 72
选缺参房章第三十二 …… 73
官员荐奖章第三十三 …… 74
上书咨奏章第三十四 …… 75

朝天面旨章第三十五 …… 76
恩封诰命章第三十六 …… 76
文书消息章第三十七 …… 77
趋谒贵人章第三十八 …… 78
谋望成事章第三十九 …… 79
谋役顶名章第四十 …… 79
审役轻重章第四十一 …… 80
扳人帮役章第四十二 …… 81
除名脱役章第四十三 …… 81
人宅六事章第四十四 …… 82

易林补遗亨集卷之六

创造宫室章第四十五 …… 91
修方动土章第四十六 …… 91
工匠巧拙章第四十七 …… 92
涓选日时章第四十八 …… 93
迁移居什章第四十九 …… 94
同居共寓章第五十 …… 96
置产立户章第五十一 …… 97
寄装丁产章第五十二 …… 98
治家分合章第五十三 …… 98
添丁纳使章第五十四 …… 99
雇请人工章第五十五 …… 100
布种田禾章第五十六 …… 101
浼妇育蚕章第五十七 …… 101
养蚕作茧章第五十八 …… 102
桑叶贵贱章第五十九 …… 104
六畜禽兽章第六十 …… 106
忧疑损害章第六十一 …… 107

易林补遗利集卷之七 ... 111
防非避讼章第六十二 ... 111
防火避焰章第六十三 ... 113
提防盗贼章第六十四 ... 114
御避灾患章第六十五 ... 115
何处得病章第六十六 ... 116
又论八宫鬼动云 ... 117
又论六神值鬼云 ... 117
痘疹起回章第六十七 ... 118
病源真假章第六十八 ... 119
疾病吉凶章第六十九 ... 119
疾病生克论 ... 121
占自己病断 ... 122
占他人病断 ... 123
占何日病退云 ... 123
占何日病凶云 ... 124
灾病缠脱章第七十 ... 126

易林补遗利集卷之八 ... 127
却避灾暑章第七十一 ... 127
求医疗病章第七十二 ... 129
医家治病章第七十三 ... 130
搜决神鬼章第七十四 ... 131
僧道贤愚章第七十五 ... 143
还赛解厄章第七十六 ... 145
奉安神位章第七十七 ... 145
停棺举殡章第七十八 ... 147
怪梦感应章第七十九 ... 148
报应雪冤章第八十 ... 150

易林补遗利集卷之九 151

 察人喜怒章第八十一 151
 探人虚实章第八十二 151
 用人藏否章第八十三 152
 仗托人力章第八十四 153
 继身受产章第八十五 153
 防老膳终章第八十六 155
 养亲馆友章第八十七 156
 登舟涉水章第八十八 157
 风行顺逆章第八十九 159
 乘车驾马章第九十 159
 水陆出行章第九十一 160
 同行共处章第九十二 161
 关隘津渡章第九十三 162
 旅望行人章第九十四 162
 行人远回章第九十五 163
 音书远信章第九十六 164
 觅人访友章第九十七 165
 中途候客章第九十八 165
 招宾接客章第九十九 166
 陪宾优劣章第一百 168

易林补遗贞集卷之十 169

 交朋结友章第一百一 169
 纠合伙伴章第一百二 170
 投行损益章第一百三 171
 求财觅利章第一百四 172
 开张店肆章第一百五 174
 收顿货物章第一百六 175

托本求利章第一百七 …… 176
索取债利章第一百八 …… 177
借贷财物章第一百九 …… 178
摇会得失章第一百十 …… 178
变产求财章第一百十一 …… 179
博戏求财章第一百十二 …… 180
捕猎畋渔章第一百十三 …… 180
安寄财物章第一百十四 …… 181
取赎人产章第一百十五 …… 182
探物真伪章第一百十六 …… 183
卧床趋避章第一百十七 …… 184
寿木喜忌章第一百十八 …… 185
妻仆去留章第一百十九 …… 185

易林补遗贞集卷之十一 …… 187

斗殴争竞章第一百二十 …… 187
兴词举讼章第一百二十一 …… 188
讼师美恶章第一百二十二 …… 188
保人强弱章第一百二十三 …… 189
公私见证章第一百二十四 …… 190
官司胜负章第一百二十五 …… 191

易林补遗贞集卷之十二 …… 193

忧监虑禁章第一百二十六 …… 193
离枷出狱章第一百二十七 …… 194
关提人卷章第一百二十八 …… 194
回关歇讼章第一百二十九 …… 196
公私和息章第一百三十 …… 197
申详允驳章第一百三十一 …… 198

营为嘱托章第一百三十二 …… 199

送物受返章第一百三十三 …… 200

昧情隐事章第一百三十四 …… 201

遗迷失物章第一百三十五 …… 202

捕捉逃亡章第一百三十六 …… 202

潜身避难章第一百三十七 …… 206

鬻身投主章第一百三十八 …… 207

投充兵卒章第一百三十九 …… 209

出家修行章第一百四十 …… 210

修真炼性章第一百四十一 …… 213

坐关不语章第一百四十二 …… 214

持斋受戒章第一百四十三 …… 215

开斋破戒章第一百四十四 …… 216

归宗还俗章第一百四十五 …… 217

宪台赐示 …… 218

缙绅赠言 …… 219

易林补遗后序 …… 224

易林补遗后跋 …… 225

易林补遗元集卷之一

易林总断章第一①

前圣炳先机之奥旨，开示迷途；

后学补未尽之遗言，其臻觉路；

阐发诸家之秘，包罗万类之情。

敬列数章，谬陈一得。

吉凶由八卦变通，须察吉变凶而凶变吉；

凶吉二字，系乎卦爻动静。静则取暗动并用爻为主，动则取之卦为凭。之卦者，即变卦也。变者化之渐，化者变之威。

飞伏在二仪交换，定然阳伏阴而阴伏阳。

易有太极，是生两仪；两仪生四象，四象生八卦。乾为老阳，坤为老阴，震为长男，巽为长女，坎为中男，离为中女，艮为少男，兑为少女，故曰"乾坎艮震属阳，巽离坤兑属阴"。

飞伏者，乃阴阳互换之理。凡占阳卦而伏阴，卜阴卦而伏阳。且如卜得乾卦为飞，便取坤卦为伏；若得坤卦为飞，便取乾卦为伏，其余雷、风、水、火、山、泽互换是也。八纯飞伏如此定之。

又论乾宫姤、遁、否、观、剥、晋六卦者，皆伏观宫乾卦，惟独大有归魂伏在否卦是也。又如坎宫二至七卦皆伏坎水，惟独师卦伏归既济。又说艮内惟独归魂当还第四。八宫同例，不必细陈。

爻爻有伏有飞，伏无不用。

飞伏者，往来隐显之神也。飞为已往，伏为将来。若卦内有用神不居

---

① 凡事取用爻为主，动变为凭。

空陷，不必更取伏神；如六爻不见主象者，却取伏神推之。

且如父占子病，未月甲寅旬壬戌日，卜得乾卦安静，此卦子值旬空，本为凶兆，岂知伏出坤卦癸亥水，子孙在壬申金之下，水赖金生，正所谓"飞来生伏得长生"，反为有救。后至甲子日，本宫子象当权，病得瘥也。

且如问求财，三月卯日卜得既济卦，六位无财，只有本宫戊午火为财，又伏在亥水之下，飞能克伏，必无财也。

又如求财，秋月甲申日卜得睽之归妹，此卦六爻无财，须看艮宫丙子水。所嫌伏在未土之下，水被土伤，本不为美。岂知未土空亡，透出子水，况逢长生申日，反主亨通。后至戊子日，果得厚利也。

又论问求财，丑月甲午旬癸卯日，卜得噬嗑卦，此卦辰财落空，未财月破，此二财皆无用也。所喜巽宫辛丑土财正临月建，伏于庚子水下，又得土旺于子，更论伏克飞，神为出暴，必主吉祥；稍嫌卯日克财，故当日未得。坎宫甲辰日兄弟又空，内财帮比，反获倍利也。

　　卦卦有动有静，动无不之。

动者，老阴老阳，无不变化。变即之也。凡阳极而生阴，阴极即生阳，故此交变单，而重变拆也。内有未知者冲动曰"变"。冲者暗动之爻，非在交重之位，岂得变乎？亦有愚人者，言"动值合而绊住不能变也"。既在老阴老阳，岂有不变之理？又论京房变法第六爻为宗庙，纵动不变；其余一爻动则变，乱动则不变也。此法甚有差讹，后学切莫依此。《易经》内凡见交重则变，并无乱动不变之理。宗庙爻既不变化，焉能纯乾变为纯坤？《经》中自用九"见群龙无首吉"爻辞可证，故此爻爻皆变也。

　　变出他宫，但取木金水火土；

　　还归本卦，配成兄父子财官。

　　凡论变爻，细宜斟酌。

且如节之比卦，不可言"财变兄弟，子变父母"之论，只取坤宫未土配作坎宫官鬼，又将坤中巳火配成坎内妻财，正所谓财化为官，子化为财是也。又如艮之谦卦，单取癸酉金配成艮卦子孙，此乃官化子也。其余仿此。

　　水化金则坎增其势；火化土则离减其威。

且如水爻变出金爻，水赖金生，其水转加威势，爻中纵有土兴，终难克制。倘若金又空亡，水纵变金，亦不得其生也。

又如火爻化土，当为泄气，此火定无光耀矣，如得木动来生，其火反添焰丽。寅日占者，亦如此然。

亥之子曰进神，木得生而火被制。

戌变未云退度，金不助而水无伤。

如亥变子上前者，乃为进气，其力更加，助木之功愈大，伤火之力非轻，如卦内纵有重重土动，水不全伤。爻中水象交重，火又贪生忘克，复陈寅变卯、辰变未之类，皆云进气也。

又如戌变未爻落后者，名曰"退神"，生金之力者轻，伐水之功者减，如得火爻再动，土气还源。退气者，乃是酉化申、辰化丑之类是也。

卦之墓绝非宜，远究伪真之辨。

凡卦变为墓绝者，事事皆凶，其中有绝而不绝，墓而不墓者也。

且如离卦为火变乾卦，《地福诀》云"戌亥属乾垣"，故此戌亥二爻乃乾卦之本也。离火墓于戌、绝于亥，凡若甲子旬占，戌亥皆空，此火亦非墓绝也。

又如甲辰旬丁未日，卜得兑之艮卦。兑者属金，丑寅乃艮卦之本，金绝在寅，寅空绝于何处？金墓在丑，丑得未日冲开，此乃非绝非墓也。

更论占长子病，七月丙辰日，卜得恒卦，九四爻动，之为升卦；内卦不动，则不言也。外卦震动，化坤子孙，况在震宫，震者又为长男之用，墓于坤宫未内，绝居坤象申中，况申不空而未不破，此是真墓真绝也。卦中虽有用爻，而长男木象，真投墓绝者，此子必死无疑也。

爻变生扶最利，更详喜忌之分。

凡元神遇生者喜，仇神遇生者忌。用象逢之，无不为吉；忌神遇者，无不为凶。

爻有伏吟不吉，术者未开；

卦有反吟最凶，星家谁觉？

归妹变随为例，小畜之姤皆同。

但识六爻克战，那知二卦交冲。

奇门遁甲之中，专忌伏吟、反吟为上；周易卦内，岂不忌之？

欲识伏吟、反吟之法，当明卦按十二地支。《地福诀》云："子向北方坎，丑寅艮上山。卯起东方震，辰巳巽风间。午见南离火，未申坤地关。酉在兑方取，戌亥属乾垣。"凡卜诸事，最忌伏吟反吟。

伏吟者有二端：有卦象所犯，有爻辞所犯。卦犯者，如巽见巽、离见离，八纯卦皆是也。爻犯者，申变申、戌变戌之类，比如屯变泰、大有变噬嗑卦是也。

反吟者亦有二：卦犯与爻犯者不同。卦犯者，冲我之卦是也。且如内乾外巽，戌亥乃乾宫之本，辰巳为巽象之根。辰戌、巳亥皆冲，故曰"反吟"之论。

以上坎见离、震逢兑、艮配坤，皆是彼我相冲，反吟之卦。又开既济、未济、妇妹、小畜、谦、剥、姤、随此八卦者，皆内外反吟也，其祸犹轻。惟独变出反吟，其凶最重。比例归妹变随、小畜之姤、未济之为既济、谦之剥、剥之谦，皆是的确反吟也。爻犯者，巳变亥、亥变巳之类，巽之坤、鼎之豫卦是也。故此反吟伏吟，凡事遇之不吉。

变能生克于动爻，动不制扶于变象。

且如变爻能克动爻，动爻不能克变爻，相生亦然。

静受动伤，静难制动；

柔遭刚克，柔岂伐刚。

静者，少阳少阴；动者，老阳老阴。自古上能伐下，下不能伐上，故此动能克静，静不能克动也。又论柔者，休囚之象；刚者，旺相之爻。休囚为退度之神，旺相乃当权之职，故此旺相能克休囚，休囚不克旺相也。

日月善能克爻神，爻神谁敢伤日月。

日为君主，旺衰之象尽能伤；

月乃提纲，动静之爻皆可克。

日月二神，此权最大。不论卦内旺衰动静之爻，皆可生而咸可克。若爻神克日月者，世无此理也。法曰："日伤爻，真罹其祸。爻伤日，徒受其名。"

本卦为贞为始，之卦为悔为终。

凡有动爻，便有之卦。以本卦为贞，之卦为悔。凡爻静无之者，便取内卦为贞，外卦为悔。以贞为始，以悔为终。

亲宫云出现之爻，远年可取。

他卦曰伏藏之象，近日堪推。

凡八纯之卦，便为出现。且如天山遁，内三爻他宫之象，故曰"伏藏"；外三爻乾宫本象，便言"出现"。

又如火天大有，内属亲宫出现，外当离卦伏藏。

又如山地剥卦，内坤外艮，皆不是乾宫亲象，此乃体用皆伏藏也。用值伏藏旺相争，如出现休囚，凡得出现之卦，吉则绵长皆吉，凶则久远皆凶。爻在伏藏之内，凶忧目下，吉应暂时。

内为己外为他，喜生喜合。

应为宾世为主，嫌克嫌冲。

我生他而半吉，他克我以全凶。

凡内卦为我，外卦为他。又云"以世为我，应为他"。如外生内，应生世者，全吉，遇合更加其美。若内生外，世生应者，半吉；如应克世、外克内者，全凶。其中世克应或内克外者，半凶。逢冲则凡谋不遂，凡事不成。或宜生或宜克者，另当详审。

世应齐空，两下目前退悔。

主宾皆动，二边日后更张。

世空则已心懒动，应空则他意无成。世应俱空，彼我皆当退悔。世动则己变，应动则他更。世应皆动者，事纵见成，向后定然改换。若得世应相合，动中有绊住之功，虽变还须迟滞，目下无妨。

两间之爻动，则起居都阻。

间爻者，世应中之二爻也。近世之爻，恰似我家之友；近应之象，犹如彼室之亲。故此二爻皆不宜动，动则事多阻节，若得冲破无妨。

一身之位空，则祸福咸虚。

月卦者，一卦之身也。若落空亡，比同无也。自然祈福不至，间祸不招。此身乃一卦之主，卜家但识"子午持世身居初"之类，此乃世爻之身，亦非主卦之身也。典内但言身象者，必须将月卦为身，便知真宝矣。

且如占得泽火革，人说"巳亥持世身居六"，身在未爻，非也。世若空亡，方用此象代世之劳耳。殊不知革者二月之卦，二月建卯，恰好取初爻卯木为身。譬如官问升迁，此卦身值子孙克伤官鬼，此卦焉得高升？

凡欲久长，用宜安静；

如求脱卸，主利交重。

人求安乐久长之计，最要用爻安静。若逢发动及冲破空亡者，决不久留。如问脱货、离乡、迁移、改造、变产等事，须得用爻发动，事必有成；用若安静休囚，必然阻滞而无疑矣。

用木金来，纵吉而不吉；

用土火到，虽凶而不凶。

元神却要生扶，忌客最宜制伏。

且如用爻属木，最嫌动出金爻。水如并动，木又贪生忘克，反作佳祥。金动火又动，金被火伤，亦不能伐其用水也。但恐土动生金，更无水助，其祸倍加。纵然有气之水，凡遇土金皆动，决不为佳。

又论用爻属土，最喜南方火到，如卦中火动，或土变火爻，皆为吉兆。但变午火为生，若化巳爻为绝。卦中巳动，善能助土之威，亦非为绝土。如变木，卦中纵有火兴，终难扶起。如象内木火皆动，主力转加，若木静火兴，兼水动火，亦无功，土无倚赖。

爻土为忌客，金乃元神。金摇土亦摇，重重之美；土动火亦动，叠叠之凶。土遇克冲为福，金逢生助为恩。以上诸爻，余皆仿此。

用神旺相，事必亨通；主象休囚，理当愁闷。

人间占卜，切莫乱言。一不可将卦名而断，又不可凭星煞而推，单看用爻，纤毫无惑雠。如婚姻卦内，男占妇，以财为主，女占夫，以鬼为先。儒学以文书为用，仕宦以官鬼为凭。俗言"考试看官父，结婚推财鬼。"凡用神只有一爻，岂云二象？

凡占事，若得用神旺相，永远亨通，纵发忌神，终无大害。主象若值休囚，即时愁叹。如遇元神动助，还可为祥；若遭忌客来伤，必成凶咎。如或化出生扶，仍为吉断。

卦无凶而用爻失位，后查值日方成。

爻有吉而主象逢空，漫看冲时可就。

凡占事体，各有用爻。若卦内仇神忌神不动，元神已得司权，独无用爻者，未可便言不吉，待后用爻值日，无不佳矣。

且如问行人，妻占夫到，十月甲辰日卜，得家人之益，此卦忌神不动，而仇神又空，元神正临身世，独嫌卦内无官，伏出辛酉金，在三爻亥水之下；又怪伏生飞，名为泄气，目下未来，待后申酉用爻值日，便得相逢——果应己酉日到也。其中更有主象空亡者，事事嫌凶，谁知空中有真假不同，还宜细辨。

且如八月甲辰旬卜，得卦中寅卯之爻，却是真空者也。纵见水动，永不生扶。辛亥日也，非相助亡，必须动化生扶，稍为半用；若再临月破，纵动无功。如爻内忌神不动，元神不空，惟主象独空者，又不临于月破，细查何日冲起空爻，名为填实，反有用也。

且如兄占弟病，二月甲申旬壬辰日占，得讼卦安静。卦内元神虽旺，独嫌用值旬空，细推空而带相，决不伤身，过旬方好。待后庚子日冲实，用爻不受水克，其病此日全然瘥也。

忌象交重用象无，主象他时逢受害。

用神衰弱元神绝，忌神异日遇遭伤。

卦内无用爻，而元神又不动，仇神忌神皆发，既无主象者，反不受亏。但恐后来日值用爻透出，反遭忌克，定主损伤。

又如卦有用神而休囚又发动，元神又不得地，日月况不生扶，又不之生旺之处，独喜忌神不动，旦夕未伤，只恐后来忌神值日方克用爻，其祸必难逃。

一神独发，此象非轻；

五位皆与，静爻最重。

人间只识所用之爻，未知为主之象。六爻安静，惟凭冲动之爻；再若无冲，须推世象。一爻动，则阳爻为主；两爻动，取阴爻为主。阴者交主未来，故有权要。若同阴同阳，取上动之爻为主。三爻动，以中爻为主。四爻动，取下静之爻为主。五爻动，取静爻为主。六爻皆动，须看变卦为主。惟有一爻独发，其势愈大，却比所开诸爻大不同也。纵值休囚，也能制旺。单不克日月二神，其余皆忌。如去生扶他象，其力更深。如值元神，福非浅受；如临忌象，祸不轻当。

此即论动爻之法，未曾陈变象之因。其变卦之端有二：一云"一爻动则变"，又云"六爻动皆变"，各有一情，未可执一。凡一爻动变，理合京房，可用《海底眼》中五章"六亲变法"断语，"父化父兮文不实"之类是也。试无不验，纵然宗庙爻与变法，亦同此断。凡乱动之爻变者，理道《周易》，取动爻与变爻，各配相生相克及长生十二之宫，决其休咎。切莫用《五章》变法书推。

且如夫占妻病，子月甲午旬辛丑日，卜得豫之小过，此卦用爻持世，忌神虽动化绝在申，本当有救，谁知《海底眼》中所犯"兄化官兮休下状，占病难医须见哭"；后至癸亥日，兄弟绝处逢生，果然命尽，可应此言也。

当日又一人占妻病，卜得豫之恒卦，此卦有两爻发动，巳火子孙变成亥水父母，卯木兄弟又变酉金官鬼，内有二爻动者，故不准"兄化官兮休下状，占病难医须见哭"，反取"兄弟化为冲克，不能克制财爻"，后至丙午日财遇生扶，妻病全好，此将生克定之。故此乱动不可将京房书断，却宜细详。

世与卦身专主，非可轻言；

旺与动象司权，当为重论。

凡占诸事，先察世爻，次评身象。世者一卦之主，身者作事之人，故宜旺不宜衰，喜生不喜克，又取旺相及发动之爻。世权最重，遇吉则吉，逢凶则凶，凡休囚安静之爻，纵有三扶，亦不能及其旺动之爻也。

吉内藏凶非是吉，

凶中有吉不为凶。

且如卦内用神发动，元神旺相，又无忌神者，乃大吉之卦也。岂知用爻化出忌神，日辰克制元神，或卦变反吟伏吟及墓绝者，便为吉处藏凶也。

又如主象休囚忌神发动，本作凶推，岂知日月生助用爻，或主象变为生旺，忌神之为冲克死绝者，便为以凶化吉也。假令木为用象，水作元神，金为忌客，土是仇人。仇人者，我去伤他何以为仇也。所凶此土，向被木伤，无能抵敌，不过暗中妒忌，逢金即生，见水即克，阴中报复之类，故曰"仇人"也。凡事逢之，无不为祸。如忌神不动者，仇人纵发，难以为殃。木为用象，卦中金动土亦动者，祸不可当；但逢水又发动，正所谓"贪生忘克，其福更加"。

又如木土皆不动，独受金伤，如得火兴，金遭火克，此木又不受其制。

其余火土金水四用神者，仿此推详。

且如丑月辛丑日来问见官，卜得坤之剥卦，此卦子孙持世发动，更得日月生扶，本为佳兆，岂知"子化官兮防祸患，占病忧疑尽不如"，以后参官，果受其累，正所谓"吉处藏凶"也。

又如问进学，巳月甲寅日需之兑卦，此卦子孙持世发动，兄又交重，《经》云"兄弟雷同难上榜，子孙如动不荣昌"，更怪卦无文书，焉能及第？谁知兄弟虽动，被日辰克制；纵有子兴，亦被日辰冲破，此兄子二爻皆无忌也。况月建文书伏在二爻长生之下，更喜官爻值日，竟入泮宫之首，亦所谓"凶中有吉"也。

太岁乃一年之主，时辰掌顷刻之权。

日主宣威于一日，远近皆从；

月将出令于三旬，往来咸服。

太岁乃帝君之星，占久远大事者不可用；如问目前小事，不必论之。凡时辰之爻，其中或有用处，问当日事情，却宜细辨，但不管次日之事也。年月日时四建，惟重日辰。日乃君主之爻，岂止旦夕之事，数月之间吉凶无不应验；况为六爻之主宰，其力非轻。凡值日之爻，纵变冲克墓绝，亦不受其害也。虽遇月建来伤，当日无咎，过后成凶。月乃万下之提纲，能管往来之祸福。用象如临月内，永远亨通；如值忌神，始终坎坷。纵被日辰冲克，不过当日为殃，改日无咎。凡此四建，各有所专：时辰管一日之吉凶，日主管一月之祸福，月建管一年之得失，太岁管永远之荣枯。又察情之重轻事之远近，活变推详，不可性一。

且如问当日求财，戌月丁亥日巳时，卜得蒙卦安静。此卦六位无财，所喜本宫金财伏于四爻土下，飞能生伏，便言有财，还怪用爻不透，直待酉时值财当得。

又如此月此日，问月内何日得财？亦占蒙卦，待后丁酉日果得财也。凡问何日者，须看日辰为主，不可以时辰定之。

又如问远路行人，妻占夫本年内何月到，酉年卯月乙酉日卜得旅卦。此卦六位无官，喜本宫亥水伏在申金之下，官赖财生，年中必到；但嫌用爻不透，日下未回，直待本年十月内甲寅日官临月建，又得日辰冲飞合伏，其夫准到。

又如妻占夫出外多年，要知何年返舍？此月此日亦得旅卦，便言亥年方到，不可将亥月推之，果然己亥年正月到家，应此理也。

故看卦之法，须审来情，活变断之无误也。

月卦者，作事之身；

官鬼者，求谋之主。

卦内无身，百样事情无定向；

爻中少鬼，万般谋作总空虚。

卦动二身，事知叠叠；

爻兴两鬼，祸至重重。

官爻不动不空，胜心之美；

身象不冲不陷，如意之欢。

月卦按阴阳之理乃一卦之尊，故为所作之身也。卦若无身，事无定向。如卦有二身皆动，事系两情，或更两度，必然重叠；若值空亡，祸福皆不实也。如卦身不空不破者，又得生旺之乡，无不如意。

复论鬼爻，能助文书，能克兄弟，故为主也。凡人间所重者，钱财也，最嫌兄弟来伤。若卦无官鬼，兄必专权，财遭耗散，事必空虚。须待官来制兄，财能积聚，事又可成。若卦内两官皆动，又化出官爻，更得日月帮比，祸起多端，殃来不息。止有官宦遇之，连升数级，必主重重迁转也。惟官爻宜静不宜动，宜透不宜空，若在卦不冲不陷者，事事皆亨。

出行动土及迁移，官空反吉；孕育田蚕兼六畜，鬼动成凶。

官鬼之爻，万事之主，惟有出行、行人、迁移、动土、改造、生产、田蚕、六畜，无鬼大吉，空则亦然。如鬼动，大凶也。

日带凶神发动，长者之殃；

时临恶煞交重，少丁之厄。

阳动忧于男子，阴与祸及女人。

日辰为尊长，时辰为卑幼，阳爻为男子，阴爻为女子。看那爻临官鬼并凶煞动者，便知谁人有患。

且如问家宅，那时卜得损卦二五爻动，此卦二爻官鬼属阳，正值时建动，便断儿童有病。又五爻属阴，虽动而不带官爻凶煞，故不断女人之疾。凡有爻动不带官鬼者，不可言病也。

父动子孙僧道克，蚕畜无收。

父空尊长屋船亏，文书不就。

父母为尊长，不宜发动，动则能伤卑幼，兼克僧道、春蚕、六畜等件。如兄弟又动者，生助子孙，亦不相克。若财又动者，本爻自受其伤，亦不克子也。父爻又不宜空，空则文书不就，并伤尊长、舟船，房屋之类也。

兄动妻灾奴仆患，资财耗散事无成。

兄空友绝弟兄亡，家业清安儿少育。

兄弟为奸诈之神，故不宜动，动则有伤妻妾、弟妇、嫂、仆、俸禄、货物等件，并耗资财。若子又动亦不然，或子静鬼又动，本象自遭鬼克，岂得伤财？兄爻亦不宜空，空虽家道清安，又主儿孙欠旺，并妨弟兄朋友也。

子动夫伤官职退，民间有废无殃。

子空儿损畜蚕虚，朝内少贤多佞。

子孙为至吉之神，动则朝无奸佞，民有祯祥，多生儿女，广获财源。惟有占官职并问夫病，亦不宜动也。此爻又不宜空，空则儿孙受害，蚕畜虚浮。问功名及夫病者，遇空反吉。

财动椿萱受害，文事难圆。

财空妻仆遭迍，利资绝望。

妻财为财利之神，在相不宜动，动则文书不就，举状无成，兼伤尊长之亲，又损田、车，房屋，加鬼动则不然。财爻又不宜空，空则亏伤资本兼损妻奴，又伤财帛。

官动则有妨手足，病讼将萌。

官空则有犯夫君，功名未遂。

官鬼为祸殃凶恶之神，世上官灾火盗，无鬼不为；发动则有伤兄弟，兼作祸殃。又不宜空，空则功名不显，夫主有亏，诸般谋事少成，家资耗散。此爻不动不空，便为佳矣。

先道六亲空与发，次陈六兽动和冲。

龙为良善清高，喜气利名之兆。

甲乙为青龙，其神属木，名东方，春季得令，应甲乙寅卯之日。所主：屋宅之左、桥梁、寺观、舟车、贵宦、僧道、嫁娶、喜庆、善事、生育、竹木、青绿、发作。此神若遇动处，无不为祥；纵带凶神恶煞，亦不为祸。疾遇得和，病遇得解；问喜即成，问财即得。但不宜冲，冲则其神失半；又不宜空，空则永无嘉兆也。凡月建青龙，与戊辰青龙同断。《书》云："卦中吉将号青龙，作事求财喜气浓。名则嫁娶皆遂意，假饶忧事也无凶。"

蛇主虚浮惊恐，忧疑怪梦相干。

己上为戊土，其神为赤，无正位，故戊土之次附勾陈，应戊己辰戌丑未之日，其遇主出路、绳索、粘滞、缠绵、怪异、梦寐、火烛、虚惊、哄诈自己、赤色等件。月建螣蛇与日螣蛇同动，则概事不宁，空则戊辰传神。《书》云："螣蛇终是有忧惊，怪梦邪魔恐见侵。举相女人多遂退，安然守静始清平。"

朱雀宜音信文章，又作祝融词讼。

丙丁为朱雀，其神属火，伏临南方，夏季得令，应丙丁巳午之日，所主屋宅之前、窑灶、火烛、热灾，宜敕文书、契券、公讼、音信闹闹、焦紧干旱、女产安、舌朱紫等件。月朱雀与日朱雀同动，则事事皆兴，空则万般减灭，《书》云："朱雀临爻卦上来，文书发动事难谐。发讼火光并口舌，求谋交易尽心璨。"

白虎利武官胎产，况招丧服血光。

庚辰为白虎，其神属金，居西方，秋季得令，应庚辛申酉之日。所主屋宅之右、金玉、瓦石、刀兵、杀戮、丧服、凶祸、哭泣、血光、生产卒、青龙素等件。大白虎与小白虎同动，则诸般不吉。空则产孕动生。《书》云："白虎爻惊事不祥，多招疾病亦灾殃。见血强作有孝服，关防谋害及争刚。"

勾陈是田土、公差、坟茔、迟滞。

戊人为勾陈，吉神，属中央，则春季月当令，应戊己辰戌丑未之日，所主屋宅之中、州郡、城廓、田土、坟墓、阴晦、垣墉、隐伏、迟滞、堆垛、伏尸、蛊毒、山林、埋藏、公差、黄色等件。大勾陈与小勾陈同动，则事见迟留，空则田禾不利。《书》云："勾陈事事主勾留，遁闷迟疑未罢休。若乃求官官未至，望求财物亦难过。"

玄武乃阴人、盗贼、水利、奸邪。

壬癸为玄武，其神属水，居北方，冬季得令，事应壬癸亥子之日，所主屋宅之后、阴雨、江海、池井、坑厕、湿润、贼盗、小人、阴私、奸淫、暗昧、阴神、堕胎、怪吝、玄黑等件，大玄武与小玄武同动，则人事不安，空则江河枯竭。《书》云："玄武原来是暗神，逃亡淫盗每相侵。求则难托终无实，赌博交关不称情。"

以上所论大六神者，即月建六神也，各有起例开后。大青龙正月从寅上起，顺行十二位是也。大朱雀正月巳上起，顺行十二位。大勾陈正月从丑上起，顺行十二位。大螣蛇正月从辰土起，顺行十二位。大白虎正月从申上起，顺行十二位。大玄武正月从亥上起，顺行十二位是也。

龙往巫山，半为吉断；

虎行南地，稍作凶推。

土中玄武贼轻防，

木内勾陈田欠熟。

雀堕江湖，官司易解；

蛇游草木，怪梦反成。

青龙属木，遇水为恩，若值金爻，非为全吉。白虎属金，遇土转加横势；若应午地，不为大凶。玄武属水，遇金转盛；如居土位，盗贼稍防。勾陈属土，遇火添威；若在木爻，田禾欠熟。朱雀属火，见木增光；若入水中，讼当息灭。螣蛇虽附土中，本原属火，通水难伤，逢木不克，故为妖怪之星也。

旺相则吉凶来速，

休囚则祸福行迟。

"吉凶"二字，临生临旺方来，故旺相而速。休囚之爻，目前未发，待后生旺之日方见。吉凶远则取月，近则取日，活变推之，永无差错。

动则有变有更，空则无忧无喜。

凡爻动必有改更。世动则自己之变，应动则他人之变。财动不聚，鬼动不宁；父动费力，兄动不成；子爻若动，不利功名。凡爻神休囚空者，此同卦无此爻也。吉不为喜，凶不成忧。

长生与帝旺，远日兴隆。

冠带与临官，近时茂盛。

用爻值长生帝旺之中，并不受他爻伤克，非管一时之吉兆，尤关远岁之亨通。忌神遇此，过不可当。冠带临官二位，远则主三四月之吉凶，近则主三四日之祸福。

衰病半凶之祸，受克全凶。

胎养半吉之祥，得生全吉。

自古成功者退，故为衰；初泄气时，故为病，此二爻不可便为凶兆也。如再得生扶者，复有用处；比旺相同，如遭克制便为不祥。论五行之气，旺而衰，衰而病，病而死，死而墓，墓而绝，绝而复转为胎，胎既成而为养，养后又起长生，此乃周而复始之道也。胎养二爻，相近长生，故有半吉。细辨胎不如养，养力更加，如再得扶助者，与长生仿佛也。如逢克破，仍不为祥。

墓库但逢冲破，若动若兴。

死绝不遇生扶，如无如陷。

凡爻神入墓者，便曰暗藏，吉凶未应。其墓如得冲开透出，此象犹如不墓者也。且如问出行，戌日占得既济之屯卦，正是世变入墓。《经》云"远行世墓身难动"，岂知戌日冲开辰墓，透出水爻，故当日中时得行也。死绝二爻，各有分辨。死处还轻，绝中尤重。死象救而还易，绝爻生起尤难。救死不论阴阳，三象扶助回生。救绝须得寅申巳亥之爻，遇之有用。

且如问借物，丙子日卜得否之遁卦，此卦财爻发动持世，所嫌化绝在申，故未能得；虽有当日水，难生绝木；直待丁亥日，财遇绝处逢生，方得入手。死绝之象，若不遇生扶者，比同无此爻也。

　土至酉中金至午，遇败而无成。

　火临兔上水临鸡，反生而有力。

沐浴之爻，又为败论。总是一爻内有分辨，其中逢生为沐浴，遇克为败。且如金临午地，金被火伤，岂为沐浴？乃为真败也。

又如水土败于酉，内又不同。土到酉而泄气，本曰败乡；水行酉地逢生，当云沐浴。余皆仿此。

　土逢巳绝，不可言生。金遇巳生，终难言克。

　此凭日月变爻而断，非因世应动象而推。

　巳爻持世必伤金，巳象动兴能助土。

　土爻临巳日、巳月或变出巳爻，皆为绝论。

又如卦内巳爻持世或动出交重，便言生土之功亦非绝也。又论金变巳爻，乃是自身化入长生，岂云伤克。但若卦中巳动能伐其金，永不作长生也。

　墓库曰藏，有刑破冲开之法。

　空亡曰陷，有补虚填实之方。

　凡用爻入墓，便曰"暗藏"。若遇刑冲，即为"开局"。

且如丑月戌日，妻占夫病，卜得革之困卦。此用官为主象，未土正临月破，丑土变入辰墓，此二官皆非吉也。幸得戌日冲开辰墓，透出丑官，后至申日病即愈也。凡爻值空亡，便为落陷；若变为相冲，或得日辰冲者，皆为补虚填实，不为空也。倘若月建来冲，名为月破，正所谓空而又空也。

　陷叨月将生来，非为全陷；

　空被提纲克去，乃是真空。

　旺相之爻过旬方用，休囚之象到底无功。

　伏藏值此犹轻，出现临之更恶。

凡论空亡者，有轻重真假，大不相同也。当详月令，便见假真。若得月建生扶，只为半空；如被月建伤克，乃是全空。又论立时空者，春土夏金秋木冬火是也。此只四仲月定之。

且如春土空正二三月，各有所辨。正月土空，寅内暗藏丙火，土得纤毫生气，不作真空。又论土逢三月，正当旺地，岂作空亡？虽空主一旬不利，过后还原。惟独土临二月，木能克土，乃是真空。余月仿此。

如空临旺相之乡，旬内断不为吉，旬外便不为空。惟独月破之爻，纵然旺相，亦藏之内，乃他宫之象，此祸尤轻；若出见空亡，亲卦之爻，其凶愈甚。

陷元神而最多坎坷，亡忌客而永没迍邅。

空亡亦有可用不用之分，如值用神元神者，断为凶兆；若临仇神忌客者，反而无虞。

男空则远行不利，女空则近日多殃。

凡男子占，值空者，不宜出境。若出外，谋事不成，反遭疏失。如女人遇者，旦夕必有灾殃，亦不宜出门也。

财空富而不厚，官空贵而不荣。

子空儿女必伶仃，父空屋室还衰败。

兄空则弟兄少力，间空则媒保无能。

六亲值空，皆不宜也。

妻财落陷，妻无相夫道，仆无助主之情，资财不聚，诸利无收。

官鬼如空，功名不显，谋事不成，夫主寡情，牙人少力。

子空则儿多不育，后代凋零，生涯不久，贼寇难擒。

父空则上人不佑，房宇萧条，舟车亏损，文事难图。

兄空则弟兄少力，朋友无情。

惟间爻为中为保为媒，空则皆无力也。

陷勾陈而田非久远，空玄武而盗不侵欺。

蛇空闲梦假妖邪，龙陷虚胎非喜庆。

雀避则讼非不起，虎虚则丧孝无干。

青龙空，喜星未照。朱雀空，讼事不成。勾陈空，田坟皆不久。腾蛇空，怪梦总无疑。白虎空，悲丧不作。玄武空，奸盗潜形。

内卦若临空宅，休居旧地。外宫如犯迁移，勿往他图。

内宫为现住之方，空须莫住。外卦乃未居之地，陷不宜迁。

不测之灾遇者，身还可救。绵延之疾逢之，命不回生。

旬内得病者，用若逢空，盖因空而有病，岂断伤身。惟久远之灾，主象若临空地，决不再生也。

空世则己心疏懒，空应则他意徘徊。

凡占以世为我，应为他，皆不宜空。世空，则自己无心作事。应空，则他意睽违。

空中动出不为空，墓内摧开非入墓。

凡发动之爻，切不可作旬空而断。冲开墓库，定不为入墓而推。

凡值旬空，或临月破，

吉不能合生于物，凶不能冲克于神。

凶者旬空之杀，当辨兴衰；

恶者月破之神，无分生克。

卦内空亡及月破之爻，永不能生扶他象，又不克制他人，冲合亦然。空亡又不受他爻生克。

用爻空者为凶，又看旺相者轻，休囚者重。如临月破之爻，不拘衰旺，概作凶推。纵有动爻日主来生，不能扶起，逢生不受，遇克能招，故此爻毫无所用。

事事宜空中之有气，般般忌合处亡逢冲。

空亡之爻，若临旺相、或得日月扶持、或变为生，便为有气，凡事可成。六合之卦，若被日辰冲世或冲应、或冲用爻、或变为六冲，皆为合处逢冲之象，诸般遇此，盖不为佳。惟独月建之爻不能冲散。

逢合虽凶而易就，遇冲纵吉以难成。

六合之卦，爻中纵有凶神，事当不吉，也有成就之时。凡遇六冲，卦中纵有吉神，用爻得地，虽曰吉祥，始终不就。

合被冲开，无丝毫之力；绝逢生起，有数倍之功。

合处逢冲者，永不相合也。非惟不合，见冲反凶。凡爻遇绝者，却凡卦无此象也；若得动爻及变爻或日辰生起，便为绝处逢生。此在卦不绝之爻，其功愈大，用神遇之最吉，忌神遇之最凶。

三合三刑，亦有假真之论；
六穿六合，岂无生克之分？
水会申辰，无鼠牙而不取；
木成亥卯，少羊角以无妨。

凡成局者，便为三合，亦有可成不成之间。三合之局，取中字为主，前一字生而主发，后一字墓而主藏，主象有发有藏，故为三合。其中有发而不藏者，事当有始无终；但有墓而无生者，事必先难后易。

且如水局之论，用子为主，生于申，墓于辰，若得三字归完真三合也，如有申子二象，无辰字者，虽成水局，而少收藏；又如有子辰，而缺申字者，亦成水局，嫌少根源。故先难后易也。若有申辰二爻，独无子字，水象既无，焉能成局？又如木局无卯字者不成，有亥卯无未字也可合，有卯未无亥字亦成合。但缺一字者，断为半吉；若得三字皆全，方为全美。火金二局皆同。

凡用爻值三合者，见贵、谋事、嫁娶、求财、科甲、田蚕，诸般遂意也。

寅巳申三全为煞，丑戌未一缺非刑。

三刑者，必得三字全而为刑，如缺一字不为刑也。譬如用在寅爻，变为巳地，或卦中申动、或申年、月、日占，便为煞。又如有戌未而无丑、或有丑戌而无未，缺一字者岂得为刑？

又论刑之起例。刑者乃是四局而刑四类，木能刑水，水又刑木；唯金刚火强，自刑其方。且如亥卯未木局，能刑亥子丑水类；其中亥刑亥、卯刑子、未刑丑是也。申子辰，能刑寅卯辰；申刑寅，子刑卯，辰刑辰是也。寅午戌，能刑巳午未；故此寅刑巳、午刑午、戌刑未是也。巳酉丑，又当刑申酉戌；巳刑申、酉刑酉、丑刑戌是也。

用辰卯害本为殃，用亥申穿非作祸。

穿心者，即是六害也。

且如主象在辰，化出卯地、或卯日占之，害中加克，乃主大凶。用子见未相同。又如用临未位，见子来穿，穿中带旺，故为半凶。亥为用象，申字来穿，此论长生，非为六害，毫不成凶。用丑见午，用酉见戌，皆得生气，无害于事。

又如用申见亥，本来泄我之气，岂不为穿。用寅见巳，泄气又加刑兆，其凶愈甚。用巳见寅，叨生无忌，虽不作福，亦不为殃；一见申来，此是三刑带害，其祸倍加。此等爻辞，何以为之六害？合处逢冲，故成害也。正所谓得恩未结，离间乘之。

且如子与丑合，未来冲丑，子被穿心；或见午来冲子，即丑被穿心。各宫细察，六害皆同。六害者，害物伤象之神也，正是冤家之煞，仇敌之星，凡事逢之，无不为害。

用戌卯合，被克而反凶；用酉辰谐，叨生而果吉。

戌为主象，见卯合，合中带克，还成半凶。用子见丑相同。

又如卯是用爻，遇戌来合我必欺他，当为吉也。复论酉为主象，合见辰来，金赖土生，必获无穷之福。用寅见亥，用未见午者同。

又如土居午上，合见未来，终嫌泄气之爻，乃为半吉。复论用申巳合，断作长生，岂云相克。一见寅爻，乃是三刑之煞，毫无合气，此祸大凶。用巳见申，无寅为合，虽合稍嫌刑兆，半作吉祥。以上诸爻概论。

地支相合，再得天干又合者，此是天地合德，非比寻常之合，受恩非浅，享福无限，见伤不伤也。

合处带生，百事见之皆事悦。

害中加克，千般犯此尽忧屯。

刑则骨肉伤残，穿则亲邻不睦。

以上所言，注见前篇，不须重述。

六合咸称吉象，若问遣人出狱以非宜。

六冲各骇凶爻，如占散讼脱灾而反利。

六合之卦，事事皆祥。惟有出妻遣仆、撒友辞亲、离祖分居、出监脱锁，遇之，反被牵连，未能遽解。若得合处逢冲，便能消散。

六冲之卦，虽曰凶爻，亦有宜用之处。凡占散讼脱灾、诸般离别，逢之便得如心，终无连累。

青龙财福为祥，破之不吉。

白虎兄官为咎，用之不凶。

青龙妻财、子孙贵人、天喜、禄马、天医等象，咸作吉推；如临月破旬空，或被动爻及变爻伤克，便不吉也。

白虎兄弟，官鬼朱雀，勾陈羊刃，天地传杀之类，本作凶推；惟白虎利于生产，朱雀利于文书，勾陈利于田土，羊刃用在兵权。问手足须观兄弟，占仕宦必用官爻，孕育卦中，胎若逆生者，必要天地传杀，动则以逆化顺。以上诸象，各有所宜。

日建岂为月破，月建非作旬空。

凡月破之爻，决无解救，惟独日主临之，不为月破。

且如正月申日，二月酉日，占者不犯也。旬内空亡，亦有全空、半空者也。阳日遇阳爻、阴日逢阴象，皆作全空；阳日逢阴、阴日逢阳者，皆作半空。惟月建之爻，永不落旬中之空也。

且如四月甲午旬占者，巳爻不空也。

卦静逢冲为动，爻安遇合为和。

动处见冲，为战征而散；

动中加合，因羁绊而迟。

凡冲者有二：有日辰冲，有动爻冲。若日辰冲，不拘衰旺。动爻冲却辨三：衰旺相善能冲休囚，休囚不能冲旺相。又云：空逢冲则实，静逢冲则动，动逢冲则散。惟日月二爻，纵动逢冲，决不散也。

自古旺相见冲则发，休囚见冲则散。安静之爻逢合，最能久远和谐。若占脱卸之事，最喜用爻发动；又被日辰或变爻合住动爻者，反遭羁绊事，必迟延。且如子占父来，甲戌日占得姤之乾卦。初爻父母，带青龙发动，又临世上，理应当日回来，岂知变爻合住用神，故未能到，直待壬午日冲破子合，方得归家。

用旺有绊持，虽遇凶星难作祸。

主衰无救助，纵逢吉曜那为佳。

凡占卦，先推用象，次察原神。若临旺相，或遇生扶，便言吉断，纵有凶星恶煞，难以为殃。主象若值休囚，又无生助者，岂得如心，纵有天喜青龙、贵人吉曜同宫，终非为福。

　　身后世后及重爻，皆为已往；

　　身前世前兼交位，各主未来。

　　月卦之爻，与世爻同看。爻在身世之后，便为已往；若在身世之前，便断将来。又云："重主过去，交主未来。"

　　游魂宜出外，归魂利返乡。

　　游魂之卦，最利迁移、并远出更改等事。若游魂又化游魂，更后复当更改。归魂之象，最利返乡复旧，不宜出外迁更。

　　内为体，外为用，逢生云吉克云凶；

　　动为速，静为迟，见合日成冲日散。

　　论卦，内三爻为体，外三爻为用。又云主卦为体，变卦为用。凡诸般爻象，逢生则吉，遇克则凶。动则急速，静则迟延。六合则利成利就，六冲则宜散宜分。

　　生主发，墓主藏，伏断将来飞断往；

　　阴主邪，阳主正，衰相稀少旺相多。

　　一应爻辞，遇长生则起发，入墓库则收藏；伏神管将来之事，飞神主过去之情；阴乃幽僻之爻，阳乃刚明之象；万物旺相主多，休囚主少，空绝主无。

　　事有大小，始终缓急，各审其因。

　　卦分前后，飞伏正之，即详其理。

　　初求内外三爻，为飞为正为前卦；

　　次化阴阳二象，为变为之为后爻。

　　卦静无之方取互，世空无主却凭身。

　　凡占下之卦即是，初求内外三爻，此卦其名有三：一名飞卦、一名正卦、一名前卦，总归是主卦也。凡有动爻即当变也，变出之卦亦有三呼：一名变卦，亦名之卦、亦名后卦，总归是变卦也。

　　若六爻皆不动者，即无之变，方取互卦，以定吉凶。定互卦之法：将主卦除去初爻、六爻，却把二三四爻为内卦，三四五爻为外卦。再配成互卦。

若爻动取互又不同也。变卦二三四为内卦，主卦三四五为外卦。且如观之否，互艮是也。

主卦内，身爻有二：有卦之身，有世之身，二者大不同也。卦之身，月卦是也。世之身，子午持世身居初之类是也。

凡卦之身，用之为重。世之身，司事还轻。世若不空不破，不须论身伏之爻。世或空亡，祸福方凭身位。

之卦内之盈亏，变爻已定。

互卦中之悔吝，礼用为先。

看之卦之法，所重变爻，不变之爻，难分吉凶。且如观之艮卦，转取三爻财化绝、五爻鬼化克为重，其除四爻俱不论也。

又看互卦之法，并不取十二支为用，但取体用。如乾兑金、震巽木、坤艮土、坎水、离火，取入本宫配成六亲，以明祸福。惟互卦体用二爻自能生克，永不受本卦动爻来伤。

且如父占子病，八月丁巳日，卜得晋卦安静。此卦六爻无子，兼看亲宫子水伏于初爻土下，又值空亡，日月二爻更无主象。必须互出水山蹇，取外卦坎水配为本宫子孙方为有救，又取内卦艮土配作晋卦父母，子被父伤，后果死也。

又如夫占妻病，六月丙午日，卜得睽卦安静。此卦六位无财，亲宫子水伏在未土之下，伏被飞伤又无用处，况日月之中皆无财象，本无救也。再看互出既济，取外卦坎水配为艮内妻财，纵有月建忌神，不能伤克，至戊申日，财遇长生，病果愈也。

细观伏象之兴衰，当察飞神之动静。

远推年月，近看日时。

飞伏并年月日时，已注在前，此故不具。

此篇概论总纲，后具分门开类。

此一章总论兴衰动静，决寰中得失荣枯。人间事变多端，数语岂能悉具？故分门数次第开详。正所谓天生事业，无不收藏。学者须要一字精微，万无漏泄。

易林补遗元集卷之二

天时晴雨章第二①

欲识天时晴与阴,子孙父母定其真。

次查水火阴阳理,动静兴衰变化寻。

此四句乃天时之大旨也。

子位交重晴升升,父爻发动雨沉沉。

子孙为日月,若不受他爻刑克,又不临月破旬空,如居身世,虽不动亦主晴明,旺动则久远大晴,衰动则时下小晴。值日,主一日之晴;值月,主月内之晴。又加父动,宜辨兴衰。父旺子衰,决非晴霁。父衰子旺,原主光明。若兄弟再动,又助子威,天必久晴,兼主风发;子化子或化兄,皆主久晴。化财后主阴晦,化鬼后主天变,化父即变雨也。

父母者为雨也,如无伤克及不空亡,若临身世,虽不动,天时已变。旺动则大雨,衰动则细雨。值日则一日之雨,值月则月内之雨。财如同动,却看重轻;父衰财旺,纵雨不多;父旺财衰,淋漓未止;鬼又动,此雨倍加。若父化父,雨必连绵。父化鬼,雨未止而添雷。父化兄,则风雨交作。父化财或化子者,雨变晴天。

雨逢水动晴逢火,晴见阳多雨见阴。

天时原以水为雨,火为晴。水动,则有雨水。化水或化金,其雨转盛而连绵。化土,虽雨不多。化木,雨后生风。化火则变而为晴矣。火爻动则晴,火化火,晴能久远。如化木,晴久生风。化土,日后起浮云。化水,晴变为雨。又以阳为晴、阴为雨,纯阳水静则久晴,纯阴火静则久

---

① 占雨,取父母为主,水象为凭。占晴,取子孙为主,火象为凭。

雨。阳化阴即晴变雨，阴化阳即雨变晴。

　　卦遇乾离朱雀动，九天红日照乾坤。

　　问阴晴，以外卦为主，内卦为次，先推外卦，可别晴阴。凡水火二爻及朱雀玄武，皆管目前晴雨。惟内外卦体，能期久远天时。外卦若属乾与离象，必主久晴。朱雀动又主晴明。

　　爻逢坎兑加玄武，四野淋漓水满村。

　　外卦者临坎兑二象，必然久雨。若化出乾离，雨即变晴之兆。又论玄武爻，定有雨意。

　　震野鬼兴雷灌耳，坎家父动雨惊心。

　　官鬼为雷为冰雹，若在震宫动，其雷愈大；再加白虎，雷必伤人。鬼居坎内发者，便为冰雹。土鬼交重，又临世位，必见黄沙。如父动坎宫，终见倾盆之雨。

　　巽宫兄发为风报，坤艮兄摇起烟云。

　　兄弟为风、为雾、为露、为云。在巽宫动者，其风异狂。在艮动，则兴云势。坤内动，则烟雾迷空。若在乾离，则为霜为露。

　　六冲雾散清光透，六合云迷雨便临。

　　卦值六冲，定主云消雾散，纵动水爻，终无大雨。爻逢六合，雨意将成，再加水摇，雨当即至。纵有火动，决不久晴，若得合处逢冲，便为晴论。

　　应克世爻晴可望，世爻克应雨将倾。

　　世爻为地，应爻为天；又以内卦为地，外卦为天；故此应克世者晴，世克应者雨。世若逢空，亦无雨至。应如空者，天不遂人，祈晴不晴，祈雨不雨。内外相克亦然。

　　鬼变文书雷致雨，兄之福德见风晴。

　　鬼为雷，父为雨，鬼变父者，必先雷而后雨。兄为风，子为日，兄化子者，待风发而天晴。

　　又云：雨变晴天父变财，坎之离象步清街。

　　　　阴化阳爻水化火，后卦逢冲云渐开。

　　父母化财，及坎之离卦，阴化阳、水化火，或化出六冲，皆为雨变晴天也。

晴天变雨离之坎，子化文书水没台。

阳变阴宫火变水，之成六合雨将来。

离卦变坎及子孙化父，阳变阴火化水或化成六合者，皆是晴天变雨也。

久雨但占何日止，当寻那日制文书。

应来克日天收雨，日月光华子值时。

久雨占晴，须得妻财当道或子孙值日，便主晴明。又论应为天界，如来克日者，又为晴霁。

久晴又卜谁朝雨，父母相临足可知。

父静见冲天定变，应爻生日细详思。

久晴占雨，须得父母值日或冲动父爻，雨皆可望。又看应临那日，便察雨来。学者自宜通变。

地理风水章第三①

坟茔之卦忌相冲，化出冲时恐泛洪。

合处逢冲皆大忌，子孙失位莫安茔。

择地之卦，大忌六冲。惟《洞林秘诀》内收用乾坤二卦。六冲乃水走沙飞之地，岂可安茔？况世为主穴，临下则吉，临上则凶，八纯世在最上之爻，焉能有穴？故八纯与六冲皆不用也。或变出六冲及合处逢冲者，目下虽安，后必败迁。如不，终见泛洪，必难久远。又论子孙为后嗣，为祭主，若不上卦，必主祖宗无人祭扫。

世爻福德为坟主，二位螣蛇作穴中。

此等爻无空破绝，葬之后代定兴隆。

世爻为主山，子孙为后代，二爻为正穴，螣蛇为次穴。此四等爻象，皆不可值旬空、月破，并临绝地，如不犯此，葬必兴隆。

---

① 未葬，取父母为主，宜旺相以生身。已葬，取官鬼为凭，怕交重而克世。

二陷蛇伤无穴地,世空子绝少儿童。

二爻逢空月破,必无正穴;螣蛇再绝,傍穴皆无。世爻与子孙若临空绝者,难招子息也。

生坟父象宜安旺,葬墓官爻忌动空。

父母为坟地,未葬之时,不宜空破,若得静旺最吉。官鬼为伏尸,已葬之后,只宜安静,动则亡者不安,空则尸骨毁损。

父静子兴身世旺,桂馥兰芬家业荣。

子得五爻生与合,官临吉曜受皇封。

父母为坟地,宜静不宜动,动则恐伤子息。子为后嗣,身为坟主,世乃坐山,皆得旺相者,后招百子千孙,家业荣华之兆。五爻为天子,如来生合子孙;官鬼为功名,若带青龙贵人,儿孙必贵,定沐皇恩。

后山不正亏玄武,朝向无情朱雀冲。

右处岭伤空白虎,左旁凹缺陷青龙。

玄武,坟之后,又为靠山。朱雀,坟之前,又为案山。青龙,坟之左;白虎,坟之右。此四兽皆宜得地,如有一爻空破,便知一处刑伤。

世居五六非成墓,应是宾山莫遇空。

间作明堂宜旺相,明夷定有伏尸凶。

世爻为坐山,又为主穴,如临五六之爻,定见绝嗣之叹。如在四爻之下,后代繁华。应爻为宾山,若遇空、冲破,绝定对残岩损坏之峰。间爻为明堂,旺相则广阔,休囚定窄狭。官鬼为伏尸,若临辰戌丑未正持世上,必被前人葬过,不可用也。

内克外爻忧损失,内生外卦得亨通。

外离受克中房败,外震逢生长分丰。

凡占阴宅,以内卦为地,外卦为人。地若克人,必遭损失;人如克地,定见祯祥。地若生人,儿孙繁茂;人如生地,后代平常。要知那房荣枯,须察外临何卦。《书》云:"乾坤父母众房吉,震巽二卦长房推。坎离便作中房论,末房艮兑看详细。所属何房利不利,进退成败皆可知。"且如卜得未济卦,内属坎水,外属离火,离被坎伤,便曰"中房不利"。又如水地比卦,内坤外坎,水遭土克,亦主中房不宁。又如雷水解及风水涣卦，俱是木赖水生，震巽有气，可断长房发福。余皆仿此推详。

朝廷国事章第四①

国泰民安，共际唐虞之化育；
河清海晏，全资文武之劻襄。

云国之宁靖，民之太平，幸生尧舜之世，沾其化育；而黄河澄清，海波宁息，皆藉文臣武将之力匡扶而致治也。

欲知宗社之安危，须审易爻而较量。

宗社乃宗庙社稷，六朝廷治则安，乱则危。审析易理爻辞，而可剖决吉凶也。

亲宫为邦国，大忌空亡；
本卦作朝堂，最宜旺相。

本卦者，乃所占之卦名；亲宫者，乃本宫之卦也，故为邦国朝堂。皆宜旺相兴隆，大忌空亡墓绝。

初属黎元，吉曜当权培国本；
二为士子，文昌得令焕文章。

初民为邦本，欣临吉曜；二士属文明，喜值文昌。

喜聚三垣，守令贤齐于渤海。

喜者，天喜是也。若值二爻，则府守邑令贤能同于汉之龚遂也。昔龚为渤海太守，化民卖刀买牛，故云。

贵临四位，公侯绩迈于汾阳。

贵者，贵人星也。若临四爻，则卿相公侯之政绩过于唐之郭令公子仪。郭以文武全才辅佐肃宗，克复西京，中兴伟绩，赐爵汾阳王，故云。

福德司权，君子进而小人退。

福德者，即子孙。用爻值之则正人在位，邪佞潜踪。

青龙当道，干戈偃而文教彰。

① 以世爻为主，应象为佐，六合子旺为吉，六冲杀动为凶。

青龙者至吉之神，凡若临之，则干戈偃息，文教丕兴。

圣主躬占，当以世爻安帝座；

臣民间卜，还将五位定君王。

云当今躬卜者，当以世爻而安帝座。臣庶推占，仍以五爻而为天子。各得具理，断无舛误。

不临克害刑冲，升平四海。如值生扶拱合，玉帛万方。

克害刑冲，别章各有起例。若用爻不犯者，决主四海承平，万民乐业。卦内相生相合，若拱若扶者，则殊方绝域皆来朝贡也。

宗庙管上爻，安静则邦家巩固。

宗庙者，专主社稷。若得比和安静，则皇图巩固，磐石之安。

岁星关世运，光芒则国祚绵长。

岁星，即太岁也。关乎治乱，光芒旺相也。若然值此，则国祚久远无疆也。

木位遇长生，会见前星焕彩。

木爻属东方，为青宫太子之象。前星者，亦太子之星；焕彩，言其得位；如遇长生有气，则德被长生。

金官逢制陷，乃知逆节潜藏。

金爻属西方，主兵革之象，鬼杀为叛逆之人，如有制服或随空亡墓绝，则不久潜消耳。

粮饷论妻财，休临败绝。

妻财为粮饷，兴隆则国本充盈，衰败则京储匮乏。

城池看父母，莫变刑伤。

父母为城池，旺相则有金汤之固，刑伤宁无残缺之虞？

祸福攸关于大象，变通洞烛机微。

吉凶不离于五行，剖决精研衰旺。

人能格物致知，报应捷于影响。

祸福吉凶，关系易之大象，不离卦之五行，千态万状，焉能悉论？筮者当察其衰旺，自宜变通活泼，相机而断，无有不验，若响之应声也。

出师征伐章第五[①]

折馘执俘，全凭勇略。观时制变，各用机谋。

传受黄姜之三略六韬，布演孔明之八门九遁。

虽识奇门之胜负，还凭易卦之吉凶。

彼我命将出师，各用谋臣参赞，故先贤授韬略之然，国师布遁奇之阵，神策异谋，决使全胜也。

三略者，黄遁全上略、中略、下略也。姜子牙六韬者，文韬、武韬、龙韬、虎韬、豹韬、犬韬也。八门者，休生伤杜景死惊开是也。九遁者，乃阳数九遁阴数九遁也。

运筹于帷幄之中，决胜于千里之外。功成名就，则青史班班，以贻后世；倘若有勇无谋，气量偏浅，机关一失，小则陷身失职，大则破国亡家。祸从此始，岂云小可哉？故曰："虽识奇门之胜负，还评易卦之吉凶。"

奇者，三奇乙丙丁是也。门者，八门已注《篇首》。坎是休门，艮是生门、震是伤门、巽是杜门、离是景门、坤是死门、兑是惊门、乾是开门。虽曰八门，岂为定例？自有超神接气起例。而惟此门时时改易，变化无穷；再与九星配合，以定吉凶。九星者，天心天柱居于金，天冲天辅居于木，天蓬居于水，天英居于火，天芮天禽天任居于土。凡决交征之胜负，须要奇门易卦二者皆精，方与此事，乃得万举万全。

独用奇门者，倘然彼此皆知，二敌俱从吉门而进，岂得并胜乎？况奇门者，所用接气超神为主，其中前后难评。倘若差之毫厘，谬之千里。况兵家得失，所系匪轻，务宜精细参详，不可鲁莽推测。其中更有太乙统宗，天之数也。奇门遁甲，地之数也。大六壬，神人之数也。

二数总归八卦，诸般不离五行。军中虽用奇门遁甲，并大六壬等数者，岂如易卦兴衰动静，生克了然，不但推军务之一端，而更指万民之趋避。易卦者，上应天时，下通人事，彰往察来，慎损益盈亏之理；开物成

---

① 以世应为主，福德为凭。

务，验休咎存亡之机。衡者必要精详，庶无差误也。

鬼煞司权，纵往开休生不吉。

福神当道，虽行伤死杜无殃。

《烟波钓叟歌》云："八门若遇开休生，诸事逢之总称情。"凡卜出兵之卦，最嫌官鬼交重，鬼如动者，纵往吉门，决难取胜。若行子孙旺相发动，或持世爻，虽践凶门，亦无所害。

鬼值坤宫，却嫌死户；子临兑卦，惟利惊门。

伤户云凶，震动将星征反胜；

休门曰吉，坎兴大杀战还输。

艮内发青龙，生方大利；乾中摇白虎，开处非宜。

离福交重，景上行来能喜悦；

巽宫发动，杜门战去甚睽违。

将军兵卒，要知忌入何门，利行何向，须推鬼值何宫，官临何象，莫入其门。又看子居谁卦，福在谁爻，宜由此户。

且如坤宫鬼动，大忌死门。兑卦子摇，惊门可进，伤门为祸害，震宫有将星、福德乃为佳。

将星起例：正月午、二月卯、三月子、四月酉。五月又到午，只此四位，周而复始。

休户作祯祥。坎卦有大煞，鬼爻难获福。

大煞起例云：正犬、二蛇、三月马、四未、五寅、六卯当、七辰、八亥、九忌鼠、十牛、十一在申方，十一金鸡为大煞，国家遇此岂安邦？

福带青龙摇艮丙，如进生门，人获全功；鬼临白虎动乾中，纵入开门，未能取胜。离家子动，宜步景门，巽土官兴，杜门莫往。

乙丙丁奇，得无不利。庚辛癸煞，见无不凶。

乙者日奇，丙者月奇，丁者星奇，甲变三奇自然吉利。如变庚辛癸象，皆不为祥。要知卦配十干，须看范围。

《数丙天禄诀》云："壬甲从乾起，乙癸向坤求。丙向艮方取，丁出兑家游。戊自坎中觅，己用离为头。庚震及辛巽，天禄最为攸。"诀内震巽坎离艮兑各属一干，惟乾坤二象每属二干，又接阴阳之道。冬至后阳令之时，乾者内甲外壬，坤者内乙外癸；夏至后阴升之节，乾者内壬外甲，坤者内癸外乙。

又论冬至后，卜得乾之遁卦，即甲变月奇；又如乾之履卦，即甲变星奇；设若乾之否卦，即甲变日奇。如此卦爻，得之大胜。

又论夏至后，卜得否之归妹，甲被庚伤；乾之巽卦，甲遭辛克。凡得此等卦爻，不宜出战者也。

伏吟反吟犯者，急须回避。大煞劫煞动时，切莫交征。

欲识伏吟反吟之法，当明卦按十二地支，亦看范围数内。《地福诀》云："子向北方坎，丑寅艮上山。卯起东方震，辰巳巽风间。午见南离火，未申坤地关。酉在兑方取，戌亥属乾垣。"如占交战，最忌伏吟反吟。

伏吟者有二：有卦犯伏吟、有爻犯伏吟。

卦犯者如乾见乾、坎见坎之类，八纯卦是也。

爻犯者，如寅变寅、辰变辰之类，随变夬，需变屯卦是也。

反吟者亦有二：有卦犯反吟、有爻犯反吟。

卦犯者，下巽上乾，姤卦之类；或乾变巽、巽变乾皆是也。

行兵之际又忌大煞，劫煞交重。大煞起例已注章首。劫煞起例云："正月逢亥，二月申，三月随蛇、四月寅；五月循环又到亥，周而复始定其神。"此煞与天狱煞同。出征者，以上反吟、伏吟、大煞、劫煞，犯一不祥，无犯方美也。

易卦之中，大忌六爻兴二鬼。

奇门之内，最喜三奇游六仪。

军中之卦，最嫌官鬼爻兴，倘遇二官皆动，祸不可当。纵然一鬼动变鬼爻，亦有患害。

奇门之法，却喜三奇，若在六仪之上，其美倍加。六仪者，甲子、甲寅、甲辰、甲午、甲申、甲戌是也。

又曰：甲午、甲戌，利见星奇。甲子、甲申，日奇喜遇。甲寅、甲辰、月奇更吉。虽曰三奇游六仪，亦谓三奇得使者也。《经》云："三奇得使诚堪取，六甲遇之非小补。乙逢犬马丙鼠猴，六丁壬女骑龙虎。"譬如夏至后，乾之泰、遁之艮者是也。此等卦中，丙得子孙临日月，一应兴兵布阵，必有祯祥。

卦若兴隆，七纵七擒皆遂意。

门如旺相，百战百胜总如心。

旺衰能辨乎盈亏，动静可知乎兴息。

八卦旺衰又不取乾兑金、震巽木、坎水、离火、坤艮土也，自有八节而生八卦，各按其时。

立春至春分，艮旺震相；春分至立夏，震旺巽相；立夏至夏至，巽旺离相；夏至至立秋，离旺坤相；立秋至秋分，坤旺兑相；秋分至立冬，兑旺乾相；立冬至冬至，乾旺坎相；冬至至立春，坎旺艮相。

凡占出战，以内卦为我，外卦为他。若得内旺外衰，更遇吉神发动，东征西讨，威镇华夷。奇门亦有旺衰，亦皆按于八节。立春后生门太旺，春分后伤门当道，只嫌大象少加，反取木能生火，景门用之。立夏后，杜门虽旺，亦不为祥，故取火相，景门用之得胜。夏至后，正值景门大吉。立秋后，虽令死门，不宜前进，当取金相惊门。秋分后，惊门之令，进无不亨，水相开门亦吉。立冬后，开门正旺，休作相门，二房俱美。冬至后，休旺生相二门，俱能迪吉。

六爻安静，宜守不宜攻；二卦交重，利征不利止。

卦爻安静更无暗动者，应又不克世爻，只宜坚壁不出。二卦者，内外也。若内动外摇，速宜出战，停留则长彼之智矣。

内城本寨，外是他营。

内卦与本宫皆为本国，又为我之营寨。他宫与外卦咸作他邦，更作彼之营寨。内卦兴，则吾营坚固。外卦弱，则彼寨萧条。

世为主帅之谋，应用贼魁之计。

夫交兵对敌，必分彼我，方决输赢。故以世为主将，应作贼魁。

如世旺，则主将心忠力勇；若旺动，则耀武扬威，勤以厮杀。

世若衰微，则听卑智陋。世若衰动，谋孤势寡强施为。

如应值旺相，彼必强梁善略。应若休囚，则彼懦无能。

故《经》云："一卦中间主宰，莫非凭世应。"

安营立寨，推八卦之显幽。

临阵交锋，阐各爻之生克。

行兵出战，先要择地安营。易卦之中，自有九宫八卦也。如乾宫利于西北之地，巽卦利于东南之方。余皆仿此。

各爻者，一卦之间，上下六爻，竟不知有变出六爻、有伏出六爻、又有互卦作用之爻。六爻之内，有彼生我、我生彼，有我克彼、彼克我。须详彼此吉凶，已决输赢之理。

世克应爻，帅勇兵强宜剿伐。

应伤世象，贼多凶炽莫撄锋。

如世克应爻者，则我决胜。世若旺动，而带福神克应，克鬼者，则席卷长驱、势如破竹，一战而奏凯矣。世若旺克，而不带吉神动助，反被日辰动爻克世者，虽能取胜，未获全功。

若世衰应旺，彼虽受克，只可御敌而已。未得奇谋善策，大专征伐。若世化子孙，应化官鬼者，宜以假途灭敌，又不可复战邀功。若子孙伏于世下，而冲应克应者，必须暗渡陈仓。

如应克世者，必定彼赢，暂且按兵守候。应若旺而克世者，其势决炽。应旺而动克世，或同旺相鬼煞来克者，彼必合谋而夹战，机关匡测。应上若加兄弟，非常诡谲，加玄武必定偷营，加白虎，猖獗突甚。

杀不克身，纵值交重无大害。

杀如伤世，虽居安静且休征。

夫杀者，大煞也。有劫煞，也有亡神；又有小白虎，大白虎，官鬼亦作杀神也。若诸杀或旺或动，不克身世者，决无大害；若不旺不动，而能克害于身世者，必然生祸，谨慎提防。

若诸杀或旺或动来克身世者，其祸骤来，决非小可。若杀并日辰冲克静世者，名为暗动，必有阴谋窃劫之患。欲察何时来害，须推鬼煞生旺之期。故《经》云："福来而不知，祸来而不觉"，正此之谓也。

大煞、劫煞，例注在前。

亡神杀例云：正月起亥，顺行十二位是也。小白虎，即庚辛日起白虎是也。大白虎者，正月起申，顺行十二位是也。

世陷我军有难，应空贼寇罹危。

凡世为主将，惟伏雄强对垒折冲，岂宜空陷？若值旬空、或临月破者，则兵疲将弱，力竭计穷，大失军机之兆。若应值空亡，彼必势倾谋拙，孤力无助，破在旦夕矣。

日月扶持合世爻，屡建骞旗之功烈。

子孙旺动生身位，每扬拔帜之威风。

日辰月将，易为凶，易为吉，生合者无不吉利，冲克者定见惊惶。故《经》云："六爻上下吉凶，全系乎日辰。"如日辰月建虽不上卦，若生合世爻者，必得佳音美事。若日月在卦生合世爻者，乃得胜捷骈骈之报。日月动带贵人、禄马、青龙、天喜、福德而生合世爻者，必得佳诰，勅万卒，沐恩波。若子孙或动或旺，而生世合世持世者，主将能权能略，不克不私。若加龙德羊刃等类，则声振华夷，民安国泰；加青龙贵人诸神，则威扬朝野，海晏河清，乃主圣臣忠、文全武备之时也。

世应带合相生，必属允和而释。

内外比和皆旺，无分胜败而归。

夫世应而为彼我，相冲相克，两必交征，可分胜败。若尔我比和，两相不克不伤，则彼此干休，俱无战意。倘世旺生应，我内虽怯而外张威，制彼求和。世衰生应，则己心灰冷，力竭计穷，自甘求息。如应爻衰旺而生世者，亦如是而已。又内外两宫六卦，彼此反覆无异，虽然交战，必无输赢，渐渐解散矣。

世在阴爻，岂宜先举？身居阳象，不利后怔。

凡拆爻属阴，动为老阴，而主未来之事。又云阴主迟滞，故世在阴宫，不可妄自争先，先则有害，迟则有益。

单爻属阳，发为老阳，而主过去之由。又云阳主迅速，故世居阳象，兵贵神速，速行大利，迟则大害。此系大理，故不琐耳。

父乃旌旗，舒卷当凭乎动静。财为粮草，盈虚可决于兴衰。

营中旌旗以父为用爻，旺相带青龙，则绣金华丽；加朱雀则书彩鲜明。旺而又动，则高张大旗，导引飘飘。若衰墓而逢白虎，则腐坏敝旧。空而又绝，或少或无，纵有必然损破。但得安静，则世态咸宁矣。谚云：三军未发，粮草先行。故卦中之妻财，作车马之粮草。如财爻旺相，是兵粮丰盛，马草盈余。玄武兴，谨防偷窃。兄弟兴，决然抢夺。若财爻衰墓，粮不多而草不肥。卦内无财，若得子化财爻，必去邻邦借贷。此象若空若绝，粮草或失或无。

子作先锋，旺则强而衰则弱。

兄为伏寇，现则有而空则无。

子孙为现之雄兵，是当先锋之论。若逢旺相，必智勇两全之将；若带吉神而能克应者，则冒险冲锋，争先首捷，唾手可成功矣。子孙倘遇衰墓，则柔懦无谋，难充斯任。兄弟乃奸佞之神，即为埋伏之贼。若逢冲动，必有埋伏之兵，须防暗害。欲知何时有犯，必推生旺日时为期，若绝若无，则不必虑矣。

父母兴隆，机关炯炯。妻财发动，兵甲纷纷。

子孙为兵之用，父母为子之忌。若父母旺而兴，则机关迭出，诡策多端，是为伤兵之兆。若子旺父衰，则将勇兵强，可作可为也。官鬼为彼之用，妻财为鬼之助。彼本不兴兵，财爻一发，则鬼逞豪强，故士卒纵横，兵戈扰攘。惟要财静，则官鬼孤立无助，自然太平矣。

兄象单兴，恐有绝粮之患。父爻独发，岂无伤卒之忧。

兄弟专主奸险之事。若在卦中独发，旺带白虎，则彼行凶打劫。衰临玄武，必彼阴谋行窃。若得日辰克制兄弟，虽见行劫决不失脱，乃伏木牛流马之固耳。父母能克子孙，若在爻间单动，则我兵大忌，又旺带凶煞，决被刑伤。若休加吉神，则彼势稍减，亦非小视哉。

福化文书，兵必骄而后悔无及。

子之兄弟，将虽弱而大获全功。

父母为子之大忌，若子变父者，乃是用变忌神，而克伐犹雪狮之向阳，初张威势，日渐日苏，大有刑伤，噬脐无及矣。兄弟为子之原神，得子化兄者，乃是用化原神而扶助，如猛虎之添翼，越有精神，百战百胜，大获全功矣。

福遇青龙，必出忠良之将。子临白虎，当差猛勇之军。

若子遇青龙，必赤胆忠心之捷将，又加禄马贵人，必智勇谋略之士耳。子为兵卒，若临小白虎，虽然衰弱，亦是壮强之卒。若临大白虎，必是骁勇猛烈之雄兵也。

劫煞乃是凶星，怕临鬼动。亡神谓之恶曜，忌并官兴。

官鬼谓之贼魁，若休衰，可战易剿。若旺相，必是强梁谋勇之贼。若遇发动，则不可抵挡，岂可再加凶煞并行乎？凶煞者，即劫煞、大煞、亡神也。列注在前。若官鬼发动，勾同诸煞来克身世者，决主彼势猖獗，我军大有损伤。

杀陷鬼摇，虽凶不振；官空煞动，纵乱勿忧。

鬼煞并兴，兵马云屯成大战。

官凶俱绝，干戈顿息庆清平。

征战爻中，最忌鬼煞二神。若煞神空绝，官鬼纵然发动，难成大害。若官逢空绝，各煞虽是兴隆，亦无重祸。若鬼煞俱动，则鬼随煞势，煞趋鬼威，云屯曦聚，大肆鏖战。或克世冲世者，必被刑戮不轻。若得官煞二神衰而又静、或空或绝者，方是弓藏胄解，太平之世矣。

鬼煞克身，吾兵难敌；交重伐应，彼寇易诛。

鬼者，官鬼也。煞者，大煞、劫煞之类也。鬼煞二神若来克世，吾兵大伤。若鬼煞静而又衰，来克旺世者，是旺不受克，料无大害。鬼煞旺相，而克衰世者，此为旺能克衰，吾兵大被戕戮。若鬼煞旺动克应者，彼已受制，易以剿伐。

细究何爻克应，再查那象伤官。

用此奇方妙计，自然剿恶锄强。

鬼空惟取应，应陷可从官。

要识行兵之法，须求克应伤官，应若受伤，彼遭屠戮。鬼如被克，贼必生擒。且如火爻临应或临鬼，须求水来制火，用黑旗为号，并临水战，自然得胜也。余皆仿此。鬼若空亡，却凭应象。应如落陷，必看官爻。

子爻旺、鬼爻休，鬼虽克我我无忧；

应爻强、世爻弱，世纵伤他他难伐。

世遇生扶子象旺，则将勇兵骁；

应遭克破鬼爻空，则贼衰寇退。

子能制鬼。若子孙旺、官鬼休，则彼先已被制，岂能克世乎？譬诸巨盗正欲劫人，已被官捕搜擒，何暇行劫，我何忧哉？如应爻旺、世爻衰，然虽克应，奈彼猖獗，难以取胜，旺不受克，正此之谓也。若日辰月将生世合世，旺子又来扶助，则我兵精粮足，机深势大，决胜千里。若应衰受克、受冲，官鬼又落空亡，彼必丧胆，倒戈拔寨而逃遁矣。

金为兵甲，值官兴旺防战斗。

土作城池，临鬼发遁动干戈。

夫兵戈铠甲，皆用金以造，若临官鬼、或旺、或动，彼必坚甲利刃，异谋奇策，出其不意，突然冲突，勿为小觑。夫土者，旺于四季，列分四隅，又作城垣台堡，若鬼带土发，则干戈扰扰，弥山漫野，无地无之。

密密刀枪，为金官之空动；飘飘旗帜，因火父之旺冲。

刀剑本属金，又属官鬼。若值空亡，又逢发动，是必振扬也。故《经》云："金空则鸣"，必是刀枪光耀日；金鼓振轰雷，密密重重营卫寨，乃提防有备耳。旌旗，父母为之用爻，又属离火。若值旺相，更遇日冲，故曰"火发则焰"，乃是黄幡悬豹尾，彩帜书麒麟，飘飘摇摇，道军引陈，号令严明，军机整肃耳。

水乃江河，木为舟楫；二爻皆旺，水战偏宜；

两像并伤，乘航欠利。

水为江海源流，木作舟船之本，水战各有所用。若水旺则盈，水绝则竭。木隆则船大，木衰则舟楫，木绝则无舟。二爻旺而又发，万事齐备，利用操舟。若二爻衰而又绝，凡物无成，难以觅渡矣。

火多营寨，土是城垣；此象兴隆，最宜陆战；

其爻空绝，不利出征。

营垒以火为用，城台赖土生成。火空营险，土空成陷。二爻若值旺相动冲，可使西域沙漠之胜。雨象若遇，衰休空绝，必有华容小道之危。

火鬼伤身，须防劫寨。土官克世，恐堕陷坑。

官鬼带火克世者，须慎火攻而劫寨。鬼杀以土伤世者，恐防堕堑之危机。

火动则利迁营寨，父空则宜改旌旗。

军营以火为用。火若发动，动则变化，故营寨必利迁移为吉。若被刑冲、或加玄武、或加兄弟，必遭侵劫，急宜迁改。旌旗以父为用。若值旬空月破，必然损伤，急须改换。

　　土官动克世爻，他兴炮石。火鬼发伤身象，彼用火攻。

　　官鬼兴隆，带土来克世者，须防彼制擂木炮石来攻。若鬼动加火，同来克世者，他必举火烧屯，旺则太甚，衰则稍可。

　　鬼藏世下克世爻，切虑自兵谋主。

　　子伏身中合应象，谨防我将降夷。

　　世下之伏鬼而克世者，则家兵弑主。若世旺鬼衰，奸心已蓄，无隙可乘；世衰鬼旺，则逆节潜谋，乘虚而入，故张飞受范疆之刺。若世下之伏子而合应者，则军心已离，各怀去意。如世衰应旺，则他国强梁，我军卑弱，故匈奴迫李陵之降。若日辰生子，又加雀虎临之，必被阴谮阳唆，背义从仇耳。

　　内外鬼兴伤世，祸由内应外通。

　　前后子旺生身，利在前攻后击。

　　内官乃己之人，外鬼为彼之兵。若逢发动，而克世者，祸从己人，纠合他人，是为内应外合戕害。若世旺鬼衰，虽然发动，难以伤克。若世变子或鬼变子，乃鬼受制，则谋无决裂，是无夭害。《经》云："有人制鬼，鬼动何妨。"本卦子孙，之卦子孙，旺而生世者，先攻后取，顺意行军，皆获全功。若内官旺相，外鬼兴隆，则彼此相抗，难以胜断也。

　　鬼架长生帝旺，寇兴世乱之时。

　　官居墓库空亡，国泰民安之象。

　　内外无鬼，盗兵不来。世应俱空，战征已绝。

　　如战征之事，以世为主将，子作兵卒。以应为彼，官鬼为贼。如官鬼值长生帝旺之乡，则盗寇纵横，西夷肆虐；若卦中内外无官、或逢墓绝、世应皆空，则干戈偃息，国泰民安矣。

　　胜败我先知，匪伊测度。吉凶神已告，据理推详。

易林补遗元集卷之三

年时丰歉章第六①

福财旺相庆丰年，兄鬼交重饥馑连。

问年时，若得子孙妻财旺相、或临身世及太岁者，其年五谷丰登。若遇兄弟官鬼皆动，或临太岁持世，便主凶荒。

水火静安无旱潦，阴阳交会庶民欢。

水动曰雨，火动曰晴。此二爻若得安静，自然风调雨顺。六爻内再得阴阳均安，必主国泰民安。

阳多火动文书绝，此岁方言亢旱天；

阴广水摇无福德，其年可断水淹田。

卦值纯阳再加火动，父母又临空绝，此岁定然亢旱。虽见阳多火动，若化水化阴，又不如是。凡卦值纯阴，水爻再发，更无子孙、或父母又动，其年必定洪水。如化出阳爻火象，定知先水后干。

金官骑虎忧征战，木鬼风狂叶价先。

巳午焦枯红焰起，土官时疫遍流传。

水爻值者愁淹没，玄武临之盗贼喧。

若被虫侵福化鬼，喧螳扰害土金官。

凡卜年时，最嫌官鬼，静则无殃，动则有祸。看临何象，便知何事将来。

鬼属金兴，人防喘嗽，又加白虎，必起刀兵。

官居木动，多见狂风，桑叶又增其价，人民多罹风灾，田禾虚耗。

---

① 以身世为主，财福为凭。

巳午鬼摇，心经受病，人防卒暴之灾，疮痍目疾，更虑火光之患，田禾枯槁，化水无妨。

若临土动，脾胃受伤，天行时疫，半遂秋成。

如遇水摇，民多肿胀，泄泻腰疼，田恐泛洪，田遭水害。

鬼居玄武，贼寇蜂兴。

惟有金土临官，及福神化鬼，禾主虫侵之患。

勾陈若坐空亡位，地白出荒岂谬言。

勾陈为田土，若落空亡，自然欠熟。

财绝兄兴伤谷食，子空鬼动损春蚕。

妻财为粮食，如临绝地，又加兄动，必主无收。子孙蚕花，如犯旬空，更添鬼发，定损春蚕。

初同财位生扶旺，万物兴隆五谷全。

二与世爻空破绝，群黎百姓受迍邅。

初爻为万物，财爻为五谷，二者皆得生扶旺相，凡天生地产之物，无不昌盛；稻黍稷麦之类，皆得全收。世爻为地气，二爻为黎民，二者若逢空亡破绝者，小则饥馑，大则灾殃。

官兄值此居荒处，财子临方丰熟边。

譬若夏天占节卦，荒居北地熟东南。

要识何方丰歉，须查所值之爻，看兄弟官鬼临于何象，便知此处凶荒。旺动尤甚，休囚稍可。妻财子孙值在谁爻，方决其方丰熟。

且如节卦，财居火位、福在木爻，便言东南大熟。兄在水爻，北方不利，荒歉乘之。又推官临丑戌之乡，东北、西北二处多染时灾。

螣蛇入火多痧痘，若见金乡妖怪缠。

太岁逢凶随处恶，流年遇吉遍方安。

螣蛇本属火，再临火地，主人间麻痘相传；蛇临金位，定见妖邪。凡卜年成祸福，须凭年建。

太岁者，一年之主也，若带兄官、白虎、大煞、劫煞发动、或来克世，便主八方凶变，如临财福、青龙、贵人、天喜、天赦动者，必然各郡咸宁。

身命造化章第七[①]

卜平生之得失，世莫休囚。

占一世之荣枯，身宜旺相。

凡占自己身命，先察世爻，若值休囚墓绝，平生作事乖张。如逢旺相生扶，一世亨通，非贵即富。

主卦乃胎元根本，根行少壮之初。

之卦为体骨精神，连转中年之境。

所占者为主卦，内外二象为本，旺则家资丰厚，衰则产业轻微。

又论大限行法，初爻管五年，一至五岁，二爻管五年，六至十岁。三爻管五年，十一至十五。外三爻分十五年，共三十岁。三旬之外，却以变卦为凭，变即之也。之卦内三爻，分管十五年，三十一至四十五。外三爻又管十五年，共至六十岁。倘占卦静无之，却取互卦六爻，照前行限。

桑榆暮景，伏卦稽查。

小限游行，世爻起法。

六旬之上，以致终身，皆凭伏卦，又不取六爻分于大限，只将体用二宫，管其祸福。八旬之下，内卦推之。自始至终，细观外象。又论小限行法，必从主卦世爻论起，且如世在二爻，即二爻为一岁也，二岁在初爻，三岁在六爻，自上至下，周而复始。人年六旬之外，专凭小限而推。

大限则五年一度，小限则一载一宫。

并看流年，方穷寿算。

最喜生而带合，切嫌克又加冲。

凡大限、小限与流年，皆喜相生相合，各嫌相克相冲。又看限与流年，生合用爻则吉，克冲主象则凶。

世空则身不遐龄，应陷则妻无永寿。

世为自己，空则无寿，惟有九流术士，遇者无妨，反主空手得利，终

[①] 占自己以世爻为主，占他人以用象为凭。

难积聚。应为妻室，陷则遭伤。纵不伤，亦无相夫之德。

　　财子双全身象旺，富而且荣。

　　兄官两备世爻衰，贫而且贱。

　　身命卦中，若得妻财子孙全备，世又兴隆，定主一生富贵。若见兄弟官鬼发动，世又休囚，决定终身偃蹇。

　　子旺则官刑不犯，财兴则贸易常亨。

　　兄动伤妻，损除囊之积蓄；

　　父摇克子，益自己之年龄。

　　交鬼为灾，重官作讼。

　　六亲之爻动，则各有分别。子动伤官，永无鞭挞。财摇克父，旺必兴家。兄动损妻，财无积聚。父摇克子，旺寿必长年。官动能伤兄弟，还宜细辨阴阳。阴官常染灾疾，阳鬼多招官事。

　　随官入墓，缠灾惹祸岂能安；

　　助鬼伤身，好色贪财终受累。

　　身世命爻随官入墓者，多生灾疾。妻财值日发动，助鬼克世伤身，必因财致祸，为色添忧。

　　世得生而且吉，身遭克以为凶。

　　月破世爻，必犯夭亡之命；

　　岁冲身位，岂无疾厄之愆。

　　世乃用爻，宜生不宜克，宜合不宜冲。日辰冲者犹轻，月建破之最重。纵有生扶，必无长寿。流年若来冲世，亦主生灾。

　　六冲则事事虚浮，家资零替；

　　六合则般般稳实，技艺兴隆。

　　卦犯六冲，定主生涯冷淡，家业萧条。爻如六合，必然作事亨通，诸般和悦。

　　得富得荣，木架子孙于春月。

　　发财发福，金乘妻禄于秋天。

　　家废资财，冬遇水兄而克世。

名登儒业，夏逢火父以生身。

凡占卦，须察四时衰旺，方定吉凶。财福旺则吉，兄鬼旺则凶。

且如正二月子临木位，久享荣华。七八月财至金乡，广招福禄。亥子月水兄克世，当废家资。四五月火父生身，必登文榜。

庶民鬼值身中，多灾多讼。

仕宦官居世上，越贵越荣。

庶民问卜，切嫌世值官爻，卦若逢之，非讼即病。士宦遇者，叠叠升迁。

爻若无官，财还耗散；

卦如无子，嗣必伶仃。

兄空则手足无情，父陷则椿萱有损。

官鬼能伤兄弟，卦无鬼者，兄必专权，财遭劫夺，文士占之，功名不显。子为后嗣，无则儿女凋零。兄弟虽为恶客，空则手足无情。父母为尊长，空则有伤父母，动则有害子孙。

世克衰财，纵富焉能丰厚？

身伤弱鬼，虽荣岂得清高。

兄弟当权，妻财无气，目下纵然充足，后来终致淹消。子孙持世，官鬼休囚，虽居职位，难得超迁。

鬼众财无，富贵终非攸远。

财多鬼缺，荣华亦似浮云。

禄马俱无，一世虚名虚利。

财官皆备，终身发产发家。

财官二象，为禄马之爻，故不宜无，亦不宜众，又不宜空，又不宜动。若无财而多鬼，或无鬼而多财，皆主目前享福，不能永久丰余。如禄马俱无，虽有得而倍失。财官两见，遇静旺而兴家。

福德当权，似春花之遇日。

财福落陷，如秋草之逢霜。

子孙为福德，若临日月，或值世身，内处则安中加乐，外交则锦上添花。妻财为衣禄，如犯旬空或遭月破，必然生计萧疏，资囊空乏。

　　财临帝旺长生，不伎不求而发福。

　　财值空亡死绝，无家无室以飘蓬。

财者，禄之主也，如逢生旺，求禄不谋自至。若居死绝，空缺难支。

　　家园窘迫，皆因死败临身。

　　道业兴隆，只为旺生持世。

世爻临死败墓绝，从来家业萧条。如逢旺相生扶，自后生涯茂盛。

　　限临财福，逢凶曜不为凶。

　　年遇兄官，见吉星非作吉。

大限、小限、流年，按月如临福德、妻财，便为佳庆；纵有白虎、螣蛇、亡神、劫煞，亦不成凶。

限中若遇兄弟、官鬼，就作凶殃；虽带天乙、青龙、天喜在位，终不为祥。

　　二限中煞逢战斗，官灾疾病绵绵。

　　六爻内福遇生扶，家业资财涌涌。

大限小限，若逢恶煞相冲相克，多生官灾疾病。主卦之中，子孙更逢生旺，广增产业钱财。

　　恶煞逢冲，纵困而不困。

　　凶神无制，虽荣而不荣。

凡兄弟、官鬼、白虎、螣蛇皆为恶煞。在卦动者，本不为祥，若遇刑冲，反为吉兆。凶煞如无克制，纵有青龙、财福，亦不为荣。

　　世命双空，一世多成多败。

　　身限两陷，百年劳力劳心。

世爻与本命同值旬空，平生起伏不常，终难稳足。卦身与限爻如临空地，便主身心劳顿，事业少成。

　　世居白虎官，爻灾中染疾。

　　身住青龙子象，乐处加欢。

　　鬼临白虎持世，爻内又无子孙，终身病而复病，带疾之愆。

要知何处染疾，细详何卦临官发动。乾为头、坤为腹、坎作耳、离作目、兑是口，巽是股、艮即手、震即足。

再察五行值鬼，便知五脏生灾。水为腰肾，金为肺，火主心胸，木主肝，土交脾胃。休逢鬼旺重，衰轻仔细看。

又论人生四体，卦列六爻，初足、二腿、三腰腹、四为背肋及心胸、五为颈面分其位、六为头顶发相同。看官临在何爻动，便决灾生此处中。

复陈福德青龙持世，更遇扶持，处世清安获福，美处加欢。

勾陈为迟钝之星，螣蛇乃虚浮之煞。

玄武发临天贼，常被穿窬；

朱雀动带官符，多招词讼。

以上所言，皆论鬼临世上，动则尤甚。带勾陈，为人迟钝。遇螣蛇，作事虚浮。玄武常忧失脱。朱雀多犯官非。龙因酒色以招殃。虎为刚强而惹祸。

火官克世，忧逢回禄之惊。

水鬼伤身，虑患溺波之险。

鬼在卦中，不拘动静，如来克世，无不为殃。火鬼虑遭火患。金官恐犯刀砧。水官莫往江湖。土鬼休登山陆。木鬼恐树林之害。午官虑骡马之亏。巳被蛇伤，寅遭虎噬，戌当犬咬，丑犯牛亡，华盖休交僧道，咸池莫爱邪淫。

世被谁爻冲克，方知谁辈之欺凌。

身叨何象生扶，便识何人之阴庇。

动来克世之爻，便为侵害。父母克，被椿萱之贻祸。兄弟克，遭手足之侵凌。财克，受妻奴之损。子伤，忍儿女之亏。若鬼克，犯官刑，子动方能解。

再查何象动来生世，即赖维持。父生，蒙尊长之恩。子生，得卑幼之力。兄生，叨手足之情。财生，赖妻奴之助。官生，仗贵宦相扶。鬼生，感神祇护佑。

游魂世动，利往他途。

身静归魂，休离本境。

内旺外衰忧出外，内衰外旺莫归宗。

凡游魂卦，便宜出外，纵不游魂，世爻动者，亦可登程。归魂之卦，只可安居，若卜返乡最宜。世静亦然。

复看内为止，外为行。内卦旺，守旧则吉。外卦旺，行后反亨。

生合之方，行当获吉。

克冲之向，去必遭凶。

但看何爻生用，利往其方。谁来冲克主爻，莫奔此路。

且如兄占弟命，卜得临卦。土作用爻。土赖火生，宜行南地。土遭木克，忌往东方。丑被未冲，西南莫去。丑得子合，往北不过遇喜悦之人。无分凶吉。若卦内木爻又动，北更不宜取。金制木之乡，西反利。余卦仿此。

如问双亲，父母忌空财忌动。

若观子侄，福神宜旺印宜衰。

占手足而观兄象，卜妻奴以看财爻。

世己应他，各取用爻之定例。

衰凶旺吉，皆为总断之根因。

占父母叔伯尊长之类，皆宜父旺则吉，犹嫌财动，反利官兴。

卜儿女婿侄卑幼、僧道等，统要子兴，逢父限则凶，遇兄年反吉。

问兄弟朋友者，咸怕兄空，父摇成吉，鬼动成凶。

询妻妾奴婢及情人者，皆用财爻，遇子为祥，见兄成咎。

探夫主及文武官员身命，其察官爻，旺增荣耀，衰减光辉。子动云凶，财兴曰吉。

卜自身，世为主象；问他人，应作用爻。旺相逢生，则为吉断；休囚遇克，便作凶详。诚能依此推之，庶无一毫差谬矣。

六亲寿命章第八[①]

要决椿萱之寿算，父母当详。

---

① 以用爻为主，父母为凭。

欲知手足之天年，弟兄可取。

问室须凭财象，占夫必用官爻。

卜自身世家寻察，观男女子位稽查。

各定用爻，可推修短。

旺静遇生扶，千秋可祝。

衰动逢冲克，数载难延。

凡占身命，当察用爻，若得旺相安静，必享遐龄，虽动又变生扶，亦为多寿。纵旺而逢墓绝，反不长年。主若休囚，再加冲克，必见夭亡，用虽衰，动变遇生旺之乡，或遇日月动爻扶助，反益年华。

动化生方无忌象，寿并龟龄。静居相地有无坤，命同鹤算。

用爻变生又无克制，寿必高年。虽静而不化生扶，如有元神者，稳臻老迈。

落陷临空，体似风中之寸烛。

日扶月助，身如谷内之乔松。

用象落空，或临绝地，理合少亡。若得绝处逢生，将危复救。主不空亡，更逢日月二建及动象来生，多增寿考。

衰中被害，虽无病以遭亡。

旺处受伤，纵有灾而未丧。

用爻无气，又逢忌象交重，或动出变伤，或日辰冲克，体虽康健，也主倾亡。用爻旺相，纵被克伤，决非损其寿考。

不论尊卑之寿，皆凭父母之爻。

纵卜儿童，亦不可临于空破。

既占卑幼，切非宜动出交重。

父母为寿算，旺益多年，空无远岁。惟占儿女，父母虽为忌客，亦不宜空，但宜静不宜动。

人间那年数尽，用查空值何旬。

阳生阴合得绵长，天克地冲难救度。

终寿之年必是用临岁旬空内，岁旬空者，即是甲子至癸酉年，戌亥用爻便为空也。主爻虽不犯空，流年天克地冲，亦当绝也。

譬如丙辰年七月巳丑日，子占父寿，卜得革卦安静。此卦用爻正旺，更得丑日来生，理应多寿，直至戊寅年子月癸卯日。临此年正值甲戌旬，父临岁旬空内，又死子月建，原神又被寅年卯日来伤，故当绝命。

又如戊辰年六月戊戌日，夫占妻寿，卜得丰卦安静。此卦财爻有气，日月克兄，故此无咎。直待丙子年七月庚辰日，其财虽不值岁旬空，正遭太岁天克地冲，又被日月会成水局克制火，火岂非绝也。

易林补遗亨集卷之四

倩媒说合章第九①

嫁聚当求媒妁人，应为月老忌冲刑。

无功必遇空而陷，有力还须旺与生。

克制世爻心不善，生扶身象意多能。

卜媒人，应为主象，切不可临于空冲破绝之乡，最喜遇扶合旺生之地。应克世爻，心怀刁诈；如来生世，却是良媒。

财官不失方谐合，世应临空岂得成。

三合其人能赞美，六冲此客欠调停。

凡求媒妁，兼占成与不成，卦得财鬼俱全，方能成就。爻如无鬼，事决不谐。世应若临空地，纵有财官，亦难相合。若得卦逢六合，定主成婚；如见六冲，姻缘未就；合处逢冲，将成有变。

占婚又不观其应，二间为媒细审情。

单占有月老，当看应爻，如在婚姻卦内推之，又不凭其应象，反取间爻为婚。旺须有力，空则无能。

婚姻嫁娶章第十②

易道无穷，须把阴阳为首；

人伦有五，还将夫妇为先。

---

① 占婚以间爻为主，问媒以应象为凭。
② 以内外世应为主，阴阳财鬼为凭。

纯阳恐男子之鳏，无财可比；

纯阴虑女人之寡，无鬼亦然。

凡论婚姻之事，先看阴阳，次凭财官。卦若纯阳或无财者，定见伤妻。纯阴之卦，或缺官爻，夫当早丧。

夫唱妇随，卦必阴阳得位；

男情女喜，爻当财鬼俱全。

内卦为夫，外卦为妇；又以世为夫，应为妇。若得内阳外阴，或世阳应阴，二者，皆为得位，婚姻遇之，百年和合。若内阴外阳，或世阴应阳，皆是阴阳交错，夫妻半遂其心。

又如世应阴阳得位，内外纯阴纯阳，或内外阴阳得位，世应纯阴纯阳，皆为半吉。若内外、世应皆值纯阳纯阴，不成夫妇。自古纯阴不生，纯阳不化，须得一阴一阳方成配偶。

复论鬼为夫，财为妇。有鬼无财，有夫无妇。有财无鬼，有妇无夫。卦若财鬼俱全，夫妇方能谐老。

男婚须财象兴隆，晨昏共悦；

女嫁得官爻旺相，朝夕同欢。

男占妇以财为主，决不可无。女占夫用鬼为先，其理仿此。

世作男家，旺则荣华之宅。

应为女室，衰还贫乏之门。

鬼是夫身，空无远寿。

财成妻体，陷不退龄。

世为男家，应为女宅。世旺应衰，便曰女贫男富；世衰应旺，当云女富男贫。又云：鬼居此卦为男家，财值其宫为女宅。卦旺官衰，男家虽富而夫貌不充。卦衰官旺，夫宅虽贫而男容且秀。卦旺财衰，女舍丰而女姿欠美。卦衰财旺，女家寒而妻色精妍。官作夫君，喜生不喜绝，绝则夫亡。财为妻室，宜旺不宜空，空须妇丧。

间曰良媒，逢空少力；

子云后代，遇绝无儿。

两间之爻，皆为媒妁。近世则男家月老，近应则女舍冰人。临空犯绝，媒必无能；遇旺逢生，终须有力。

子孙之象，宜静不宜动，动则刑夫；宜旺不宜空，空须无子。若临绝地，又主无儿。绝中如得生扶，反主儿孙多育。

财爻变鬼变冲，妻遭久疾。

鬼象化官化破，夫染陈灾。

财为妻体，切不宜冲，或化鬼爻，便生残疾。鬼为夫主，忌犯刑冲，再化官爻，夫当有疾。要知疾在何方，看鬼在谁卦谁爻，可断带疾之处，详见《身命章》中。

合内又生，必享天长地久。

冲中再克，定应死别生离。

且如用寅亥合，用未午来，用酉见辰，皆是得生得合，自然百年和谐。

又如用午见子，用卯酉冲，便是有冲有克，此为终见分离。

旺财与旺应生身，妆奁厚实。

衰世并衰官克应，聘礼轻微。

应为妻宅，财乃嫁资，二者旺而生世，倍得妆奁。世作男家，鬼作夫主，若值休囚克应，自然聘礼轻微。

男心少就，只因世陷世冲。

女意多更，切为应空应动。

世爻若值空亡或遭冲破，男家无意求成。

应若临空或冲或动，女家无心匹配。

卦爻相合，必男妇之成欢。

贞悔相冲，定夫妻之不睦。

卦得六爻相合，绵远和谐。若遇六冲，定然反目。

前冲后合，初离别复聚欢情。

前合后冲，始谐和终遭变易。

未配之前，若卜冲中化合，决不相谐；成亲之后，如得先冲后合，初见生离，后还复就。若卦占六合被月辰冲开，世应财官或化六冲，皆主始初欢悦，后来定不和谐。

孤辰值鬼，夫必无儿。

寡宿临财，妻当少子。

男怕孤辰，忧临官鬼；女嫌寡宿，忌值妻财。二者逢之，后无子息。非惟儿女遭伤，更主夫妻相克。

父旺少兄妨儿女，妻强无鬼捐公姑。

子摇固曰刑夫，财兴有解；

兄动虽云克妇，子发无妨。

父摇兄不摇，决伤儿女；财动鬼不动，定损公姑。子动伤夫，财动生官反吉；兄兴害室，子孙并动无妨。

龙值财爻，形骸秀丽；

蛇临妻位，情性虚浮。

白虎乃悖逆之星，玄武是风流之宿。

朱雀巧词绕舌，勾陈持重寡言。

带咸池则多情多欲，临驿马则勤往勤来。

财为妻性，看值何爻，便知美恶。带青龙貌如西子，性主慈祥礼悌、柔顺贞廉。值螣蛇虚浮之性，多心机而少信实，言语惑人。逢白虎，心怀妒悍，性亦刚强。犯玄武，为人悭吝、放荡无端。逢朱雀，急躁多言。遇勾陈，事行迟钝。值咸池则内乱人伦，外寻花柳。加驿马则朝行东北，暮返西南。

凡配婚姻，须得永年和合；

惟凭奇偶，自然顷刻昭彰。

女卜男婚章第十一[①]

女卜男婚当用官，财兴子静是良缘。

女占夫，以官爻为主，官旺为佳，鬼空莫用。又嫌子动伤官，所喜财兴助鬼。

---

① 以官爻为主，应象为凭。

妻看内爻夫看外，世为女体应为男。

女占男，反取内为妇外为夫，又以世为妇应为夫。

夫择妇兮阴应美，妇择夫兮阳应欢。

阴阳得位方和合，纵然交错乐长年。

夫聚妇，世阳应动为得位。女嫁男，世阴应阳为得位。或内阴外阳者，亦同。若得阴阳得位，喜悦无穷，纵然阴阳交错，也主欢谐。

女家择婿章第十二[1]

将女招夫继子祥，必须兼看结婚章。

内阴外阳称大吉，鬼旺财生夫妇昌。

赘婿者，比同继子也。却与《婚姻章》同看。卦中内外或世应，必须得一阴一阳，方为良配。如遇纯阴纯阳，决不可就。倘若财鬼不全，又不宜也。

父母忌神愁发动，子孙用象怕空亡。

世应变空难送老，六冲之卦岂绵长。

父母为忌神，不动为吉。子孙为赘婿，空则非宜；又不宜动，动则犹恐妨夫。子孙虽动，而财亦动者，助鬼无妨。又论世为己、应为婿，皆不可空。世空者，自有遣归之意。应空者，婿无久恋之心。世应皆动，后必有更。但遇六冲，丝毫莫用。合处逢冲，及变出六冲，主始得和谐，后当分拆。

后嗣有无章第十三[2]

欲知向后生儿否，切忌福德犯空亡。

不论阴阳太衰旺，卦有其神定吉昌。

---

[1] 以子孙为主，官鬼为凭。

[2] 以子孙为主，不遇绝空克破为佳。

静废伏藏迟可立，交重出见早成行。

问后嗣者，须看子孙。若落空亡，再寻伏象，伏子再空，却看动爻化子，变出更无，必有绝嗣之叹。子孙不论阴阳衰旺，如在卦中，又不值旬空月破，决然有子有孙。要问得儿迟早，须观子象兴衰，旺相或动而来速，休囚或静以来迟。又云：出见早生，伏藏迟育。

兄弟值年方废贺，福临胎养一般详。

子如衰绝者，待兄弟值年可生。子若旺相者，临胎养之年可得。卦若无子者，候子孙值年方育。

且如辛丑年正月申日，问何年得子？卜得鼎卦。此卦子孙太弱，理合来迟。直待乙巳年受孕，又遭小产。然虽兄弟值年，盖为子临绝地，故此难招。再候丙午年生合用爻，方得成宗之子也。

又如甲申年二月子日，问何年得子？卜得师卦。此卦子居旺地也，主早生。果应乙酉年怀胎，丙戌年得子。盖为子孙属木，木胎在酉，木养在戌，故此酉年怀胎，而戌年育也。

又如己亥年四月丑日，问子有无？卜得大畜卦安静。此卦六爻无子，喜伏在艮卦，申金子孙，在三爻辰土之下，飞能生伏，必有其儿，还嫌子不透出，故见迟生。直待戊申年，子临太岁，方得有成家之子也。

世空本体多柔弱，应空室命少儿郎。

世爻为自己，若落空亡，便主精阳不足，还须医药调和。

应爻为妻室，如临空地，便推妻命无儿，理宜娶妾。

世应皆不空亡，子独陷者，此乃天命无儿，非人力所定致也。

衰子化空或化绝，纵然得后复遭伤。

卦虽有子，合值休囚又之父母、或化绝或化空者，纵得其儿，后遭刑克。

怀胎虚实章第十四①

夫卜妻胎辨子孙，子占母孕弟兄寻。

---

① 以子孙胎爻为主，青龙天喜为凭。

他人代问推龙喜，父母求之看福神。

此定用爻宜上卦，若逢空地孕非真。

夫问妻胎，及尊长父母辈占，皆取子孙为用。若子占母孕，不看子孙反评兄弟。他人代卜，当察应爻及青龙天喜是也。凡占胎孕，必得用爻上卦，不值空亡，便言实喜。用如落陷，又无青龙天喜动者，决是虚胎。

忌神旺动胎难保，第二爻辞怕鬼侵。

胎空子破官爻动，祸作灾生喜不临。

子旺龙交天喜照，身安体泰腹怀妊。

自古淳风收大畜，今来涣卦内藏人。

问妻胎，以子孙为主，父作忌神。占母孕，以兄弟为凭，鬼称忌客。卦中虽有用爻，若被忌神动者，难保其胎。

第二爻又为胎，忌临官鬼，二爻若值空亡，用象又逢月破，官爻再动，定主生灾，决非怀孕。若得子孙旺相、及青龙天喜交重，必主怀胎，孕妇自然康泰。

淳风先师所收大畜之卦，人若占之必为喜兆。愚意又收风水涣卦，涣字腹内有人，故怀六甲，试无不验。

安护胎息章第十五[①]

若欲安胎，喜子孙之静伏；

如求定产，忌官鬼之交重。

凡卜安胎之事，须看子孙静旺尤吉，虽动化生无咎。倘之败绝，或化父母者，胎必难安。其中最喜鬼空为妙，官如发动，定见迍邅。

子破焉能足月，胎空岂得成人？

六冲则堕胎目下，六合则全孕怀中。

子孙爻为孕，第二爻为胎，二者如有一爻值旬空月破者，必主堕胎。卦值六冲，日前小产；爻逢六合，月是胎全。

---

① 以胎爻为主，福德为凭。

鬼象乱兴，必求神而可疗；

子爻不破，须服药以方安。

官鬼为神司，动出交重，速宜请祷。欲定何神作祟，细详《鬼祟章》中。子又为医药，不临空破却要求医。

要问安胎定日，财生胎合鬼冲伤；

欲推小产到时，父值鬼临子败绝。

安胎者，须得子孙值日，自然制鬼生财、或逢日合二爻，胎当安逸。又论小产到日，与生产大不相同，反取父官值日、或子孙临死绝败时，小产可知也。

虎动龙空方坐草，子冲胎破却临盆。

小产到日法有数端：白虎动青龙空、冲胎爻冲子象，俱决可生。

产母吉凶，财兴初爻详的确。

儿胎动止，子同二位察分明。

初爻为产母，喜临旺相，忌值官爻。妻财为孕妇，大怕空亡，更忧变鬼。子孙与胎爻皆宜静旺，忌犯空冲。

收生保产章第十六[①]

收生之妇应爻寻，次把妻财作用神。

喜见生身生产母，忌逢克世克儿孙。

稳婆取应爻为主，次看财爻，此二爻内，若得一爻生世生子、又生初爻，方为大吉。如来克世克子，或克初爻，必有所害，不可用之。

初为孕妇无伤吉，鬼发兄摇祸必深。

财破应空谁赞美，单占如此定原因。

初爻为产母，世爻为主人，子爻为儿女，皆不可受应爻财爻之冲克，财应二象如克初爻，恐伤产母，如克子孙，恐伤儿女；如克世爻，不过心怀欺诈；相冲亦然。卦中兄弟官鬼皆静则吉，动必有殃。若遇应空财空或

---

① 以应爻为主，财象为凭。

月破，斯人无力，还宜更换。独占坐蓐此论。

　　生产卦中推此妇，五爻二间断其人。
　　自占如克身和世，坐蓐当怀害己心。
　　夫问若伤财与应，稳婆每恐损妻身。
　　初爻不受其爻害，任用毫无恶计侵。

生产卦中兼看稳婆，都又不取财应二爻为用，反将五爻为稳婆，间爻亦为稳婆。

孕妇自占，世为本体，如被五爻或间爻克制，身受其伤。

夫占妻产，又取财与应爻为主。倘遇五爻与间爻伤财克应，并伐初爻者，切莫用之。

六甲生产章第十七①

　　夫同妻胎财莫陷，子为儿女要兴隆。
　　交单是男重拆女，复论谁父包在中。
　　阳象包阴生少女，阴包阳象产婴童。

夫占妻产，财作妻身，不落空亡，便为大吉。

子孙为儿女，若遇旺相生扶，便曰儿无关煞。

要决是男是女，先看动爻。

卦中阴动变阳为男，阳动变阴为女。

倘然阴阳皆动，或六爻安静，难以定之，便以阴包阳是男，阳包阴是女。

如或阴阳又不相包者，方取子孙，值单为男，临拆为女。

惟有交重二爻动必有变，交虽属阴，变为少阳，成男；重虽属阳，变为少阴成女。

设若卦又无子者，便取伏卦子孙，阳即是男，阴即是女。

若伏子再空，又推互卦，却不用十二支取断，只取内外二宫配成本卦

---

① 以子孙长生为主，世临胎养为凭。

六亲，如再无子，此孕必虚。若配子孙又看乾坎艮震为男，巽离坤兑为女。复陈主卦之中，如有两重子象，正临旺相又遇生扶，必受双胎之孕，男女照前定之。又论阴包阳与阳包阴之事。其法有二：有六爻内总象相包，有内外二卦各自相包，凡遇阴在上下，阳在中间，如小过、恒、咸、谦卦之类，即阴包阳也。但逢阳在上下，阴在中间，如小畜、中孚、益卦之类，即阳包阴也。

又各自相包者，内外二卦也。且如坎卦阴包阳，离卦阳包阴，此乃各自相包也。

且如五月丙午日，占男女若何？卜得未济卦安静。此卦有内外二子皆临相地，况得日月生扶，该怀双孕，内卦阴包阳是男，外卦阳包阴是女。此卦阳在先而阴在后，果得双胎。先生男而后女也。

又如四月辛未日，问男女？卜得归妹卦。此卦阴阳既不相包，六爻内又无子象，伏出兑家亥水更值旬空。难分男女。岂知互成既济，止取互卦，外宫坎水正配兑家子孙，坎曰中男，果得男子也。

要知何日才分娩，远看何旬胎遇空。

近取动爻临白虎，弟兄值日月喜匆匆。

世居胎养方能至，子入长生到亦同。

内外三爻无福德，日时遇此面相逢。

孙藏墓库宜开销，福陷空亡喜值冲。

占生产到日，先看何旬胎值空亡，世爻临胎养之日到也。

若卦无子者，待子孙值日方来；如卦有子象，正值休囚，待兄弟值日，或子遇长生方到。

若子临绝处，遇生扶日可到。子若落空，待日辰冲子，方生。子如投墓，待日辰冲墓，方来。

若遇白虎动，近日当生。卦值六冲，到达其甚速。

坐草临盆嫌动鬼，胎前产后忌摇兄。

财临月破焉宁室，子犯旬空难绍宗。

夫占妻妾，财是用神，若临月破旬空，当有产难。财虽上卦，变出兄爻，或卦中兄动，日月又不生扶，亦当妻患。财如旺相，鬼不交重，主临盆有庆，坐草无虞。子孙为儿女，如临空绝，虽育难招。子虽上卦，倘遭父动来伤，岂得长成？

产妇自占忧世绝，随官入墓祸重重。

吉神旺相扶身吉，凶象交重克世凶。

占自身，以世爻为主。逢生则吉，遇克则凶。凡犯随官入墓，助鬼伤身，必遭产厄。鬼若空亡，又得吉神生世，终见康宁。如逢鬼煞动来冲克，祸难逃矣。

选择乳母章第十八①

凡求乳母应爻详，次察妻财莫受伤。

应象临官多病疾，财神变鬼岂安康。

占乳母，先看应爻，次观财象，切不宜临在旬空月破之中。应如值鬼或财变官爻，此妇多生病疾。

卦无亥子终无乳，爻有儿孙定有祥。

更怕应来冲克子，若然生福永无妨。

凡占有乳，专看水爻。卦无水象，其乳必无。虽有水爻，若变土者，必主先有后无。水若化金化旺，必然先少后多。卦中若得重重水透，又见金兴，乳必有余。

子孙为男女之爻，莫居空绝，如逢生旺，子必有成。应爻冲克福神，儿遭妇害。子得应爻生合，抚子有力。

六冲上下无缘分，父母爻兴子受殃。

鬼若发时终有祸，兄如动出耗非常。

应鬼咸池同伐世，倘遭暗计主须防。

但遇六冲，决然不相。纵然合处逢冲，或变出六冲者，皆当有始无终。

卦中父母之爻大不宜动，动则赤子遭迍。官鬼交重，多主咭咭。带朱

---

① 以应爻为主，财象为凭。

雀，易惹闲非。同玄武，潜窃衣资。临白虎，灾延此妇。值螣蛇，惊及婴儿。兄弟动，多费资财，倍加衣饰。

又论世为家主，应为乳母，应如带鬼及咸池动来克世，主莫贪淫，恐遭暗计。

婴童否泰章第十九①

婴童卦取子孙爻，不落空亡便可招。

化绝化空兼化克，虽观花吐未成桃。

如临绝地逢生助，纵见灾危命必饶。

占儿女，子孙为用爻；兄占弟即兄弟为用爻，用爻若临空，决难长大。虽有用爻化出空绝、或化忌神或临月破，目前虽有，岂得成嗣。用如逢绝，却遇生扶，只恐多灾，决非伤命。

父母最嫌逢发动，弟兄能喜值重交。

财兴此子身还弱，官动其男病未消。

父占子，父母为忌神，宜静不宜动。兄弟为原神，宜兴不宜绝。卦内妻财动，则泄子孙之气，儿体欠安。官鬼为仇神，动则多关多煞，静则无病无忧。

如兄占弟，又不如此定之。兄占弟者，兄为用爻，鬼为忌象，父作原神，子当泄气，财作仇神，各有喜忌之分，不可一途而取。

助鬼伤身儿不旺，倘生残疾数难逃。

卦逢助鬼伤身，用象又临绝地，元神不动，定遭疾厄缠绵。

用之兄弟加朱雀，长大忱纵徒赌客交。

主象旺生龙贵照，定然日后显英豪。

用爻无气，况临朱雀，变为兄弟，长成之日，倘交无益之人，变化呼虞之子。主象如逢生旺，又带青龙贵人，后来必成大器，显祖荣宗。

---

① 以子孙为主，不遇绝空克破为佳。

出继男女章第二十①

　　欲将男女更名姓，须向爻中福德查。
　　父发鬼摇灾又讼，兄兴子旺锦添花。
　　兄将弟继求兄旺，父动生兄福转加。

　　将男继出，女亦同推。若得子孙旺和兄又来生，继之得吉。子若逢空，终难长大。如逢父母或官鬼动出，必患多灾，况生口舌。如见父动而兄又动者，此子贪生忘克，反获佳祥。

　　若兄将弟继，不看子孙，反取兄是用爻，莫居空绝，若得父母动者转，添吉庆，惟独官爻动则更忌。

　　卦得归魂宜暂继，游魂多变莫从他。
　　相冲相克居难久，相合相生继不差。
　　应位若逢空破者，此人非是育儿家。

　　归魂乃归乡之象，但可继名，不宜长久。游魂乃迁改之兆，去后终多变易。凡占以世为我，应为他，若世应皆动，必有更张，又不宜相克。世克应还可，应克世非宜。若遇六冲，毫无缘分，切莫继之。若得世应相合，必能久处，再遇相生，尤加和悦。倘然合处变冲，始相得而终见分离。应位若临旬空月破者，此人救已且不瞻，而奚暇子挈人乎？

承继绩嗣章第二十一②

　　凡人承继男和女，僧道传徒理亦同。
　　但喜子孙逢旺相，不宜父鬼遇交重。
　　儿临月破多灾疾，应值旬空少始终。

　　凡继男女及僧道传徒，皆以子孙为用爻。逢旺逢生则吉，遇空遇破则

---

① 以用爻为主，应象为凭。
② 以子孙为主，应象为凭。

凶。父母动，子命不长。官鬼兴，灾生不测。应若空亡，决难久远。

　　世应两爻忧尽发，正之二卦忌相冲。

　　福神冲世终非吉，日辰克子断然凶。

　　六合后嗣年代远，游魂欲变两三重。

　　继子传徒，切不宜世应皆动，动则有更。又不可世应皆空，空须不久。卦值六冲，定主父南子北，岂得相谐。变出六冲，终无结秀。子孙爻不宜冲世克世，又不可被日月来伤。如得六合之爻，便得永年和悦。合处逢冲，后当改变。若犯游魂之卦，决主往来不定，多见变迁。

更名顶籍章第二十二①

　　欲顶他人籍与名，六冲定见叹吁声。

　　世空世破咸非就，官绝官亡尽不成。

　　凡改姓名及顶他人户籍，皆忌六冲。世若逢空，决难成就。日月冲世，事必难成。世纵不空而官空或绝者或卦无鬼者，皆主不成。

　　更此官名宜鬼旺，顶其店业要财兴。

　　兄临雀动伤身世，犹恐傍人举斗争。

　　世不空冲官不陷，事当圆就永无更。

　　在官顶补姓名，尤要官爻旺相，又不可鬼克世身。顶人艺业，还求财象兴隆。不拘公私更改，兄爻独发难成。纵然乱动，兄带朱雀动来克世，或应带朱雀来克世者，必有傍人举首，争夺成非。世爻兴官爻若皆不空冲破绝，事事皆成无谋不遂。

平生学艺章第二十三②

　　业无大小贤愚，岂不从师。

---

① 以世爻为主，官鬼为凭。
② 以妻财为主，世应为凭。

事有败成去就，还须问卜。
凡习三教之流，师同伯叔。
如得椿萱旺相，法必训严。
但学百工之匠，处比弟兄。
若然手足空亡，教非精巧。

凡习三教之流，师同伯叔，如得椿萱旺相，法必训详。父母如逢旺相，或来合世生身者，必获全传。

或习诸般技艺，先观兄弟，次看应爻，此二象若一空亡，便无承受。

金银铜钱之工，值乾兑申酉而最吉。

竹木芦藤之匠，得震巽寅卯以为佳。

造制鱼盐酒醋，利入坎宫。

裁成袖绢绫罗，喜临离象。

采石樵山须见艮，土工泥作要逢坤。

卦爻各有所属，工匠各有所宜。业金工者，财爻利值酉申，身世喜居乾兑。业木作者，喜遇卯寅财象，世临震巽之桓。水利偏宜坎位，丝竹最喜离宫。登山者，艮家为吉。土作者，坤卦为祥。

将本营生，子动财明终发达。

空拳技艺，财摇鬼旺必兴家。

身佐官僚，世怕鬼爻冲克。

名开行次，身宜福德生扶。

凡人习业，各有所分。

将本者，财为主象，子作原神。

空拳者，官是用爻，财为助主。

身在官人役，虽宜官鬼兴隆，冲克世身大忌。

牙行生理，最要子孙旺则广招千里，空则门纲雀罗。卦中虽有子孙，应若逢空，亦无客至。

凡习经书，父须生旺。

若求官职，鬼莫空无。

祝巫大利官兴，僧道惟宜子旺。

习儒业者，父母为用。求功名者，官鬼为用。祝巫者、迎神召将、照马关亡之类，亦用官爻。惟僧道之流，子孙为用。凡用爻皆宜值旺相，各忌空亡。旺则事事有成，空则般般不就。

诸般道术，一应生涯，

皆把财为衣禄，养命之源；

兼推子乃福神，发家之主。

诸般艺业，皆宜财神兴隆。财若空亡，利资必绝望矣。

无鬼必无头无绪，游魂必游去游回。

世犯旬空，自有更张之意。

应遭月破，师无传授之心。

寒遇六冲，彼我无情难习业。

幸逢六合，师徒相得却成功。

一应徒师习业，不宜卦内无官鬼。若逢空，事无头绪。卦值游魂，往返不定。又看世为己，应为师，皆不可值旬空月破，又不宜卦值六冲。世应若不空亡，又遇爻逢六合，定主师徒相得，事必成功。

欲择明师，未知曲直，当占易卦，便见虚真。

五经定肄章第二十四[①]

五经无不看文书，金作《春秋》木作《诗》。

水是《书经》火《礼记》，土爻为《易》少人知。

凡读书经，须详父母，旺则有成，空则无益。止卜一经，单推父母，不论五行；混卜何经，却要五行分别。父临申酉，宜读《春秋》；母在火爻，利宗《礼记》。木视《毛诗》最妙，土观《周易》为佳，水看《书经》，各遵其理。

《易经》若也为儒业，土象兴隆最及时。

[①] 以父爻为主，五行为凭。

父母若登申酉位，必在《春秋》折桂枝。

总卜读经之事，要知功名发在何经，父属土爻，必在《易经》高捷；如居金位，《春秋》定占高魁。其余仿此。

财子同兴难及第，平生虚费枉从师。

父官两旺修文吉，名播京机作宪司。

从经之士，最忌妻财子孙发动，偏宜父母官鬼兴隆。

父化父，后有败经之变；

父化官，必成显达之荣；

父化财，必始勤而终怠。

化生则文墨转佳，化绝定心慵意懒。

求师训迪章第二十五①

延师习学，应爻莫下空乡。

教子修文，父象休行绝地。

财动则其年少益，父空则此岁无功。

应爻为西席，父母为文章，此二象皆要兴隆。应陷应冲，皆主半途而废；父空父绝，必然训诲无功。财若动时，一年虚废。

四刑四极四冲爻，常往常来常改易。

四刑四极四冲者，总是六冲之卦，从师遇此，定然彼我无缘，必难终始。主卦虽然相合，倘如变出六冲，春夏虽然相聚，秋冬定见分张。

东家多退悔，世必家亡；

西席有更张，应还发动。

世应皆空，彼我无终无始。

凡占以世为主，应为宾。世空，主不敬，宾自当疏慢；应动，宾非向主，彼必更张。世应俱动，各有变心；世应俱空，两无眷恋。若得相生相合，定然宾主和谐。

---

① 以文书为主，八卦为凭。

父旺持身，倍加学问。

兄强立世，多废修仪。

父母旺相，日进其功，更来生世生身，尤多教益。如逢兄弟发动、或值世爻，束修倍费。

卦若游魂，自后他心能有变。

应如月破，将来彼体岂无灾。

卦若游魂，彼必坐身不定；应临月破，或应或命随官入墓，其人定见灾殃，或遭词讼。

内外得乾坤离卦，经书开锦绣奇文。

乾乃六龙之象，坤离又作文章，故此儒士遇之，便能上进。或内或外，三中得一为佳。如卜纯乾、纯坤、纯离者，卦名虽吉，只怪六冲，故不用也。

凡熟此篇，变知其意。

求馆开设章第二十六①

觅馆招贤怕世空，应空岂得遇东翁。

父空书馆终非美，财陷修仪甚不丰。

世应不空须有望，变成冲散定无终。

无官之卦休寻访，无馆之年为六冲。

凡图②书馆，世为自己，应为东家，父为书馆，子为书生，财为束修，鬼为荐馆之人，兄乃同胞之士。世空不遇尊从，应空无东接纳。父空难逢美馆，财空修仪轻微。子空门弟不多，鬼空无人举荐，兄空无人抢夺，身空居处不安。诸空稍可推。得世应不空，终须有望。凡值六冲之卦，或无官鬼，定无馆也。如合处逢冲，或变出六冲，虽见成就，其年定主不终。

游魂迁改它图吉，归魂乃旧胜西东。

---

① 以世应为主，财福为凭。
② 点校者注：此处图字，为求谋之意。

那日扶持生合世，便教宾主两相逢。

问迁更，游魂大利；占守旧，反要归魂。要知那日成关，还详父母。卦中无父，但逢值日方成。如有父爻旺，求墓合之时。衰取旺生之日，又看何日生世、空世，亦可成关。

相资寓所章第二十七①

习学修文就馆中，相资却兴寓居同。

父宜旺相身宜旺，世莫空亡应莫空。

鬼忌动兴财忌动，贞嫌冲破悔嫌冲。

凡占就彼相资附学，寓居同断，皆要文书旺相，不宜世应空亡。世空身有阻，纵去无功；应空彼不容，纵容无益。父若空亡，经书虚费。财动恐伤文书，鬼动倘招灾祸。卦值六冲，决难谐就。如合处逢冲及变出冲者，始虽相得，后必改更。

无官来往皆难就，无父经书尽没功。

一卦无官，不能成就。六爻无父，枉费勤劳。

更论乾坤离卦体，三中得一妙无穷。

六爻安静无绕舌，一卦游魂不始终。

常人寓处，不论卦名，财动父空，俱不足论，只忌六冲、鬼动、世应空亡。惟有书馆如前断。又取卦名，方知有益无益、或内或外。乾与坤离得逢一象者，文添锦绣。若六爻安静，并无闲扰来干。卦见游魂，心常改变。

应克用爻休寓此，外生内象却亨通。

世为本家，应为别宅，又以内卦为本方，外卦为他处。凡卜相资附学，不可不辨用爻。若问儿孙，子为空象。如占自己，当看世爻。用受应爻或，外卦来克，必被欺凌。如来生合用爻，大得维持之力。

雀临兄动闲非起，武带官摇盗贼逢。

① 以父母为主，世应为凭。

白虎居官灾病染,青龙值父显光荣。

附学寓居,最嫌官鬼,静则无咎,动则生忧。临朱雀必有闲非,化兄弟反当欺诈,兄临雀动亦然。鬼加玄武之爻,须防失脱。逢白虎,忧染灾屯。遇螣蛇多惊多怪。见勾陈,须防跌蹼,作事迟疑推阻。青龙当分生克,生世则文中显贵,克世则喜处生悲。

不惟青龙一兽,但若官动克世,又看五行。金鬼来伤,恐被刀伤斧割。木官来克,克须防梁折楼塌。水忧上漏下湿。土愁壁垣倾。火防回禄。巳恐蛇伤。鬼爻不动克世,皆不言他。

复推财带咸池,休贪美色,助鬼伤身亦然。惟有父值青龙,文增光彩也。

应举科名章第二十八[①]

儒童进学兼科甲,独忌文书空与伤。

有父无官还及第,有官无父岂为良。

凡占进学并科甲,取父母为用爻,如临旺相,必占高魁。纵值休囚,若得变爻,或日月生扶,亦当进取。倘若父值旬空月破之乡,名难登榜。又论未试之时,及试后在弥封及阅录之先占者,虽凭父母,又重官爻,尤忌子孙发动。阅卷之后,将出案时,惟恐父母,不用官爻。卦中有父无官,也须得第。卦内有官无父,未得峥嵘。

鬼兴助印名书榜,财动伤文空返乡。

官值世爻财静旺,父临月建定帮粮。

凡占儒业,父作文章,鬼兴生父,似时雨滋苗;财动伤文,如秋霜杀草。

若得官爻持世,或值太岁日辰,财又旺而不动,卦无兄弟交重,父母再居旺地,考占优等,帮补驰名。

官父纵然旺相,又遭兄动财空,虽居首等,未得帮粮。

―――――――――
① 以文书为主,官鬼为凭。

若还中后占廷试，方取官文二位强。

财子静安无阻滞，兄爻独发未能昌。

凡占乡试、会试，先察文书，次推官鬼。如卜殿试及考入翰林，先看官爻，次评父母。故此官文二象，皆要兴隆。若值空亡，未能高显。大忌子摇，次嫌财动。兄爻独发，定见阻挠。兄鬼同兴，不须畏忌。

卦如无父无官鬼，伏出其爻反吉祥。

日月若临官印者，福财纵动也无妨。

文书、官鬼皆是用爻，卦中缺一，须看伏神。伏若再伤，又评日月。如有此爻，定然昌吉。日值文书，何忧财动；月临官鬼，谁怕子兴。卦内父官有气，又逢福财，白虎皆摇，身虽荣贵，即便无忧。

仕宦升迁章第二十九①

官职升迁子莫刚，惟求官鬼动为良。

值生值旺当迁转，临陷临空且守常。

鬼化子字忧调降，官连财位沐恩光。

凡占升迁，须评官鬼。子乃忌神，不宜发动；官为主象，最利交重。若临生旺，定主高升。如值空亡，未能迁转。官化子孙，非降即调，卦中财子动亦然。若还财子同兴，转助官爻，又不降调。官若化财，平升品级；官化进气官爻，又主重超美职。

财之福象加爵禄，妻变兄爻减俸粮。

卦得归魂还复任，游魂迁转在他方。

妻财为俸禄，财化子孙，加衔赐禄；变成兄弟，罢俸减粮。若卜归魂，还当复任。归魂化归魂，理应致仕。如遇游魂官又旺者，必升别省。游魂化游魂，升后再升远处。

世空未得高升任，财动还须佐帝皇。

---

① 以官爻为主，世象为凭。

鬼变退神宜致仕，化居墓绝早还乡。

世爻为自身，本官自卜，当察世。世若空亡，未能迁转。他人代卜，又不取世爻为主，专看官爻。若得财动生官，自然显达。鬼爻若化退气，或变入墓绝之中，莫望升迁，远归田里。

欲知何月官升处，遇值逢生喜报祥。

欲决何时迁转，推评官鬼旺衰。旺则高承升在尔，衰则待生旺之期。若六爻无鬼，后查哪月临官，便知迁升决矣。

易林补遗亨集卷之五

袭求武弁章第三十[①]

动业赞皇猷，鹰扬渭水；
簪缨绳祖武，虎拜枫宸。
大凡袭爵承官，皆沐君恩祖荫。
欲识利名显晦，远凭卦象推详。
献策请缨，父象要兴财忌动。
从戎比试，世爻喜旺应宜衰。

献策论者，专看文书，父旺必然高中，父空岂得成名？父若不空，又嫌财动。若交锋者，又凭世应。世旺应衰他必弱，世衰应旺彼当强。世克应则大胜，应克世则难赢。

受荫袭封，喜遇贵乘禄马。
买官进爵，欣逢龙聚财官。
所忌者六冲世陷，身空徒费力。
所喜者六合官兴，财旺总如心。

军中占袭职，民间卜官，各忌世空、官空、六冲之卦。若得官与世旺，定显威风。官爻或世爻，若带青龙贵人，及卦逢六合，威福更加。

鬼在酉申，耀武扬威膺世禄。
官临乾兑，攘夷安夏树奇功。
官爻或世爻如临乾兑卦中，或在酉申爻内，俱当名振华夷。
内外卦得兴隆，则功高誉远。

---

① 以官爻为主，世象为凭。

身世爻当衰弱，则力怯机疏。

世旺逢生，勇冠三军蒙上赏；

官兴得助，爵尊一品沐殊恩。

世逢日月克冲，戈戟最为下辈。

身遇岁君生合，战征场内作高魁。

　　武职行中，若得内卦外卦兴隆，世爻应爻旺相，定然势压旁疆。世旺再逢太岁，或日辰月建生扶者，勇冠三军。世若休囚，卦不旺相，当推无力无能。又被日辰月建冲克世爻者，提拔全无，反遭弹劾，岂得驰名于军伍。其中又看官爻，旺则声名显赫，空则劐削兵权。

世带青龙，名驰朝野。官居白虎，威振华夷。

　　青龙为大贵之星，白虎乃兵权之煞。此二兽若得临世临官，定主威扬海内。

子动伤官，难遂参谋之策。

财兴助鬼，能成赞尽之功。

鬼变福乡循降调，官之财地渐升迁。

　　鬼为官职，最嫌子动来伤，偏喜财兴助鬼。官变子孙，非降即调；鬼之财象，迭迭高迁也。

玩占易理玄微，可决戎官之休咎。

援监纳吏章第三十一[①]

买官纳吏选阴阳，僧道医官共审详。

世值旬空非久远，福神静旺永无殃。

　　援监纳吏，并一应奉例纳银求官者，皆把世爻与官爻为主。俱不宜空，空则不成，纵成不久。子孙虽为福德，亦不可动，动则伤官；又不可无，无则少利。身世之爻，若被鬼来冲克，反受其殃。如得鬼爻持世，再加财动来生，决主名成利就。

[①] 以官爻为主，财象为凭。

鬼克身爻遭责罚，财生世象必荣昌。

夫化子孙难出仕，妻之兄弟利源伤。

身世之爻，若被鬼来冲克，反受其殃。如得鬼爻持世，再加财动来生，决主名成利就。官爻若化子孙，又难出仕。妻财如变兄弟，或卦中兄爻发动，不惟无所得，反主亏伤。

吏典财官宜旺相，贡生父鬼忌空亡。

太学父兴官旺处，定显声名播四方。

僧官、道官、阴阳官、医官、吏典等类，皆宜鬼旺财兴。爻中有鬼无财，有名无实。有财无鬼，名利皆虚。

又论恩贡、选贡、岁贡、监生等类，虽用官爻，再凭父母，此二象俱不可空，若得父官有气，定然名播京都。

选缺参房章第三十二①

官僚选缺吏参房，皆把官爻及世详。

就动兄兴冲克世，同袍攘阻却提防。

官僚选缺及吏典参房，皆把官爻与世爻为主。此二象内，如有一爻犯月破旬空者，官不能得此缺，吏不能参此房。世纵不空，若被应动克世，或兄弟动来克世，必有同袍抢夺，却要提防兄兴，竞争强。

世爻若遇空冲绝，费尽勤劳怎得昌。

不遇六冲官有气，稳膺美秩姓名扬。

世若变为绝地，或被日主来冲，或卜六冲之卦，纵去谋为，决难成就。世象不空，官爻不陷，应与兄爻纵动，不来克世，所求必遂，并不更张。

参房获利宜财旺，鬼象休来克世方。

选缺求名愁福德，随官入墓恐遭殃。

论参房者，与选缺不同，若得官与财旺，定然所得非常。鬼克世身，

---

① 以官爻为主，世象为凭。

难逃罪责。

论选缺者，亦要官兴，最嫌子动，鬼克世身，不须畏忌。但遇随官入墓，恐惧灾患。

官员荐奖章第三十三[①]

官吏贤能，望宪台之荐奖；
黎民良善，赖邑宰之旌扬。
所喜者，鬼旺龙兴。
所忌者，世空子动。

凡占奖荐，各要官爻旺相，青龙得地，大忌世值空亡，子孙发动。

臣沐君恩，必得岁君生世。
下叨上荐，须求外鬼扶身。
卦有二官六部，重推重举。
爻无一鬼三司，不奖不褒。

欲求恩宠，须看五爻为天子，太岁为朝廷。此二象内，若得一爻生世或生官，便沾天泽。天子与朝廷之位，如值空亡，恩先莫望。纵不值空，如来克世伤官，原不为福。

如占举荐，专看外卦官爻。外象如无，内官可用；内鬼再空，不须谋望。不论内外，卦中若有官来生身生世，决叨提拔之恩。如得旺官迭见，又来生合世爻，必得重重之荐。六爻内如无鬼者，定无推举之官。

推举得官父旺动，稳望高迁奖劳。
若财鬼衰空，虚图给赏。

推荐者若得官父两全，便为佳兆。二中欠一，未得稳成。奖动者虽用官爻，又宜财旺。财鬼如空，定无奖勤给赏之美也。

鬼化子爻，荐贤未听。
官之财象，奖励能从。

---

① 推荐以官文为主，旌奖以财鬼为凭。

荐与奖，皆以官为主，旺者来速，衰则来迟。动化子孙，虽荐未能听信。财来助鬼，奖得如心。

如卜官凭，但原文书逢旺气。

若占到日，远寻父母遇生方。

又附占文凭到日，须看父母之爻。候临生临旺之期，此凭决到。卦无父，须待父爻值日，方得凭来。父若衰而又空，纵然等候而未至。

欲求坊匾方光辉，必藉官爻之旺相。

世空绝望，子动难谋。

财动还须嘱托，鬼空不必祈求；

六合则心怀喜悦，六冲则面染忧愁。

凡求牌坊匾额光辉门闾，先看官爻，次推世象。二者若有一空，始终绝望。子孙动，亦不能求。财动生官，谋为遂意。

如求札帖，又看文书，反嫌财动。父鬼财空，允能给发。不拘匾贴，皆忌六冲。

上察官情之喜怒，皆由四象之兴衰。

下推人事之亲疏，不出两仪之变化。

上书咎奏章第三十四[①]

启奏君王看五爻，生身合命宠应叨。

岁君克世龙颜怒，月将生官品爵高。

启奏者，须看五爻为天子，太岁为君王，此二者如有一爻生合身世，所奏如心。五爻与太岁如来冲克身世，恐犯天威，休陈情因。

又论官多为本职，不值旬空月破，更得日月生扶者，必然破格超升。五爻为天子之爻。

进拜表章兼上本，父旺官兴御笔标。

亦忌六冲财子动，次愁印绶化财爻。

---

① 以太岁五爻为主，文书官鬼为凭。

更嫌鬼象之为福，父绝官空莫进朝。

拜表上本启奏皆同，若得父旺官兴，定蒙准奏。若值六冲，或财摇子动、或父变妻财、或官之福、或父绝官空，以上数端，如犯一节者，莫奏朝廷，纵奏，徒费心机，难迎圣意。

朝天面旨章第三十五[①]

面君官旺世无伤，折槛廷诤也不妨；
太岁五爻冲克世，休趋殿陛惹天殃。

面君者，先推世象，次察官爻。此二爻如临旺相，不值空亡，又不受君爻冲克，面谏天子，并无玷剥。世爻若被天子之爻冲克者，朝必遭殃，守静为上。

日辰月建生身吉，克世伤官尽不祥；
卦值晋升蒙上宠，爻成屯蹇岂为强。

世爻与官爻纵值休囚，得日月或动爻生助、或变出生扶，皆为佳兆，若动爻与日月伤官伤世，俱作凶推。

朝王卜得火地晋，晋者以臣遇君之象。又取地风升，升者，进而上也。故此二卦皆吉。若卜水雷屯、水山蹇二卦，皆为难也，遇者必凶。

逢冲莫去朝天子，遇合应来奏帝皇。
无鬼不能沾雨露，世空岂得受恩光。

六冲之象，切莫朝天。六合之爻，理宜面圣。爻虽攒合，卦中无鬼，或值空乡，渥恩莫望。卦纵有官，世居陷地，还嗟运蹇，岂沐天恩。

恩封诰命章第三十六[②]

欲知紫诰赠何人，卦内还须分六亲。

[①] 以太岁五爻为主，官鬼世象为凭。
[②] 以文书为主，官鬼为凭。

父作皇封世作己，官为吏部五为君。

更将太岁为天子，乾卦当称帝王尊。

君位怕临空与绝，五爻忌克世和身。

凡占诰命，父母为用爻。不绝不空，终须有望。又看世为自己，官为吏部，五爻为天子，太岁为朝廷，皆莫空亡。君位之爻，切莫伤身克世。乾卦又为君王，或内或外得此象者，必受恩封。

君爻生合何爻处，便见天恩赐那人。

财象遇生封妻室，子爻逢合荫儿孙。

世身若得君相合，品级加增作大臣。

五爻与太岁生合父母，必赠椿萱。生合财爻，必封妻室。生扶福德，当荫儿孙。生合世身，再加官爻旺相，自当品职高升。

鬼发父兴迎诰命，父空财动绝皇恩。

官鬼休囚宜嘱托，文书破绝莫劳心。

来召来宣同此例，去朝去奏照其因。

卦内官父两旺，定沐洪恩。父若空亡，难迎诰命。妻财独发，克制文书，难沾雨露。鬼值休囚，夤缘为美。父临空绝，枉使机谋。君来宣召，臣去朝天，皆喜君爻生世，官旺为佳。各忌帝位克身，鬼空不吉。

文书消息章第三十七①

官印文书宜父动，民修票约忌财兴。

财临身世徒书契。周不空亡准此情。

凡论文书票约，取父母为用爻，旺则有成，空则无用。财爻为动，或值世身，空劳纸笔，枉费神思。

鬼是元神空不就，财为忌客动难成。

父之冲克真为假，母变生扶却信凭。

卦无官鬼或落空亡，皆主不就。妻爻发动，契必难成。财动官亦动，

---

① 以文书为主，官鬼为凭。

反能成契。父母若被日月冲破、或化绝化空，此契不能见信于人。父母若遇生扶、或变为有气，此书纵假而可为真也。

趋谒贵人章第三十八①

外卦原来是用爻，兴隆出现得相交。

无身无鬼皆非遇，主若伤宾情据抛。

凡去谒贵，最嫌外卦空亡，若得外卦出现旺相，人必相逢。如外三爻皆动，定有变更。一二爻动，亦不如此论，又要取卦身与鬼官之爻，如缺一神又不遇也。

复看世为主，应为实。又以内为主，外为实。如遇内外世应相生、或比和、或应克世、外克内，皆主相逢得意也。惟独世克应与内克外，主反触宾，纵然相见亦不相投。

世临空地难成事，应落空亡白费劳。

望客喜逢三合卦，见宾怕遇六冲爻。

趋谒之事，世应与官鬼皆莫空亡，三者如有一空，决不相得。纵不逢空，若值六冲，决无美意。若得三合六合之卦，自然宾主相谐，若还应象交重，谓人不遇。

如求书贴忧财发，偏宜父母值重交。

或去解非并脱讼，子孙爻动祸殃消。

若还觅利抽丰者，财官两旺乐滔滔。

但去求文取帖，及送书递柬，不宜父母空亡，更忌妻财发动；如要解词息讼，反宜官鬼休囚，又怕应来伤世。若遇子孙持世或发动，祸必触消。如去假公事以济私情，或抽丰而利己者，须得财官两旺，切嫌兄弟交重。

---

① 以世应为主，外卦月卦为凭。

谋望成事章第三十九①

成事须将世应查，世为本主应为他。
空冲破绝临其世，凡去谋为莫起牙。
冲破绝空居应位，他心不合枉嗟吁。

凡成事体一应谋为，皆取世应为主。或世或应，如临绝地或犯旬空月破日冲，皆难成就。次将内卦为谋事之人，不宜空破。如临旺相，定主亨通，再得内克外卦，或内外相生及比和，俱为美也。

六冲爻象难谐就，卦内无官事必差。
世应若逢日辰合，任君不愿也堪夸。

六冲之卦，事决不成。合处逢冲，成后复退。鬼若空亡及不上卦，皆不就也。世应二爻自相会合，或得日辰合世合应，纵若心中不欲，也得允成。

升官迁职兼兴讼，官鬼交重名倍加。
觅利还须财旺相，求书必得父光华。
兄爻独发般般忌，子象兴隆事事佳。

官中谋望所断如前，复喜官爻旺相，独忌子摇。如谋利息，财忌空亡；若斡文书，不宜财动；卦如无父，终不能成。

诸般谋事，各嫌兄弟交重；惟子动无不为佳，功名独忌。

谋役顶名章第四十②

书辩捕兵民皂卒，谋差顶役世爻详。
各忌六冲官害世，皆宜财鬼旺为强。

一应衙门生意，顶役谋差，若遇六冲，决难成就，纵成不久。官鬼若

---

① 以世应为主，内外为凭。
② 以官爻为主，世象为凭。

伤身世，终遭罪责难逃；若得财官两旺，其中定见兴家。

更愁身命随官墓，世坐空亡谁赞襄。

无鬼莫来谋此役，官临身世却宜当。

但若身世本命随官入墓，祸不可当。世值空亡，焉能久远。卦中无鬼，所作不成，纵若成之，始终无益。若得官临身世，本命又遇生扶，宜充此役。

财空鬼弱兄爻动，但得虚名利不昌。

世不逢冲官不绝，差成役就乐欢肠。

财落空中官居衰地，事虽见就，必主无财。卦中纵有衰财，或逢兄动，亦不为祥。

世象不冲不破，官爻不绝不空，便言谋中得成，求财得利。

审役轻重章第四十一①

民当户役，有轻重之不同。

卦出官爻，取旺衰之可验。

凡居旺相必高强，若得休囚方细小。

克世则厚而非薄，伤身则重而不轻。

带青龙而道吉，加白虎以言凶。

要知户役轻重，须看官爻衰旺，旺则重大，衰则轻微。或空或绝，皆主无忧。鬼纵休囚，克世还当繁重。官虽旺相，生世赔费还轻。值青龙终无责罚，临白虎必犯官刑。

月建临官应金魁首，日辰克鬼当审轻微。

官爻值世估高名，福德加身登下榜。

子化官则将轻作重，官化子则改祸成祥。

兄弟动时多破费，子孙旺处少亏伤。

用爻强弱端详，解户浅深愤定。

----

① 以官鬼为主，生克为凭。

官临月建，至重之差。鬼值世爻，次重之役。鬼逢日月克伤，轻徭可必。子孙世或发动，其户亦轻。子变官爻，解轻赔赊。鬼之子象，役大赔微。兄弟发动或持世上，定多赔赊。子孙旺相或值身爻，费财稍可。

扳人帮役章第四十二①

将役扳人忌应空，六冲无鬼彼难从。

应爻克世他无咎，鬼落空亡讼若风。

欲求帮户，须观应与官爻，应若空亡，谁来帮贴。世遭应克，无力扳他。若卜六冲，决难遂意；如无官鬼，岂得扳人。鬼象临空临绝，官心无主无为。

应被世伤官鬼克，决能扳累获全功。

卦爻生合妻财旺，定来贴费两和同。

应上临官临月破，斯人受责受其凶。

世克应爻，或官伤应位，必是如心。世应相生相合，财逢生旺之乡，不必官扳，自然津贴。官爻值应或应临月破者，官必金帮，违选遭责。

除名脱役章第四十三②

官爻克世兼临世，用尽机谋脱不成。

卦得六冲应脱役，子孙在世定除名。

凡求脱役，专看官爻，官如克世临世，欲退其役难以推开。若得六冲或子孙持世，或子交重，皆主役去名消。

世空自退无忧虑，应陷他非上籍丁。

世应俱空官又动，傍人顶役两无刑。

世值空亡，自当解散，应值空亡，他难顶替。世应皆空官又动者，自

---

① 以世应为主，官鬼为凭。
② 以子孙为主，世象为凭。

能解脱。彼不克当，必有傍人代役，已免其忧。

鬼爻立应兼伤彼，他必承当永不更。

鬼若兴隆财叠发，还须自己入公庭。

官爻临应兼克应，皆主他人代役。官临旺动又不伤他，况遭财动生官，定难脱也。官爻纵动，如来生助世爻，反有益我之情，必然得脱。

人宅六事章第四十四①

一卦之中，可决一家之休咎；
六爻之内，能分六事之盈亏。
家庭消长，系于卦不系于爻；
人口灾祥，在乎爻不在乎卦。
内曰宅居，喜逢旺相；
外云人口，忌值休囚。
要见吉凶，还详生克。

论卦衰旺之法：

立春后，艮旺、震相、巽胎、离没、坤死、兑囚、乾休、坎废。
春分后，震旺、巽相、离胎、坤没、兑死、乾囚、坎休、艮废。
立夏后，巽旺、离相、坤胎、兑没、乾死、坎囚、艮休、震废。
夏至后，离旺、坤相、兑胎、乾没、坎死、艮囚、震休、巽废。
立秋后，坤旺、兑相、乾胎、坎没、艮死、震囚、巽休、离废。
秋分后，兑旺、乾相、坎胎、艮没、震死、巽囚、离休、坤废。
立冬后，乾旺、坎相、艮胎、震没、巽死、离囚、坤休、兑废。
冬至后，坎旺、艮相、震胎、巽没、离死、坤囚、兑休、乾废。

凡占家宅，先观内外二象，内卦为住居，外卦为人口。内卦旺相，则住宅兴隆；外卦旺相，则人丁茂盛。如临胎没，稍主亨通。内卦若值死囚休废，便言家庭不发。

---

① 以动爻为主，内外为凭。

又取内外相生及比和，或外克内卦，皆作佳祥。若内克外，便言住宅不宁。内卦纵然旺相，若克外爻，终不为福。内若休囚，外卦旺相，如克外者，柔难制刚，不为克也。

内外兴隆无禄马，终见亨通。

宅人衰废有财官，也须愁叹。

星辰不若五行，爻象讵如八卦。凡看人宅六事，内外二卦皆临旺相之乡，爻内纵无官鬼妻财贵人福德者，也主兴隆。人宅二爻俱值死囚休废，或落空亡，纵有财官青龙天喜者，亦无佳兆。

先言二象，次辨六亲。

鬼是正厅，父为堂屋。

子作廊厢披厦，财成仓库厨房。

兄断门栏墙壁，间推甬道明堂。

世作本家，应为朝向。

遇冲遇克，其间损耗必须更；

逢合逢生，此处清安宜久住。

官鬼为正厅，又为家堂，又为家主，空则无厅或无香火。鬼化鬼，必有二厅或有两堂香火。

父母为屋宇、为经书、又为尊长，空则房屋衰颓，或经书少习。父化父，必有楼房、或家多文集。若有子孙同发，便言经典。

子孙为廊厦、厢房、披屋之类，又为善愿，又为卑幼，空无傍屋，或家不好善。子化子，侧屋甚多，或敬神重佛。

妻财为仓、为库、为下房、又为财宝、又为妻仆，空则家无仓库，或厨下萧条，资财不聚。财化财，连敖盛库，财帛丰盈。

兄弟为门户墙壁，又为弟兄，如值水爻、或带玄武，便为坑厕，空则门户亏伤，或墙垣坍塌。兄化兄，必有重门相对，或双脚墙垣。

间爻为月台，太旺加官贵方为甬道，空则无明堂。

世爻为本家，又为祈卜之人，空则门庭欠利，旺则家宅兴隆。

应爻为朝向，又为对邻，空则朝向不通，旺则宅方助宅。

以上诸爻，看哪象逢冲受克，便知那处亏伤；何象遇合叨生，就决谁房益利。

既占阖宅，当审六爻。

初为儿女与鸡鹅，并连基地。

二推妻妾兼猫犬，灶及华堂。

三曰弟兄香火，猪并眠床。

四云门户萱堂，羊畜外族。

五是椿庭与宅长，众人道路兼牛。

六成祖辈与奴丁，坟墓栋梁加马。

初爻为基址、为井、为沟、为小口、又为鸡鹅鸭之类。

二爻为房屋、为华堂、为灶、为长母、为妻妾、又为猫犬之类。

三爻为正门、为香火、为闺房、为卧床、为兄弟、又为猪畜。

四爻为门户、为母、为外亲、又为羊畜。

五爻为路、为父、为宅长、为众人口、又为牛畜。

六爻为栋梁、为家眷、为墙壁、为坟墓、为祖父母、为奴婢，又为骡马。

此乃通论而已。

世乃来占之主，应当问卦之妻。

倘若他人代卜，反将应象为尊。

或令家人祝告，六爻所属难分。

止论五为家主之爻，二为宅母之命。

看那爻临于日破月破，断此生灾。

观何象值在旬空化空，言其抱患。

自己占，以世为主，以应为妻。他人代占，以世为问卦之人，应为本主。若家人代占，以五爻为宅长，二爻为宅母。以上所言，皆论代占之事。虽不以六爻所属之分，各有用爻分定。惟有家主来占，方取六爻分宫而察。细看哪一爻逢日冲、月破、旬空者，便决此人非灾即讼。

且如家主自占，寅月甲寅旬辛酉日，占垢卦安静。此卦世在初爻，正临空地，世爻为家主，初爻为小口，其年二月内，家主与次男皆生病疾。

又看五爻为父，又逢月破之乡，此年十月内，父患大灾，应此卦也。

又如家人代占人宅，正月甲子旬壬申日，卜得大壮之大有。家人占者，不必取六爻分宫所断。此卦五爻临月破，理应宅长之灾，岂知申日卜之，不为月破，此宅长反主一年康泰。又论第二爻为宅母，被日辰冲破，理合生灾，虽临月建，目下纵是平安，后至七八月果染灾殃，有此验也。

又察鬼临何命，方知殃及何人。

伏鬼同推，化官概论。

子变官爻，灾连儿女。

财之鬼象，殃及妻孥。

人和病者，盖因本命临官鬼，且如鬼在子爻，便言属鼠生人有疾。若卦无官，又寻伏鬼。

假令卜得未济卦，虽无鬼，伏出离宫亥水官爻，当决属猪生人患病。鬼若空亡，不须畏忌。

又论卦内动爻变出财兄父子，不必论之。若化官爻，便宜细究。

且如子孙化鬼，卑幼有灾。父母化官，椿萱有患。财化鬼爻，妻奴不泰。兄弟化出，手足难安。官化鬼爻，家庭病讼交作，妻如来卜，便推夫主生灾。世化鬼爻，当决来卜之人有疾，卦身化鬼亦然。化鬼若空，不必言也。

复查鬼克何爻，便决何人受疾。

官临谁卦，当言谁体成殃。

卦内鬼爻发动，便作凶推。若克初爻，子孙有病。如伤二位，妻妾生灾。克三爻，弟兄有疾。克四爻，母受其殃。克五爻，父遭疾厄。克六爻，病于公祖、患及奴丁。克世爻，来卜之人有患。克应爻，妻室遭屯。若他人代占，鬼克应者，莫言妻病，反推本主生灾，非灾即讼。鬼不动不言也。

又看鬼值何何宫发动，便知灾至何人。鬼在乾宫，当言父病。官居坤卦，便曰母灾。在震宫，长男有疾。在巽卦，长女遭殃。坎卦，中男不泰。离宫，小女不宁。鬼摇艮内，灾至少男。官动兑宫，殃及少女。要知何病，须看五行。金官发动，病入肺经、吐痰、气急、咳嗽，又主斧割刀伤。木鬼交重，灾由肝部，左瘫右瘨痒、麻疯。又不可兴工伐树，动则有妨。水鬼祸裁，肾部腰疼，湿气泄冯崩淋，又恐江湖染祸。火鬼疾起心经，虑患颠痫、疮毒、眼赤、尿黄、莫临火境。土动临官，患从脾胃，切忧肿胀、脸黄、时灾、疟疾，切莫立于岩墙之下。

青龙鬼发，喜处招殃。白虎官兴，丧家惹祸，又恐血光。朱雀因怒气得灾，螣蛇为惊惶患病。勾陈防跌蹼，玄武莫贪花。驿马临官，休登远道。鬼居华盖，勿住空门。带咸池莫酖酒色，逢羊刃忌执刀枪。

酉鬼香醪少饮，丑官牛肉莫食。午鬼忌乘骡马。卯宫莫授车舆。巳虑蛇伤，戌防犬吠。寅恐虎狼之害，辰愁征彻之惊。鬼如安静，亦不为美。

妻财动则灾至椿萱，父母摇则祸延兰桂。

鬼动弟兄之病，兄兴妻仆之殃。

财爻动，便言父母之灾；鬼若同兴，反助椿萱之力，其财亦不为殃。父母动，虽曰子孙抱患，若得妻财同发，父自受伤，岂能克制子爻也。官鬼动，理应兄弟迍遭。兄若空亡，亦不受鬼来伤克。兄弟动，当决妻奴不泰。兄象自临月破，焉得伤财，纵动亦不为咎。虽曰六亲之相克，还宜强弱细参详。

内为宅，外为人，人宅皆空倘灭门。

财为马，官为禄，禄马俱无难发福。

要知八卦空亡，且看《地福诀》内。《书》云："子向北方坎，丑寅艮上山。卯起东方震，辰巳巽风间。午见南离火，未申地地关。酉在兑方取，戌亥属乾垣。"

内卦为宅，空则住居不利。外卦为人，空则长幼不安。

外卦若空，第五爻又空者，并无动爻与日月生扶，非但生灾，人口多遭损失。内卦若空，第二爻又空者，或又被动爻与日月相伤，非惟不利，住房还主倾。内空外不空，宅败人无厄。外陷内不陷，人亡宅不倾。内外皆空亡，况值休囚，又无救助者，定主家破人亡。

且如癸卯年寅月壬午日，家主来占一年人口六事，卜得咸卦二爻五爻动。此卦内三爻太旺，房屋新创整齐者。外三爻是兑，正值休囚。况在甲戌旬占，兑酉又居空亡。五爻为人口，亦值空亡，虽云动不为空，岂知化出申爻亦空也。外卦与五爻皆绝于月建寅中，同败于日辰午内，又被动爻与日辰克制，人口之爻毫无救助，其家一十一口，此年春季同染瘟疫之灾，正二三月内，连丧十人，止留一口。卦验如此，宜细评之。

又论妻财为马，官鬼为禄，故此家宅卦中，财官不可无也。无禄者，资财耗散；无马者，妻妾不宁。二者俱无，家园零替。

龙云喜，虎云丧，交重持世在家乡。

雀曰非，武曰贼，发动临官来屋室。

小青龙从甲乙日起，大青龙正月从寅上起，顺行十二位。若发动、或持世、或临财，皆主喜庆。

小白虎从庚辛日起，大白虎正月从申上起，顺行十二位。若发动、或持世，皆主凶丧，带鬼发尤盛。

小朱雀从丙丁日起，大朱雀正月从巳上起，顺行十二位。若发动、或持世、或临鬼，皆主是非。

小玄武从壬癸日起，大玄武正月从丑上起，顺行十二位。若发动，事主迟留，若临官，田禾欠熟。

小螣蛇从巳日起，惟独大螣蛇，正月从辰上起，逆行十二位。若发动、或临鬼，皆主虚惊，又与怪梦。

青龙白虎同兴，丁口有增有减；

玄武螣蛇并陷，门栏无盗无惊。

青龙为喜，白虎为孝。二爻同发，定然红白相交。武为盗贼，蛇乃虚惊。二象俱空，家无失脱虚惊也。

螣蛇逢巳午之乡，惊从火变。

勾陈遇卯寅之地，户退田园。

螣蛇临火鬼交重，家防回禄；如有婴童幼女，兼痘疹之侵。勾陈临木鬼发动，主退田禾，定不丰熟。

青龙居应居财，必有怀胎之喜；

朱雀临官临世，岂无举讼之非。

应爻为正妻，财爻亦为妻，又为妾，又为婢女，故论青龙临应临财者，不拘动静，其年定见怀胎。

朱雀为闲非，又为词讼，若临官爻世爻者，定主春蚕亏损，六畜伤残。

羊刃兴而兄弟发，则财破妻灾。

白虎动而子孙空，则蚕亏畜损。

羊刃与兄弟，皆是克财之神，二爻皆动，定主财散囊虚，妻灾仆病。

白虎为刀砧，子孙为蚕畜，子若空亡，再加虎动者，定主春蚕亏损，六畜伤残。

火官当道，回禄宜坏。

木子司权，春蚕许育。

鬼乃祸殃，火为红焰，火官发动，恐犯火灾，不克身世，请祷可免。鬼如克世，难免火焚。而子孙为蚕花，如临财火之爻，倍得春蚕之利。

官鬼如无如陷，为家堂而少力，宅长多迍。

父母若动若冲，因屋室以无安，儿孙有恙。

官鬼为家堂，又为家主。若不上卦及落空亡，便曰家无香火，纵有亦主崩颓，宅长又多疾病。父母为屋宇，大忌逢冲发动，冲则房屋不宁，动则子孙多恙。

雀武鬼爻三动，乃作凶推，须忧物失非侵，更恐盗扳讼累。

虎蛇兄象三空，称为吉兆，亦免妻殃仆患，况阴怪异悲声。

朱雀为是非，玄武为盗贼，官鬼为词讼。若此三爻皆动，亦恐生非，亦防失脱，更虑盗贼指扳

白虎为悲丧，螣蛇为妖怪，兄弟为劫财。如此三象皆空，一年无怪无悲，况得妻安仆泰。

子孙动则广进家资，父母兴则多伤禽兽。

子乃生财之客，或动或旺，普获资财。禽兽亦看子孙，若被父动来伤，血财不利。

官爻愁旺动，九流为业反生财。

白虎怕交重，五服在身非作咎。

鬼为恶煞，虽不宜旺，也不宜动，空拳觅利之人遇之反吉。白虎为丧服，亦不宜动，如有旧孝在家，动亦无忌。

坎府蛇行，惊防波险。

兑宫雀噪，祸虑红颜。

离象鬼兴风烛至，坤家官动土神妨。

螣蛇为虚惊，看临何卦，便识来踪。如在坎宫发动，莫往江湖。若居艮卦交重，休登山岭。震忧霹雳。巽虑狂风。乾行高处或寺观内之惊惶。坤往墓中或荒郊间之恐惧。离遭火烛之虚惊。兑犯红颜之顿骇。在内动，则家中仔细，在外动，则路上谨防。

再查朱雀为是非，动临何卦之中，便觉何由起声。看在哪爻之上，方知哪事成非。雀摇父母，若不为尊长之非，定不免文书之事。雀值子孙，非因卑幼，祸从僧道之门。雀动妻财，不受阴人之气，定因财帛生非。雀居兄弟，祸起萧墙，若免家庭之扰括，难逃朋友之喧哗。雀临鬼动或化官爻，必遭公讼之牵连，又恐飞来之横祸。

复陈官鬼之爻亦不宜动，离官鬼发，切忌火光。坤卦官兴，须忧动土。其余六象，一例而推。

六冲主改星分居，或出行最利。

六合能交关合伙，或进喜偏宜。

家宅之卦，若值六冲，定主迁移、合兴、改造。如不，必有远行之兆。若与弟兄亲族同居，当有分开之变。六冲者，不过改迁之事，不可便以不利而言。若得六合之卦，谋事可成，宜添人口。如欲交关合伙，无不遂心。但若合处逢冲，又主分更之变。

世动有迁更之变，身空无久远之居。

世父为宅主，固不宜动，又不宜空。或动或空，皆主住居不久。

火化木则灶须承漏，水化土则沟欠疏通。

火爻为灶，如化水爻，必灶前或上漏或下湿。水爻为沟渠，若化土爻，决主阴沟淤塞。土得冲破，反主流通。

金化火而锅铁崩伤，木化金而家堂钉钏。

金爻为锅，子亦为香炉，化出火爻，若非锅漏，即是香炉破损。木爻为家堂，又为卧床，若之金象，必是神堂有铁钏，或床上有铁钉。

事之否藏，人之祸福，

待临值月期当见,候旺生时节方来。

要知祸到,当察凶爻。如望福来,远评吉象。凡爻神临于生旺之月,便见其因。吉神值月则吉,凶神值月则凶。

是吉是凶,不出五行之外。

或悔或吝,咸从四象之中。

易林补遗亨集卷之六

创造宫室章第四十五①

兴工最怕鬼重交，更忌官来克世爻。

助鬼伤身灾定染，随官入墓祸能招。

起造兴工，大忌鬼爻发动；纵然不动，官来克世，尤凶。如逢助鬼伤身，有妨家主。随官入墓，造后岂得兴家？

内兴外旺年年发，父盛财安岁岁高。

子动鬼衰身世旺，并无神煞作精妖。

内卦为宅，外卦为人，二者皆临旺相，自然人宅兴隆。内外若值休囚，岂能发达。卦若空亡，便为凶断。

父母为屋宇，如逢旺相，又无财动来伤，房屋定然绵远，后主荣华。

卦得子孙发动、官鬼休囚、世爻不受冲克，动作之时，永无妨碍。

修方动土章第四十六②

开辟兴修兼所伐，身临福德却为奇。

子孙旺相千祥至，官鬼交重万祸欺。

世旺逢生无禁忌，身衰受克有方隅。

并占方向凶和吉，如此推之不改移。

凡动土、兴工、创作、修砌、拆卸、垦掘、斫伐、更方、改向之类，

---

① 以子孙为主，身世为凭。
② 以子孙为主，身世为凭。

皆以子孙持世，或旺相、或发动，便无妨碍。子若休囚，又不临世，卦中鬼爻又动，必有神煞为殃，切莫动作。又看世爻喜临旺相则吉，纵逢衰地，亦得生扶，并无禁忌。世若休囚，却被鬼爻或日辰克冲，决有方隅。世落空亡，必多愆咎。鬼如落陷，殃祸无干。凡遇助鬼伤身、随官入墓，不可用也。

　　福住水爻宜动北，官居金位怕兴西。

　　卯寅值子当修震，巳午逢官忌造离。

　　鬼在戌中乾莫改，杀临辰土巽休趋。

　　兄财父向皆无犯，独有官方必不宜。

　　修方动土之事，所喜者子孙，所忌者官鬼。看鬼临何卦何爻，此方莫动。查子值何卦何象，其向宜兴。

　　假令卜得大壮卦，鬼在寅爻，艮方有煞，官居乾卦西北。有福神在震，官鬼亦属木，故东方又不可也。子居申象，惟独西南方永无禁忌。

　　又如萃卦，鬼在坤宫，又居巳上，切忌西南与东南向莫动土。子临亥水又值兑，家西北与正西兴修不犯。

　　其中兄弟、妻财、父母之方，不须防避；惟有官临之处，动必有殃。子在之方兴之，获福德之方虽吉，卦中鬼动，或鬼克世，亦不宜动也。

　　拆旧岂嫌财象发，兴新偏忌父爻虚。

　　造成屋室忧冲散，印绶无空更久居。

　　凡论房屋，以父母为用爻。最嫌财动，惟占拆卸旧房，不嫌财发，父纵落空，不须疑虑。凡创新房，父宜有气，但嫌财值交重。财爻又不宜空，空则家资淡薄。

　　又论未造之先，并拆旧者，纵遇六冲无咎。房屋既成，大忌六冲之卦，更怪父值空亡。卦不冲而父不空，方居久远。

工匠巧拙章第四十七[①]

　　造室修船择匠工，须凭应上定形踪。

---

① 起造以间爻为主，单占以应象为凭。

弟兄值此奸愚拙，财福临之精巧通。

父母在时为作首，鬼能压倒祝符同。

凡择五色工匠，皆看应爻。应临兄弟，此匠拙而且奸。应若临财临子，其人细巧多能。应临父母，堪为众匠之班头。应值鬼爻，预防压倒。

多言朱雀归其位，迟钝勾陈立此工。

性独猖狂居白虎，才高伶利自青龙。

空亡墓绝无功绩，造不周圆犯六冲。

应临朱雀，开口多言，倘招口舌；应带勾陈，其人迟钝，再见鬼爻，匠忧跌扑。临白虎，其性刚而且狠毒。遇青龙，心多智慧而技艺精通。若应值螣蛇，匠主虚浮之性，又存一倒之心。应逢玄武，为人甚好奸雄，如带兄官，须防窃取。应爻纵带青龙财福，若落空亡、或临月破、或被日辰冲击，皆莫用之。如卜六冲之卦，匠必无缘，难全始终。

应克世爻兄或动，伤财费料弗依从。

兴工卦内非如此，间作斯人辨吉凶。

应如克世，匠怀暗损之心。兄弟动来克世，多费资财。单选匠人依前。凡占起造，卦内所兼问匠人者，不取应爻，反凭二间。间若空亡，匠工无力；间克世爻，匠来欺主。间爻临鬼值螣蛇，须防压倒。

涓选日时章第四十八①

动土修房及造船，安床栽种下春蚕。

裁衣蓄发加冠带，举殡除灵安葬连。

探客出行医疗病，分居入宅与更迁。

诸般吉日嫌官动，又怕官爻克世边。

凡选一应吉日时，皆忌鬼爻发动。鬼纵不动，克世，亦凶。鬼如不动，不克世爻，不值作事之日，便为吉也。

虎动休迎棺椁至，兄兴开肆损财源。

---

① 吉则用子孙为主，凶则用官鬼为凭。

六冲不用成亲日，子动单忧赴任官。

诸般吉日，忌鬼为先，凡接寿椁，又嫌白虎。如作生涯，不宜兄动。结婚承继，皆忌六冲。惟有赴任官员，不嫌鬼发，反忌子孙动、官空。

写像安神同祭祷，官爻静旺却为先。

鬼空必主神非在，鬼动还愁圣不安。

凡写佛像并安奉神堂、及祭天赛愿，看鬼爻。切不宜空，空则神祇不在，又不宜动，动则阴司不安。须得静而又旺，便获佳祥。鬼克世爻，亦非宜也。

又论问卜，看通灵日，亦看官爻，或动或旺必通灵，遇绝遇空无感应。卖卜者，喜官鬼。

上学求师兼拜表，妻财发动事难圆。

取徒继子并收养，父母交重永不全。

各定忌神愁旺动，还须鬼静祸无干。

上学攻书、延师重傅、具揭奏本、进呈表章、修史铸印，皆用父母爻为主。父不空而财不动，便作良时。

僧道传徒、民间继子、及牧养六畜，皆取子孙为用爻。最嫌父动。但择日时，卦内忌神不动，父不交重，鬼不克世，乃为吉日良时也。

迁移居什章第四十九[①]

守住迁居，内外两爻分得失。

更方改向，福官二位察灾祥。

内爻为已住之堂，间守内衰终不发。

外卦乃未居之地，占移外旺定然昌。

兄官若并内之爻，非宜旧室。

财福如登外之象，大利新房。

凡占守旧，须得内外旺相，方为大吉，临胎没次之。若得妻财子孙在

---

① 以内外为主，衰旺为凭。

内，守住为高。内卦如临死休囚废，又带兄官，况无财福者，便宜火速移居，免遭愆咎。

若卜迁移，须看外卦，旺带吉神则吉，休囚值凶煞则凶。外若空亡还须守旧，内如落陷速要更新。内外居旺，旧新皆吉。内外俱衰，行止皆凶。

如占改向，最宜财福兴隆，大忌兄官发动。虽然不动，兄鬼若临此向则凶。且如大有卦，财福之方宜朝东北正北，鬼兄之向莫对东南正西。离卦有兄官，正南尤忌。乾宫带财福，西北可宜。

又如甲子旬壬申日占此卦，乾宫虽有财福，临空，不利西北，妻财虽在寅爻，冲破，不宜东北，惟有子孙之向正遇长生，只宜正北。

父为房屋之用爻，忧临空陷。

子乃宅神之本位，喜值兴隆。

鬼曰凶爻，无则家资被耗。

财云吉象，动则屋宇遭伤。

父带吉星，或化子孙而众福。

父临凶杀，或之官鬼以成殃。

不论移居守旧，皆取父母为用。爻空则不久。子孙为宅神，旺须发福。官鬼为凶星，亦不宜动，动则多祸多殃；又不宜无，无则资财耗散。妻财为财帛，亦不宜空，空则生涯冷淡；又不宜动，动则房屋有亏。父母之爻若值青龙、天喜、贵人者，或变子孙，乃是发家之屋。父加白虎亡神或变官鬼，便作损耗之房。

所喜者，生世合世之方。

所忌者，克身冲身之向。

更忧官鬼之乡，又喜子孙之所。

混卜利行何处，专看世爻。遇合叨生宜往，逢冲受克莫行。又忌鬼值之方，更喜福临之向。空亡之位，岂可安居？墓绝之乡，不宜移徙。

假令问往何方，占得剥卦。此卦世临水象，大忌辰戌丑未克世之方，所喜申酉来生，往西则吉。又看鬼临巳上莫至东南，福在水乡利行正北。丑方虽合，克世不宜。

又如六月甲辰旬乙巳日，卜得无妄卦。水来克世，不利北方；火赖木生，宜行东北，岂知木值空亡，东亦不宜；细查官在申方，西南尤忌；止喜福居午上，宜徙正南。因午属正南故也。

卦入六冲，居之不久；

世投四墓，行之不成。

鬼动则诸般招祸，世空则凡事不宁。

不论迁移守旧，若值六冲，皆居不久。世临墓库，移徙难成；墓得冲开，反能迁去。不拘住旧更新，不论东南西北，鬼如发动，便作凶推；世若空亡，纵吉不吉。卦象纵然旺相，又带青龙福德者，若值用爻空，官鬼发，永不为祥者也。

宜旧宜新，却要探微索隐。

当行当止，还须阐易参玄。

同居共寓章第五十[①]

与人共住应爻详，若值空亡不久长。

扶世生身皆吉庆，倘来克世主乖张。

世空已变他无变，应破他伤己不伤。

占人同住，却看世为我，应为他。应若空亡，他居不久。应如生世，必有益有情。应来克世，我被他伤。世值旬空，彼虽无变，我有更迁。应临月破，彼自遭殃，无伤于己。

应去生官官害世，彼唆殃祸至家乡。

火宫在应防回禄，武鬼临他引贼藏。

官鬼发时忧讼害，子孙旺处得祯祥。

应与官爻同来克世、或应生鬼象，鬼自来伤，皆主他唆殃祸，损我身家。应值火官，忧他失火。玄武鬼爻临应，虑彼不良、或窝赃盗、或引贼来家。六爻之内鬼如动者，便为不祥。若得子孙发动、或持世者，定见康

[①] 以世应为主，生克为凭。

宁也。

兄动伐身多损耗，交重朱雀有非殃。

六冲即便分南北，六合远须永远昌。

兄弟动来克世，暗耗资财。朱雀交兴，多生是非祸殃。六冲之卦，二边不久各东西。六合之爻，主客和同堪久住。

置产立户章第五十一①

置买田园屋与舟，创丁立户事同求.

福神当道妻财旺，管取兴隆利倍收。

凡占置买田地、山场、房屋、舟车等物，及成丁立户，事亦相同。卦得子孙持世或发动，妻财旺相或生世克世，定主广收花利，财帛丰盈。若财落空亡，又无福德，置产者终无利息，立户者家不荣昌。

内外相冲非永远，兄官发动切须愁。

应爻克世防侵损，世值空虚不久留。

置产与创丁，皆忌六冲之卦。冲则不成，纵成不久，日辰冲世亦然。又论兄与鬼，皆不宜动，兄动则无财无利，鬼动则多讼多非。若得鬼空兄陷，有利无殃。应如克世，常多侵扰之忧。世若空亡，产存不久。

朱雀鸣时招口舌，勾陈动者许更修。

船遇螣蛇惊渐至，屋逢玄武贼频偷。

朱雀值鬼兴，置产多招口舌。勾陈临福动，房屋却喜更修。临鬼亦不可也。螣蛇带鬼为虚惊，又为精怪。田地山场，不必忌之。舟船遇此，惊恐不常。屋宇逢之，内藏魇倒。惟有玄武临官动者，不拘问屋问船，皆防贼至。

① 以福神为主，财象为凭。

寄装丁产章第五十二[①]

将产寄装他户下,能嫌世应犯其空。

远年共籍爻逢合,近日分颜卦值冲。

凡卜寄丁寄产,须观世应之爻。世空或寄不成,纵寄不久。应空,彼不相容,虽容不美。世应皆空,决然不利。世应俱动,后必有更。卦逢六合,永久和谐。合处逢冲,后来退悔。如卜六冲之卦,必是口是心非,彼我无情,何能寄籍?

福旺鬼衰皆喜悦,兄安雀静两和同。

世遭应害防吞占,应若扶身决始终。

寄装之事,须得子孙旺相,或持世上或值动爻,便无门户。鬼兄朱雀不动,终得安闲。兄值动爻克世,多遭破费。虽动不克世,纵费还轻。应带凶神克世,彼怀吞占之心。世得应生,全赖维持之力。应生世为美。

鬼雀动兴多户役,文书空陷莫投从。

旁爻克世加兄动,后虑傍人举首凶。

鬼临朱雀交重,决与词讼、或审差徭。父母为产业,若落空亡,不宜寄此。旁爻兄动克世,必有他人举首。若得子孙同发,不妨。

治家分合章第五十三[②]

治国齐家权最重,分居合伙数同排。

弟兄当道兄宜旺,父母司权父怕衰。

子媳掌家求福德,妻奴管舍伏妻财。

自身专主推身世,各定爻神莫乱猜。

若问治家之主,各有用爻。兄如专主,兄弟宜逢生旺。父母当权,文

---

① 以世应为主,福德为凭。
② 以用爻为主,财福为凭。

书不宜空绝。用在儿女，子莫休囚。家托妻孥，财爻莫陷。自身作主，须看世爻。他人代卜，应莫空亡。

用旺变衰前获福，用衰变旺后生财。

用爻静旺无冲克，前后兴隆谢上台。

用神虽临旺相，而变墓绝克冲、或之退气泄气，始虽茂盛，终见萧条。

主象纵值休囚，化出生扶进气、或之帝旺长生，前虽贫乏，后主荣华。

用爻安静旺相，又无冲克刑伤，定见始终发达，家道兴隆。用旺虽临动处，更变生扶，此乃锦上添花，理合答谢天地。

六合年年增产业，六冲岁岁见多乖。

福财若动佳祥兆，兄鬼如兴横祸来。

若卜分居，或占合住，先看用爻，次评诸象。爻当六合，添丁进产之荣。卦犯六冲，损物费财之祸。若得妻财子孙发动、或值世身，必多吉庆。兄弟动，则资财耗散。官鬼动，则词讼干连。

内外卦爻逢旺相，纵无吉曜称君怀。

死囚休废临其象，定主萧条又非灾。

星辰不若五行，爻象怎如八卦。虽看爻神之动静，还推卦体之兴衰。

内外二卦，如临旺相之乡，纵无财福吉神，也主兴家发产。如临胎没，稍得从容。内外若遇死囚休废，纵有吉星，也难发达，非惟无福，反有灾咎。

内外一旺一衰，事主半凶半吉。内外皆值空亡，定见破家荡产。

衰卦变生扶，先贫而后富。旺卦之冲克，前富而后贫。

添丁纳使章第五十四[①]

取奴财静称心怀，鬼动招殃兄动乖。

---

① 以妻财为主，不遇绝空冲破为佳。

财兴应爻生世吉，应空财破岂能谐。

主占取仆，财乃用爻。亦不宜动，动须不久，又不宜空，空不助主。卦若无财，非为奴仆。财爻纵然有气，又不宜官鬼兄弟交重。鬼动则多灾多讼，兄动则多是多非。若得鬼爻安静，财兴应爻又来生世合世，必是助主兴家。应若空亡、或财被日冲月破，其仆身在此，心向他人，有何力哉？

游魂诚恐心常改，合处逢冲主仆开。

前后卦中冲大忌，用临驿马去难来。

凡卜游魂，此仆心常不定，不可用之。如逢六合之卦，财爻不动不空，决然主仆相投，又能绵远。若合处逢冲，始虽和而终必竟，岂能久乎？若值六冲之卦、或变出六冲，皆说上下无缘，离心离德。复查驿马星，如值财爻或应爻动者，心在他行，后恐潜踪灭迹。驿马纵临财，应不动无妨。

雇请人工章第五十五①

雇工人把应爻推，若落空亡意渐随。

生合世身方得力，不逢冲破满年回。

凡雇人工，以应爻为主。应若落空，岂能助力？应如旺相，又来生世或合世，或与世比和，皆得助主之力。应爻若被日冲月破、或六冲之卦，皆不得满年足月，半途而废也。

兄官动以凶殃扰，财子兴而吉庆随。

世克应爻人必服，应伤世象主遭亏。

兄弟官鬼，二者皆不宜动，动则不宁。带朱雀动，易惹是非。临玄武动，倘遭失脱。虽动不克世犹可，兄鬼动来克世，其祸愈加。妻财旺而生世者，必假其力以生财。子孙持世或发动，则无忧而有喜。世如克应，可以服人。应克世爻，反来欺主。若得相生，上和下睦。

---

① 以应爻为主，不遇绝空冲破为佳。

布种田禾章第五十六①

凡卜田禾当看财，如居空绝莫莳栽。
官爻持世与伤世，便作凶荒复细开。
火患焦枯天亢旱，水多洪雨没圩阶。
土金二象螟蝗出，木被风吹虚耗灾。
子动财兴方大熟，鬼空兄静永无乖。

若卜田禾，财为主象。财临绝地，又不生扶，若陷空中更无填实，子孙又不当道，必主无收。官鬼若持世上，纵不持世如值交重，或来克世，如此三端犯一，便为荒歉。鬼值火兴，其年亢旱。官临水动，洪雨连绵，临金临土，皆犯虫侵。惟值木官，收被狂风吹，偃壳枇轻收。如无风害，必遭虚耗。阴阳秀而不实。鬼爻不动，又不持世克世，虽带五行不必言也。若得子孙发动，妻财有气，鬼兄安静休囚，此等卦爻主为大熟。

浣妇育蚕章第五十七②

浣妇来家代育蚕，财为主象应为先。
财中莫变兄和鬼，应上休临父与官。

凡占蚕妇先察应爻次观财象，财若空亡、或化兄弟官鬼，便曰薄收。应爻若临父母官鬼，反伤蚕畜，不可用之。应发克世，设计中伤终无利益也。

旺相子孙多蚕茧，交重兄弟少丝绵。
父摇有害忧人触，子绝无收费叶钱。

子孙旺相，多获丝绵。兄弟动兴，有亏资本。兄动子亦动，蚕反倍收。父母交二，犹恐人来触犯，宜慎蚕房。子如遇绝或值空亡，枉费叶

---

① 以妻财为主，福德为凭。
② 以应爻为主，财象为凭。

钱，蚕花无望。

　　鬼动六冲皆不用，卦逢震巽尽成欢。

　　应空彼力无毫忽，财旺丝金获万千。

　官鬼发动，必损春蚕。鬼动子亦动，却辨兴衰。子旺鬼衰又无损害，子衰鬼旺仍作凶推。卦犯六冲，无缘莫用。惟有震巽为蚕娘，或内或外，得此卦中，其妇善能育饲。又看三爻与应爻皆为蚕妇，若犯月破旬空，妇必懒惰，眠起失时，或此妇既时有病。蚕妇不临空地，兄鬼不动，财福皆兴，此等卦爻，十倍收成。

养蚕作茧章第五十八①

　　凡看春蚕，须得福神旺相；

　　欲成丝茧，惟求财象兴隆。

　　子孙为蚕花，妻财为丝茧，二者不可空与无，大宜旺相。

　　鬼动福空，虽育半筐还损失；

　　官衰子旺，任收十倍更盈余。

　　财福二爻临木火，静而尤美；

　　兄官两象值世应，动则尤凶。

　凡育春蚕，所喜者财福二爻，所忌者兄官两象。鬼如发动，子又空亡，此蚕不拘多寡，殄灭无遗。鬼象衰而且静，子值旺乡，全收蚕利。子孙但临木火，多获丝斤。如临金水之爻，蚕僵利失。子居辰戌丑未，止得半收。

　又论子孙为蚕命之爻，不动不空静旺，称为大吉。兄弟官鬼，不宜临世应之爻，静无大害，动兴灾。

　　有子官兴，速去祈禳终有益。

　　无孙鬼动，纵来祭祷也无功。

　　子变父官，满室盈栏无结秀。

---

① 以福神为卦主，财象为凭。

官之财福，答天谢地有收成。

鬼虽发动，子无刑克冲伤，若还祭祷，终有收成。子孙若受克逢空、及不上卦，纵然请祷，亦无所收。子虽得地，若变父母鬼爻、或之墓绝、或被月建相伤，三眠四起虽不可观，到老收成大失所望。卦有子孙又见鬼爻发动，未可便作凶推。鬼若变为财福，若去酬神，自获蚕利。

子乃蚕身，无片言之辨。

鬼为病症，有五类之分。

水犯湿青，火当焦退。

金为亮白，土主痿黄。

木被狂风，蛇遭惊恐。

勾陈因动作之妨，白虎为丧家之犯。

遇青龙虑笙箫歌唱，逢朱雀忧斗打喧争。

玄武则秽气而冲，咸池则秽人而触。

子防鼠耗，巳受蛇伤。

鬼到巽宫倘遭风报，官来震卦恐受雷惊。

坎中则被漏淋漓，离内则有伤火气。

子孙之论，其列在前。今推官鬼之爻，不宜发动，动必有伤，看值何爻，便知何病。

水鬼主蚕鸟烂，火官渐渐焦稀，金主白僵，土当黄死，木鬼为日月风而损。

螣蛇因惊吓而伤；勾陈鬼或曾更前改后动犯有妨；白虎反恐邻家举殡除灭、或有服之人进室，故损蚕花；青龙鬼倘逢淫乐及歌唱之声；朱雀鬼恐闻斗殴并喧嚷之非；玄武鬼防秽气之冲伤；咸池鬼忌秽人之触犯。

子鬼虑鼠来吞，巳鬼忧蛇来唼。

官临巽卦动，蚕被风伤。鬼在震宫兴，蚕遭雷吓。坎内鬼摇，蚕房雨滴。离中官发，伤火难调。

鬼若静时，莫将此断。

初为蚕种，见则宜更。

二作蚕苗，带须受病。

　　三曰蚕娘之位，犯必灾生。

　　四云蚕叶之爻，临渠价重。

　　五是蚕筐，逢之有损。

　　六当蚕茧兰，遇者无收。

　　虽临官而安静，稍见其殃。

　　如值鬼以交重，定成此祸。

卦列六爻，皆为蚕体。但逢官鬼，祸必相随。静则其祸还轻，动则此殃最重。鬼若交重，便宜祭祷。要知何祟，详见《搜决神鬼章》。

　　父值身爻，有子无兄多损害。

　　兄临世动，有财无子少丝绵。

　　贪生忘克若分明，万事千端皆透彻。

父母持世，或发动、或临日月、子必受伤，蚕难胜意。若兄弟与父爻同发，转助子威，蚕获大利。兄弟持世，或发动或临日月，能克妻财，难收丝茧。如逢子兴，兄爻皆动转生子象，其年倍得丝绵。

　　凡看卦爻，须察贪生忘克，不可卤莽轻言。

桑叶贵贱章第五十九①

　　先察蚕花之得失，次观叶价之高低。

　　蚕卦内惟凭三四之爻，叶卦中单取妻财之象。

　　旺而生克世，贵若黄金；

　　衰遭世克，伤贱如白土。

蚕卦之中，兼推桑叶，却看三爻与四爻。如临官鬼，价必胜高，旺相尤贵。三四爻不逢鬼象、或值休囚，此叶必贱。

　　单占桑叶，又不取三四之爻，独推财象。财旺则价高，财衰则价薄，

---

① 以妻财为主，福德为凭。

财空则大贱，财爻持世克世，价必如金。世爻或月建克财，贱如灰土。

　　财变兄官子变父，则前重后轻。

　　妻之福德鬼之财，则前轻后重。

　　财如得地，目下价高。变出兄弟、或变官爻、或之墓绝，叶价后不如前。妻才若化子孙，或变长生帝旺，价必日增，贵高无比。卦纵无才，若官鬼或子孙化为水者，皆主始贱而终贵也。

　　用行死财日，利必轻微；

　　主到旺生时，价还高厚。

　　要知叶价何日贵何日发，专看财爻。如临死日、败日、绝日、并兄弟值日，其价必轻。财遇生日、旺日、及子孙值日，此价方高。如占一日内贵贱，却把增长定之。

　　卖恳子孙专主，买求兄弟当权。

　　卖主来占，还须才旺，才来生旺克世或持世，更逢福德交重，必得重价。

　　买主来占，要逢财弱，兄弟持世、或发动，必当贱卖，其价轻微。

　　内旺外衰，他乡可置。

　　内衰外旺，本境堪图。

　　内卦与亲宫，皆为本处。外象兼他卦，咸作别乡。

　　若内卦旺，或亲宫旺，或财居内卦、亲宫，本境价高，宜往他境可买。

　　如外卦旺，或他宫旺，或财居外卦、他宫，远途反贵，本地偏宜。

　　内外俱衰或俱旺，远近皆同。

　　正卦有财之卦无，买须落后。

　　主卦无财变卦有，卖则宜迟。

　　主卦财爻当道，变卦无财，叶宜早卖。

　　主卦虽无财象，变出财来有，桑必须迟脱。

　　妻值火爻，必致朝增暮长。

　　财居水位，决然日减时衰。

　　叶价取财爻为主，总言应时则贵，背时则贱。卖叶必在四月之间，财宜火地，纵然来年冬月来占，如卜火财，目下虽值休囚，至次年孟夏，此火自然当道，岂不贵乎？

此章若得精通，叶价便知贵贱。

六畜禽兽章第六十①

一应飞禽，咸喜子孙旺相。

诸般走兽，俱宜福德兴隆。

凡占诸般禽兽，皆看子孙，旺相生扶，定然长养。若值旬空月破，必主亏伤。

初鸡二犬三猪，四羊五牛六马。

鸭同鸡位，猫共犬爻。

近日众牲，只取六爻之定位；

远年禽兽，远凭八卦之分宫。

乾马坤牛震龙坎豕，兑羊艮犬离雉巽鸡。

再加生肖之爻，可决血财之利。

又附：亥鱼、酉鸡、午鹿、寅猫。

凡推六畜，各有分宫。如初爻：为鸡、为鸭、为鹅。二爻：为犬、为猫。三爻：为猪。四爻：为羊。五爻：为牛。六爻：为马、为骡、为驴。

凡一年半载之禽兽，方看六爻，凡过五岁之众牲，却凭八卦。乾为马、坤为牛、坎为猪、震马龙又为兔、兑为羊、艮为犬又为鸟。离为雉，巽为鸡。

不拘近远，禽兽不可不看生肖之爻。子鼠、丑牛、寅虎、卯兔、辰龙、巳蛇、午马、未羊、申猴、酉鸡、戌犬、亥猪。

细查演禽之法：丁亥为猪、癸亥为鱼，故鱼附在亥。丁酉为鸡、己酉为鸡、癸酉为鸦、故鸟附在酉。丙午为马、戊午为獐、壬午为鹿、故獐鹿附在午。丙寅为虎、壬寅为豹、戊寅为猫、故猫附于寅位也。

---

① 以子孙为主，分宫生肖为凭。

定位与分宫，不陷不冲逢旺吉。

本命之生肖，临兄临鬼值空凶。

分宫之爻，若值旬空、月破、日冲者，皆不为佳。或临官鬼兄弟，必犯灾迍。分位如临财福，又得生扶旺相，必然长养成群。本命即生肖之爻，纵值空冲破绝及兄弟之爻，俱各无碍；惟临官鬼，立见伤残。

父作忌神，不动或空为福。

财当利息，逢生或旺为佳。

兄乃劫财，摇须亏本。

鬼为恶煞，动必生灾。

父母为忌神，最宜安静。妻财为利息，大要生扶。兄弟为劫财，切嫌发动。官鬼为恶煞，纵不临分宫本命之乡，动必为祸。兄鬼为空，始终为吉。

猫犬猪羊最嫌白虎，鸡鹅牛马惟喜青龙。

雀临鬼动讼忧生，武带官爻物恐失。

惟有猪羊猫犬四兽，最嫌白虎交重，其余之兽不忌此星。青龙发动，件件能收。鬼临朱雀动，易惹官非，鬼临玄武动，终遭失脱。

六合还须养育，六冲切莫收留。

要决刚柔，须详动静。

欲知肥瘠，却看兴衰。

六合之爻便宜喂养，六冲之卦岂可留延。合处逢冲，畜之不久，俱看分宫与子孙。发动临恶煞，此畜顽劣，安静带吉星，其兽驯良。旺则肥，而衰则瘦也。

忧疑损害章第六十一[①]

人无远虑，倘遭旦夕之忧。

易有久灵，能决往来之事。

---

① 以身世为主，福德为凭。

世位临空，己不受他之阻节。

应爻落陷，彼非诉我之情由。

官中扳害，外悉克内鬼愁兴。

私下损伤，应忌伐身兄忌动。

预防扳害，当论世应之爻。世若落空，祸殃皆脱。应若落空，他难损我。世应若不空亡，便寻生克，世克应或内克外，不论公私毫无克害。如应克世或外克内，必受其殃咎。若逢鬼动，事到公庭，如见兄摇，财遭破费。

旺相子孙，灾讼决其缠染。

交重官鬼，祸殃岂不牵连。

月将生官，虽往宁家生不测。

日辰制鬼，纵陪病体卧无妨。

世旺无伤，任好探灾问讼。

身衰有克，切非送殡乱辞幡。

凡去探灾、问讼、送殡、辞幡，防遭妨犯，虑被仇伤，一应忧疑，皆嫌官鬼。若得子孙旺相，或发动、或持世、或临日月克制鬼爻，诸般无害。若逢官鬼发动，或旺相、或持世、或克世、或临日月，皆惹祸殃鬼。若空亡，般般无忌。又看世爻，旺遇合生者吉，衰逢冲克者凶。

鬼值六神兴，定六般之患难。

官临八卦动，分八向之忧危。

朱雀同宫，莫去传音附信。

青龙并位，休来新保为媒。

如遇勾陈，折旧更新当染患。

若逢白虎，修棺合椁反招殃。

住螣蛇事防连累，居玄武物被侵偷。

官鬼之爻看临何兽发动，便知何事招殃。鬼临朱雀，事主文书，或寄信、或喧哗、或词讼、或往火场，恐惹祸端，皆宜速避。青龙鬼动，事主花酒，或行善原、或往喜庆之家，反招殃祸。勾陈鬼杀，或至征战之所，祸起难逃。螣蛇鬼动，主妖怪或魇倒，或虚惊、或因动土而起。玄武鬼动，事主盗贼，或坑厕、或水利、或阴人、或往江湖而染患。

　　在艮则忌临东北，不利山林。

　　在坤则弗降西南，岂宜坟墓。

　　震为东向巽东南，起屋上梁休奉贺。

　　兑乃西方乾西北，看经讲道莫登坛。

　　坎嫌北往及江河，离怪南行兼炉冶。

艮宫鬼动，祸起东北，或山林及骨冢、兼少男并犬畜、或击石樵柴之类。

坤宫鬼动，祸起西南，或坟墓及荒郊兼老妪，布疋犬兴并牛畜，或修砌动土之类。

震宫鬼动，祸起正东，或创作或树木、并舟楫兼长男、或木行船枋之类。

巽宫鬼动，祸起东南，或兴造及风报，兼长女并鸡畜、或竹芦花草之类。

兑宫鬼动，祸起正西，或庵堂或尼姑，及水利酒肆、并少女同羊畜、并祝巫妾妇，或念佛烧香之类。

乾宫鬼动，祸起西北，或寺观释子、或高楼兼金玉、并白翁、同骡马、及城垛、或看经讲道之类。

坎宫鬼动，祸起正北，或江河、或盗贼、及狱门，并中男、兼豚豕、或沟坑池井之类。

离宫鬼动，祸起正南，或锅灶并窑炉及术士、兼中女或火炮流星之类。

　　申酉避凶丧，又避战征场内。

　　寅卯忧斫伐，兼忧造作门中。

　　水愁水路之行藏，火虑火场之来往。

　　辰戌义山岭，丑未忌坟茔。

　　鬼爻属金，忌丧家，及征战，并宰杀之类。鬼爻属木，忌造作，并斫伐之类。鬼属水爻，忌江河，并池井，及混堂之类。鬼属火爻，忌火伤，及窑炉之类。鬼属土爻，忌山林，及荒郊，坟墓之类。

不动不必言也。又看鬼值何爻，便断何方莫去。且如鬼在坤宫，可决西南惹祸，余皆仿此。

动必生殃，纵不克身仍不吉。

静虽无咎，若然伤世定然凶。

随官入墓，处处迍邅。

助鬼伤身，方方坎坷。

凡官鬼之爻，不拘临在何爻何卦，动必为殃。纵不克世伤身，既动无不作祸。且如否卦四爻火官独发，前列火伤及窑炉大忌，不可拘疑，往北方水路，鬼动亦见凶危。

但若官摇，不论东南西北，概不为详。鬼如安静，永不为殃。倘来冲克世爻，虽静亦能为祸。凡世身本命随官入墓、并助鬼伤身者，一切事情，决无佳况。

用象化官殃速至，鬼爻变子祸益消。

世上有官，吉曜纵兴终有害。

卦中无鬼，凶星虽动永无伤。

卦中鬼不交重，又不克世，本为清吉，岂知用神动化官爻，反遭愆咎。卦内鬼爻虽动，变出子孙，定主先凶后吉，祸必潜消。官虽不动，若值世爻，纵有天喜贵人，此殃难解。卦中无鬼及落空亡，虽逢朱雀白虎凶星恶煞交重，并无损害。

凡卜忧疑，鬼不临世、克世，又不发动，子孙旺相、又不化出官爻，此等卦爻，决无祸患。人欲趋吉避凶，起未定卦，乃决疑解惑，行止能分。心若竭而祈诚，言有叩而必应。

人欲趋吉避凶，起居未定；

卦乃决疑解惑，行止能分。

心若竭而祈诚，言有叩而必应。

易林补遗利集卷之七

防非避讼章第六十二①

时常问卜虑官司，却要官居空绝时.
子动龙摇无横事，鬼兴雀噪定成词。

凡占词讼有无，须推官鬼。鬼若空亡、或临绝地、或不上卦，便无官非。纵有官爻，若得子孙发动，或持世上，永不成词。鬼带青龙，亦无横祸；鬼临朱雀发动，讼必当兴；鬼爻若化子孙，见凶得吉。

腾蛇值鬼牵连讼，玄武阴人盗贼知.
白虎验伤分胜负，勾陈争产辩赢输。

腾蛇鬼动，若不为牵连之讼，定不免光棍之非。
玄武鬼动，祸起阴人，或为盗情，或因水利。
白虎鬼动，事干丧服，或主枪伤打伤之类。
勾陈鬼动，祸由田产，或为公差之事，亦或因债负之词。

又云：更推何象之为鬼，便见谁人起讼端。
福德变成卑幼起、或因僧道及歌叹。
妻财化出阴人仆。或为生涯货物牵。
兄弟动来因手足，朋友喧哗或赌钱。
爻逢父母之官者，尊长文书衣产船。
官化官爻兴旧讼，变为空地不须言。
要知何事何人起讼，但看何爻化出官爻。
子孙化鬼：事起儿女之辈，或僧道医乐，及善原并禽兽，兼酌酒、或

---

① 以官鬼为主，朱雀为凭。

歌唱等类之讼。

妻财化鬼：事起阴人或奴仆，及买卖并财物，兼粮食等类之讼。

兄弟化鬼：事起弟兄，或姊妹及朋友并同类，兼中保媒妁等类；如加朱雀，便是赌博之讼。

父母化鬼：事起尊长等辈，或文书及房屋，并舟车兼袍服，或坟墓等类之讼。

鬼化鬼：事起旧讼，不然亦主两情、或三衙门、或结后复告。以上六亲，纵然此日官鬼化鬼，若空，又不依前断之。

离中鬼动因中女，艮内官兴为少男。

以上他宫如此断，六爻安静讼无干。

离官鬼动：事因中女，或火炮及炉灶，并术士，兼文墨等类之讼，

艮官鬼动：事为少男，或山林及骨冢，并犬畜等类之讼，

乾宫鬼动：事为老翁，或寺庙及释子，并城垛高楼，兼骡马等类之讼，

坎宫鬼动：事为中男，或江河及盗贼，并水利，兼猪畜等类之讼，

震官鬼动：事为长男，或起造及树木，并舟揖等类之讼，

巽官鬼动：事因长女，或花草及竹芦，并使风，兼鸡畜等类之讼，

坤宫鬼动：事因老妪，或坟墓及荒郊，并牛畜，兼布疋大车等类之讼，

兑官鬼动：事因少女，或庵堂及尼姑，并水利酒坊，兼羊畜等类之讼，

凡占讼有无，鬼若休囚安静，朱雀不摇，便无讼扰。

防火避焰章第六十三[①]

占火惟凭官鬼寻，交重克世火殃临。
世中遇此兴家室，应上逢之起封门。
内卦鬼兴忧本宅，外爻官动虑乡邻。
要知何处红光透，八卦须将八向方。
鬼在艮官东北起，官居离卦正南焚。

占火独须推官鬼，鬼如发动，便有火殃。不克世身并内卦，虽见无妨。动来伤宅，或克世爻，难逃回禄。世值鬼摇，本家起火；应临鬼动，对宅兴灾。内卦亲宫官鬼动，祸不离家。他宫或外卦官兴，火由邻里。又看鬼动何官，便曰何方火炽。乾宫鬼动，西北兴灾。鬼在坎宫，殃生正北。官居艮上，东北遭殃。震上鬼临，正东受患。巽宫鬼动，祸及东南。离内鬼兴，正南发觉。鬼在坤动，西南被害。鬼在兑动，正西起殃。卦中纵有鬼，若不动，则不必言。

或空或绝无回禄，安静休囚也不侵。
子动伤官殃息灭，福临世上火光沉。
鬼爻暗动伤身者，倘中冤仇报复心。

卦无官鬼，纵有或值空绝，必无火光。爻如有鬼，若值衰静，不克世爻，亦无害。卦见子动或持世，或临日月，火必潜消。官虽静，或被动爻冲官，或日辰冲鬼，鬼与应爻同克世，恐仇人放火，防备须严。问火有无，须要官鬼休囚，亦不发动，又不克世，便无火殃。

[①] 吉则用子孙主，凶则用官鬼为主凭。

提防盗贼章第六十四①

子旺官空玄武静，门窗不闭永无忧。

玄摇鬼发远财助，墙壁坚牢也被偷。

凡占盗贼有无，却凭官鬼。鬼在空亡及不上卦，玄武又不发动，必无盗贼来侵。纵有鬼爻，不临玄武，又不交重，亦无贼至。官爻虽动，而玄武不动，子孙又值交重，或临世上，终无失脱。子与鬼爻皆动，却看旺衰。子旺官衰，不须疑虑；子衰官旺，贼势难防。玄武与官鬼二爻皆动，又遇动爻助鬼，或日月生官，虽然屋宇坚牢，穿偷难免。鬼如化子，纵被侵偷，必然缉获。

那月官临生旺值，便知此贼至门头。

交重玄武无官鬼，有口无心不必愁。

艮家鬼动防东北，坎北离南一理求。

要知贼寇何月来侵，便看鬼临长生、帝旺、生扶之月，又看临值何月，便知此贼方来。假如占得明夷卦，四爻土鬼动，土赖火生，先防五月；土长生在申，再忧七月；鬼临丑土，腊月当来。其余诸卦，仿此推详。

玄武发动，鬼值旬空，贼虽起意，终不来侵。

要知贼在何方，且看鬼居何卦。

鬼在乾宫，贼居西北，不然亦在寺观之中。

鬼在坎宫，贼藏水口，不然亦在北方。

鬼在艮宫，便言东北，或在山林。

震宫鬼动，盗隐正东，若非树下，定近船坊、木行之所。

官居巽卦，当曰东南，必近竹园或草堆之所。

鬼在离宫，南方之贼，若不在窑炉之所，必匿于银铜铁匠之家。

坤宫鬼动，便断西南，若不居坟墓之所，必在荒郊旷野之内。

---

① 以官鬼为主，玄武为凭。

鬼入兑宫，贼从西路，或在鱼池水阁之傍，或近小庙庵堂之处。

卦内鬼多不动，玄武朱雀皆兴，兄弟化出官爻，必是赌输而为盗。

玄武临财化鬼，若非妻妾之亲，必是奴丁为盗。在内则本家之仆，在外则他姓之奴。

玄武子孙化鬼，须防子侄，或僧道来偷。

玄武父母化鬼，倘遭尊长相侵，或被不就文人作盗。

玄武官化官爻，必是远年绩贼。

玄武鬼爻白虎，当推戴孝之人。

卦内官爻及化出官爻，如临空陷，皆不可以盗贼言之。

御避灾患章第六十五①

防灾避患忌官爻，安静休囚祸不招。

遇旺遇生灾速起，或无或陷病潜消。

不伤身世无魔瘴，如值交重难莫逃。

日月制之殃咎散，子孙一动灭邪妖。

凡占自身疾病有无，当详官鬼，鬼逢生旺，必见灾速。若落空亡或不上卦，永不为殃。鬼如发动岂不生灾，不克世身终无疾厄。官爻虽动，若得子孙同发、或子临日月、或子孙居世，万祸潜消。无鬼便无灾。

谁爻化鬼谁人犯，那命临官那个遭。

更论六亲谁受克，可推轻重决分毫。

又论合家病疾有无，须寻用象。

父爻化鬼，灾至椿萱。兄象化官，祸延手足。子化官爻，殃从儿女。财之用象，病在妻奴。官化官爻，令门受患。世化官爻，病临自己；应之鬼位，妻妾不宁。

复查人之本命临官，必主为灾；假令占得姤卦，午火临官，便曰属马生人受患，余照其详。鬼若空亡，不依此断。

---

① 吉则用子孙为主，凶则用官鬼为凭。

更看六亲之象，不可受伤。财动则祸忧尊长，鬼兴则殃及兄弟，兄摇妻病，父动儿灾，妻若来占，子动夫君受患。

其余问卜，子兴皆作康宁。问病有无，卦内忌神不动，鬼不交重，用神不值旬空月破，便言平安。

何处得病章第六十六[①]

欲知何处起灾星，须把交复位向真。

爻静可将外卦取，无官却在本宫寻。

当推官伏何爻下，鬼上飞爻方有因。

假令卜得家人卦，鬼伏三爻辛酉金。

但看飞神己亥水，便言西北犯灵神。

飞官伏鬼皆空者，病体终无邪祟侵。

凡占何处得灾，并看何方犯祟，不论卦中有鬼无鬼，如见动爻，即以动爻取之。火动曰南，水动曰北。

如卦安静，亦有官鬼，便取外卦断之。外巽则东南起祸，外乾则西北招殃。

卦若安静，又无鬼者，并不取外卦而推，却看鬼伏在何爻之下，鬼上飞爻定其方向。假令讼卦安静，鬼伏三爻午火之下，便云病起南方。

又如遁卦三爻六爻动，既有动爻便言动，动申是西南，戌乃西北。病从一处，岂有二方？即要二者并看，只曰西方。

又如遁卦安静，卦虽有鬼，并无动爻，便将外卦而决，祸从西北而来。

又如小畜卦初爻二爻动，官鬼虽无，动爻可取。子当正北，寅为东北，二象并推，总言在北。

卦如无鬼，伏鬼再空，并无神祟。

[①] 以官爻为主，动象为凭。

又论八宫鬼动云

坤象鬼兴遭坟野，艮家官动起山林。

离宫或到窑炉处，乾兑曾冲寺庙门。

震巽树林花草路，坎卦江河池沼村。

鬼值本宫非出境，官方惹祸却评论。

官若动时，亦不如前所断。

鬼在坤宫，必往西南犯祟、或登坟墓、或田野之间。

鬼在艮宫，曾行东北，不然便往山林。

鬼在离宫，南方染祸，或往火场、或到窑炉之所。

鬼在乾宫，理推西北，或到寺观之中、或步高楼之上。

鬼在兑宫，正西有犯，或往庵堂、或居水口。

鬼在震宫，正东惹祸，或往树林之下、或登船轿之中。

巽宫鬼发，曾步东南，或到竹园之侧、或居柴草之傍。

鬼在坎宫，病从北至，或履江湖之口、或逢骤雨淋身。

鬼如独发，又看地支所属之方。假令贲卦初爻独发，病起东方，余皆仿此。鬼如不独发，则不必言也。如爻乱动，照前八卦推之。

又看鬼在本宫，或在内卦，便言当地之灾。鬼在外卦，或在他宫动者，当推病起外方。学者自宜通变。

又论六神值鬼云

青龙鬼动因欢悦，或往亲朋喜事家。

或到树林芳草处，或叨酌酒及簪花。

鬼值青龙，灾由喜处，或探亲访友，或酬酒簪花，或去游山，或居树下，或谒贵人，以上等方，病从此得。

朱雀鬼兴因恼怒，是非词讼及文章。

看书写字兼歌唱，皆是生灾惹祸方。

鬼临朱雀，灾由怒气，或被闲非词讼，或曾写书修书，或遇喧哗，或逢歌耍，或视火场，染其灾祸。

勾陈鬼动病难瘥，倘至田傍墓后前。

或为他修并自作，莫非禁忌有牵连。

鬼值勾陈，灾由跌磕，或登坟左墓右，或行地后田前，或曾内外动作，故有灾瘴。

螣蛇若带鬼爻兴，病为惊惶惧吓成。

或被七情伤气血，或逢鬼魅作妖精。

鬼值螣蛇，灾由惊恐，或多思虑，或有忧愁，或遇妖邪，故生灾瘴。

白虎相临官鬼兴，或闻邻近有悲声。

或观撤席行丧过，或视兵戈及宰牲。

官临白虎，祸起哀声，或邻里之临丧，或亲朋之撤席，或往孝堂之内，或见刀兵，或逢宰杀，如此数般，祸从斯出。

玄武还从水路来，或贪酒色得其灾。

或经沐浴兼逢雨，或受寒邪病更乖。

玄武临官，灾由酒色，或往江河，或曾冒雨，或经失物，或被盗惊，起病之由，细宜斟酌。

痘疹起回章第六十七[①]

未种花时问种花，卦无官者痘无芽。

鬼空鬼绝无斑疹，官动官兴有痘瘀。

凡占出痘，须看官爻。鬼若空亡及不上卦，决然不出。卦中纵有鬼动，若值休囚，或逢冲散，或遇绝乡，或化克绝，皆非出也。官如发动，不临死绝刑伤；鬼纵休囚，若变为有气，便种痘花。鬼虽不动，或逢旺相之期，亦当起发。卦虽无鬼，倘然本月临官，反生痘瘀。

年上临官年出痘，月中值鬼月栽花。

鬼休子旺当稀朗，鬼旺福衰稠密加。

若见螣蛇临火发，定主麻痘断无差。

---

① 以官鬼为主，五行六象为凭。

若问何年种豆，便看鬼临生旺之年；卦若无官，又察何年值鬼。如占何月栽花，便推鬼逢生旺之月；要知何日，亦看鬼旺之期。大同小异，一理而推。卦中官鬼休囚，子孙旺相，或值世家，纵然出痘，亦主稀疏。官如旺相，子若休囚，痘生时下，稠密非常。又论螣蛇临火发动，鬼虽安静必发痘疹。

病源真假章第六十八①

凡占疾厄假和真，官鬼交重病必兴。

旺相亦然遭此患，临空遇绝是虚名。

凡占是病不是病，只论官爻，再无别议。鬼若交重，必成此症。官虽不动，若逢生旺，亦断此灾。卦如无鬼，及落空亡，或临绝处，似是而非，病不真也。

随官入墓灾非假，助鬼伤身祸必兴。

日月制官实不实，子孙旺动疾难凭。

凡值随官入墓，助鬼伤身，其祸当兴，灾难回避。要知病散，须看子孙。若得子旺官衰，日月及临福德，卦内子爻或动，克制官鬼，此病非真。

疾病吉凶章第六十九②

疾病须求用象兴，元神旺动定为亨。

忌神切莫交重位，日月将来配克生。

动看变爻知去就，无寻伏象觉亏盈。

凡占疾病，专看用爻。

卦中若得用爻有气，原神发动，忌神安静，便主无妨。忌神忌动，如

---

① 以官鬼为主，旺衰为凭。
② 以用神为主，元神为凭。

原神同发者，转助用爻，病反得详。卦内原神不动，用神况值休囚，更逢月建或日辰相克，也主倾危。用象虽临弱地，如逢日月生扶，决然无咎。

用如安静，不必细详，用若交重，须推变化。变出生扶，则吉；变成墓绝，则凶。

卦中如无用象，当察伏神，更推日月，日月又无主象，伏神又被刑伤，再查互卦。互中体用二爻亦无用神者，方言无救。主卦虽无用象，倘然伏出无伤，决难损命。伏出纵遭刑克，远查日月并互卦之中有一用爻，亦无害也。

又论用爻上卦正值旬空，却看病之远近。暴病逢空可救，久病逢空必死。虽值空亡，还分衰旺。空如旺相，纵然久病也无妨。空若休囚，但遇日冲亦不死。倘若立时空又值旬空，不拘远近之病，无不倾亡。

用爻虽不落空，如临月破必致伤身。

用爻有气元神动，忌神纵发不须惊。

主象休囚加克破，体虽无恙也遭倾。

用神旺相逢扶助，病纵临危反主生。

占病，得用爻旺相，原神又动，日月纵来相伤，永不受克；忌神虽发，亦不为殃。主象若值休囚，原神又静，忌神况值交重，或被月建日辰伐用，身虽小病，后必伤躯。用象如临旺地，又遇生扶，决有起死回生之兆。

忌变生而用变克，分毫之疾恐伤刑。

用之旺者忌之绝，沉重之灾即刻轻。

如此定之留万古，何须海外再求明。

休把卦名推祸福，莫将神煞决忧祯。

空身空命皆非忌，无鬼无财岂足凭。

疾病卦中，忌神旺动，又变生扶；主象衰摇，化成死绝；原神又被克破，岂有救哉？用神虽居衰位，化出帝旺长生，又逢扶助；忌神虽动，而化为克伤死绝之乡，不能制用；病虽沉重，旦夕可安。如此推之，并无差谬。其中有论卦名者，切不可也。《经》云："易卦渊源论五行，阴阳之理本生生。可怜愚昧无知识，颠倒阴阳论卦名。"今有人论神煞者，亦非也。

《经》云："易卦阴阳在变通，五行生克妙无穷。时人不辨阴阳理，神煞将来定吉凶。"

假令子占父病，父爻旺相，墓门煞或大煞又动，用爻有气，岂能死乎？又如夫占妻病，财爻无气，父兄皆动，纵得月解天医同发，用既遭伤，岂不死推？

故此五行为重，神煞难凭，星家专忌本命空亡，此非正道。且如甲子旬占，空当戌亥，寰中万万属猪属犬生人，岂皆命绝？

前人又言，"病人无鬼必死"，岂无验乎？《天玄赋》中虽曰："占病无鬼，必无叩告之门，乃天年命尽也，其病不瘳。"且如兄占弟病，鬼乃忌神，岂宜在卦？又如父占子病，鬼作仇人，焉可用之？

若据理上论病，只取用爻旺衰生克，便决存亡。凡卦无鬼，不过无神祟耳，岂就作天年命尽乎？况今屡试无官之卦，未必死也。

又辨无财者，理更差误，财爻虽为饮食，无者不过目今饮食不食，焉能丧命？只有夫占妻、主占仆看，惟忌财空，其余占者皆不忌。

又云惟有六冲分缓急，病源却要自斟量。

初灾遇此当全瘥，久病逢之命必伤。

合处逢冲同此意，不凭主象弱和强。

更论土爻临鬼动，爻凶少吉祸难禳。

病得六冲化冲，合处逢冲，皆要审其远近轻重。如暴病来占，朝夕即当痊愈。若久病占之，用象虽然旺相，也主身亡。又论近病逢冲则愈，重病逢冲则死。卦纵不冲，用爻亦旺，凡遇财鬼动者，万可言死。惟占尊长，鬼为原神，动则祈禳可疗。

疾病生克论

百病重轻，不出五行生死；

万民生死，难逃八卦兴衰。

且如水为主象，畏土喜金；

卦中土静火兴，不须畏忌。

爻内火安土动，却不为祥。

怕逢巳午二时，喜遇木金二字。

又如火土皆动，见木反凶；

得酉申而助水，疑此病以方痊。

假令金藏土下，飞能生伏为佳，如木爻安静，日忌卯寅，若木象交重，时忧亥子，正所谓逢金则吉，遇水则凶。

复将土作用神，卦见水木火爻三动，不作凶推，当从吉断。时遇午申，土得生扶则吉，日逢卯巳，土临死绝则凶。

又论火是用爻，独逢水发，日遇戌辰丑未，水遭土克无妨，一见酉申当命尽，但求寅卯必身安。

若用居衰木，化入金乡，卦无亥子父兴，必难救度。查何日逢金，便决何时作殡。倘若金空，亦非此断，节交亥子，命亦回生。

细究何爻动静，便知那日存亡。其中有贪生忘克，救处遭伤，盈虚却要精详，岂可寻常概论？

占自己病断

自卜身宫疾病临，先凭世象次凭身。

怕逢月破旬空内，喜见生扶拱合亲。

克世之爻为忌客，来生之象作元神。

随官入墓灾难瘥，助鬼伤身命必沉。

自占己病，专看世爻。

若临月破，不拘新旧之病，命亦难全。世若落空，当明缓急；急症堪医，旧病不救。若空中有气，目下无妨，后来难保。

世象不临旬空月破，又看旺衰。

世若休囚，却被动爻相克，或遭日月来伤，或变为死绝，毫无救助之爻，岂不天年命尽？世纵休囚，若得动爻生助，或逢日月扶持，或化为有气，纵临危而不死。世若旺相，虽无生助之爻，亦无所害。

凡克世者，名曰忌象，宜静不宜动；生世者，名曰原神，宜旺不宜空。

占他人之病，身世随官入墓，不必忌之，命随鬼入墓即凶矣。惟独自占，身世命随鬼入墓者，命不回生。其中助鬼伤身，理亦同也。

又看卦身，若墓绝于月建，或墓绝于变爻，决无救矣。

占他人病断

代问他人看应爻，若临月破最难逃。

遇冲遇克身难救，逢旺逢生病必消。

生应元神宜发动，克他忌象怕重交。

卦身有气还须吉，应位逢官祸必招。

代卜他人之病，应作用爻。如临月破旬空，其命难保。

应如衰弱，亦遭动象或日月来伤，或应变为墓绝，便主凶危。

应纵休囚，若得变为生旺，或动爻及日月相扶，命还有救。

凡生应之爻，是原神而宜动；克应之象，乃忌客而宜空。鬼临应上，病必难痊。

次察卦身，亦不可临于月破，又不可成墓绝之乡。卦身或墓，或绝于月建之中，皆为凶兆也。

占何日病退云

凡卜病人何日瘥，用临生旺体当安。

元神值日灾须减，忌象遭伤病必痊。

助鬼伤身逢福解，随官入墓见冲欢。

若然主象临其绝，且待生时免祸愆。

占病何日得痊，须推主象。

卦中原神旺相，忌客休囚；无用爻者，便取用爻值日而安。

卦中如有用爻而衰弱者，方取生旺之期。

倘若用爻重重太旺者，反喜入墓之时。如不太旺，又取原神值日。

忌神若动，须逢冲克忌神之日，方得安康。

若逢助鬼伤身，又利子孙值日，随官入墓，还求冲墓之辰。

用象如临绝地逢生，必主乎宁。

占何日病凶云

病者来占凶日详，用爻无气更遭伤。
忌爻那日逢生助，便主身危立孝堂。
忌神旺动仇人发，用神失位反无妨。
后怕日辰临用地，若还挨过免凄惶。
元神被克灾加重，忌客逢生定受殃。
月破用爻天命止，纵然旺相也须亡。

论病何日见凶，不过看用爻生克。用如无气，被日辰克者为凶；忌动用衰，日辰再生忌神者死。

又论卦中原神不发，忌神与仇神皆动，独无用爻，日前无事，待后用神值日，难以回避，定入黄泉。倘若忌神仇神与原神同发，亦无主象，候至用爻值日，反主无妨。

复陈卦内用象既衰，全赖原神相救，恐忧忌客来伤，日辰克制原神，灾当沉重。忌象如逢生旺之时，定成凶咎。

主象如逢月破，不拘衰旺，命必归阴。且如子占父病，五月甲子日，占得观之益卦。此卦父爻动居旺地，又带青龙贵人，本为吉象；岂知父化月破，后至乙亥日，原神绝而忌神生，果然父丧。

又如妻占夫病，三月甲子旬丁卯日，卜得涣之垢卦。所嫌仇神忌神皆动，独无用爻，又鬼伏仇爻之下，又值旬空，毫无救助。挨至乙亥日用爻透出，鬼受忌神来伤，夫果死也。

假令弟占兄病，十月戊辰日，卜得剥初二三爻皆动。却本卦无兄弟，所喜申金兄弟伏在世爻，用爻透出，果应病痊。

又如父占子病，五月甲午旬癸卯日，占得萃卦上六爻动。此卦子孙太弱，父母相而又动，虽受卯日相伤，又逢月建扶起，父又化为进气，能克用爻；虽有原神暗动，又值立时空不能相救。后至丙午日，忌象叨生，此男果死。

又如夫占妻病，三月甲戌旬庚辰日，卜得师卦九二上六爻动。此卦青龙财爻持世，兄弟又不交重，鬼又化出财来，本为佳兆；岂知土官发动，

《书》云："更论土爻临鬼动，多凶少吉祸难让"，果应五月庚申日，官遇长生，月建又扶土鬼，此鬼太刚，死而可验。

又如父占女久远病，七月甲寅旬癸亥日，卜得艮卦安静。此卦用爻临月建，忌神又不兴，似无凶兆；岂知卦犯六冲，《经》云："初灾遇此当瘥瘥，久病逢之命必伤。"果应在子月戊午日，用象死于月建，败于日辰，其女死也。

又母占子病，九月甲子旬辛未日，卜得归妹卦安静。此卦六爻无子，虽伏出亥水子孙在四爻之下，又落空亡；世上父母又被日辰冲动，本绝卦也；岂知互出水火既济，取互体坎水配成兑卦，子孙此乃无中生有也。惟互出之爻，再不受日月并动爻伤克。此子果应亥月戊子日，用值旺乡，病全脱体。

凡占父母及家主、尊长之类，取父母为用神，官鬼为原神，妻财为忌神，子孙为仇神，兄弟为泄气。

凡占兄弟朋友之类，兄弟为用神，父母为原神，官鬼为忌神，妻财为仇神，子孙为泄气。

凡占子孙卑幼之类，子孙为用神，兄弟为原神，父母为忌神，官鬼为仇神，妻财为泄气。

凡占妻妾、弟妇、子室、奴婢之类，妻财为用神，子孙为原神，兄弟为忌神，父母为仇神，官鬼为泄气。

凡占夫主、官员之类，官鬼为用神，妻财为原神，子孙为忌神，兄弟为仇神，父母为泄气。

占自己，取世为用爻，生世者为原神，克世者为忌神。

占他人，取应为用爻，生应者为原神，克应者为忌神。

此法非惟占病，凡看卦，无不用之。

灾病缠脱章第七十①

身处灾生相貌残，鬼兴鬼动定缠绵。

随官入墓终难脱，助鬼伤身永不瘥。

世受官伤成痼疾，子孙一动立时安。

凡占带疾不带疾，最嫌官鬼兴隆。官如旺相，病必缠身；纵不旺相，发动亦然。若值随官入墓，或助鬼伤身，必成痼疾。鬼克世爻，亦难脱体。若得子孙旺相，或发动、或持世、或临日月，病得离身。

六冲旦夕灾殃散，无鬼终须病不缠。

鬼若空亡无疾厄，忌神旺发患多年。

鬼化福神他日解，用象兴隆祸不干。

六冲之卦，此患易消；合处逢冲，后来方解。鬼不上卦及落空亡，永无殃疾。纵有鬼象，若变福神，目下虽凶，后当解脱。虽凭官鬼，亦要看用爻，用值旬空月破，病亦难瘥。土象休囚，更被忌神发动，岂不成凶？用爻纵弱，如逢动出原神，虽有此灾，决非损寿。用爻若得兴隆，官鬼又居衰地，始虽见病，终不成殃。

---

① 以福神为主，用象为凭。

易林补遗利集卷之八

却避灾暑章第七十一[①]

天行酷暑,岂无避暑之方。

人染患灾,亦有却灾之所。

悟道择清闲之处,修真访幽僻之居。

四者皆宜子动,诸般各忌官兴。

占己世爻休墓绝,问他用体怕空亡。

凡占避暑、养病、悟道、修真等事,皆宜福德交重,各忌官爻发动。占自己,以世爻为主,卜他人,以应象为凭。若问亲人,当推用象。如临旺相,或遇生扶,却灾得脱,悟道得成。用神如遇月破旬空,或临墓绝,不惟无福,反惹非殃。

子孙发动好参禅,修心得道。

官鬼交重难避暑,养病反凶。

子孙旺相或发动者,参禅打坐,无不成功;避暑却灾,必如其愿。官鬼交重或旺相者,心欲求安,反遭不测。

父母扶身,宜投书馆;福神生世,利到僧堂。

父母生世,宜往文墨之所,及尊长之家;子孙生世,利居僧道之门,并卑幼之处;兄弟生世,宜到弟兄朋友之家;妻财生世,当往妻族奴仆隶

---

① 以用爻为主,福德为凭。

下人之寓；官鬼生世，偏宜宦宅安身。

一卦皆安，方是修行之路。

六爻尽破，岂为养静之窝？

用爻旺者遇青龙，宜行此地。

忌象兴而加白虎，弗往其家。

诸爻俱卜，随寓而安，一卦六冲，往返不定。用爻有气，更值青龙，利有攸往。忌象交重，又临白虎，此处休行。

动见螣蛇，还愁惊恐。交逢驿马，更虑奔驰。

武值鬼爻兴，失财欠利。

雀临兄象动，绕舌不宁。

螣蛇动，倘遇惊惶。驿马临兄鬼动，不利游行。驿马动，临财福，千里皆安。鬼临玄武交重，必遭失脱。雀值兄爻发动，是非当谨。

艮卦有官，休登山岭；

坎宫见鬼，莫往江湖。

在震则正东惹祸，临乾则西北招殃。

兑中财变官爻，色迷尤忌。

巽内兄之鬼象，风患难防。

艮宫鬼动，忌行东北，莫往山林。坎卦鬼摇，北方不利，水池非宜。震鬼莫居船内，并忌东行。乾宫西北为凶，莫游庙宇。兑宫鬼动，必有闹非。若财变官爻，毋贪美色。巽卦鬼兴及兄化鬼者，皆恐冒风。离宫鬼动，虑见火惊。坤卦鬼兴，莫居墓侧。

主合咸池，休贪美色；

用冲华盖，忌入空门。

世爻推远近之方，须凭内外卦象。

察吉凶之兆，惟在兴衰。

用爻带咸池或合咸池，倘逢美色，远之为祥。用象对冲华盖，或华盖克用爻，或鬼临华盖动，皆恐僧道之门惹祸，如却灾避暑，去则成凶；惟有悟道修行，反成正果。又看世在内卦与亲宫，宜居在迩。世临他官兴外卦，利在遐方。内卦旺，本境如心。外卦旺，他乡遂意。

求医疗病章第七十二①

子为药剂应为医，福德交重病必驱。

鬼旺福衰病不治，官衰子旺患能除。

应空只恐人难遇，子陷还愁药不宜。

凡卜求医，子为用象，子如发动，药奏神功。其中官鬼太旺，子值休囚，此灾不愈。官如衰弱，福值兴隆，更得应克世爻，或外伤内卦，必遇卢医，灾无不瘥。如内克外，及世克应，子孙旺相，还可。子再休囚，药无效验。子孙纵旺，应若空亡，药虽灵而医人难遇。子孙若值旬空月破，此药无功。

父动无兄求救助，虽逢扁鹊也难医。

日辰值鬼医无验，月将伤官效有余。

鬼若遇生财或动，子孙纵发作空虚。

父如发动，药力全空，父与兄弟同发，子赖兄生，其药有效。

若得月建，或日辰克制官爻，如逢岐伯。倘或鬼临日月，或鬼持世卦，虽有子药亦无功。

又如子财并发，官伏财扶，岂能治病？财子纵发，卦无鬼或鬼空，仍复有效。凡论医药，若得子孙上卦，官父两安，应不空亡，方其效也。

---

① 以子孙为主，应象为凭。

医家治病章第七十三①

应为病者世为医，子为药效鬼为灾。
鬼强子弱殃难解，福旺官柔病渐衰。
应上坐官真疾病，身中带福妙医财。

医人来卜，反把应为病体，世乃自身，子为药效，鬼作灾殃。官旺子衰，或官摇子静，病决难医。子动官静，或子旺官柔，药无不效。应若临官，病真莫疗。世如值福，治病能痊。

世如克应灾当瘥，应若生身实主谐。
子动兄安财静旺，仙丹妙剂获多财。
应空他不迎吾救，世陷吾非治彼灾。

世克应爻，或内克外卦，能疗其灾。应如生世及外生内爻，或卦逢六合，有为而来，主宾相得。妻财旺相，子值交重，鬼静兄安，药且灵而利倍得。应值空亡，彼必无心就我。世居空地，己心悚懒，医恐不成。

兄动倘遭同辈阻，财空休望谢金来。
六冲岂得终其事，官化官忧病复乖。
应克世身兄雀动，反遭非讼莫开怀。

兄弟发动或克世爻，必被同袍霸占。财若逢空，药金莫望。六冲之卦，医不始终。鬼化鬼爻，或卦有二官皆动，病复变病，岂能治之。应如克世，兄动财空，又加雀噪，非惟求谢，反惹闲非。

---

① 以子孙为主，世应为凭。

搜决神鬼章第七十四①

凡论神司，须凭官鬼。

不值旬空，或旺或衰皆作祟；

但临卦上，若动若静概为神。

先推鬼值五行，次察官临六兽。

再查病源缓急，便知何祟为殃。

若卜神司，当推官鬼。鬼若空亡及不上卦，决无鬼祟，不可妄言。鬼若不空，不拘衰旺动静，皆作神司。若发动或持世，神力猖狂，犯宜急祷。又看鬼临何爻何兽，方言何鬼何神。六兽五行开列于后。

金为刀下之魂，喘嗽横亡之鬼。

缓则关公总管，急则丧部伤司。

青龙为汉寿亭侯，朱雀乃金都元帅。

螣蛇云七煞，白虎曰丧殃。

玄武则曹堂西府，退送则病体安康。

金鬼，主刀枪伤死鬼、喘嗽鬼、横亡鬼。症之缓者，宜祷关爷并总管。病之急者，必酬丧杀并伤神。带青龙，则云长公之有碍。临朱雀，相金元七之为灾。带勾陈螣蛇，为七煞土。带白虎，为丧煞及伤司。带玄武，为水伤水道之类。

木乃杖责之魂，疯疾悬梁之鬼。

缓则山神五圣，急则东兵家堂。

白虎同宫，门外谢伤追锣鼓。

青龙共位，堂前酬原品笙箫。

勾陈则九良星煞。螣蛇则树圣山神。

---

① 以官鬼动爻为主，五行六兽为凭。

雀武为草野三郎，祭献必灾非绕灭。

木鬼，主刑责加析鬼、疯疾鬼、缢死鬼。症之缓者，必犯山神土地，及五圣尊神。症之急者，必干东岳，并家堂众神。带白虎，速酬大小伤司。带青龙，宜赛枷锁之愿，及祷喜庆之神。带勾陈，有犯九良星。土带螣蛇，若非山神，必是树上之神，又为作犯土。带朱雀或带玄武，皆为草野三郎。

水曰投河奔井之魂，服卤腰疼之鬼。

缓则水仙施相，急则河太金龙。

阳龙断云台法主，亦犯萧公。

阴龙推南海慈尊，又冲杜氏。

玄武为佑圣真君，朱雀恐江河许愿。

遇螣蛇断为坑厕，逢白虎论作水伤。

水鬼，主溺死鬼、腰疼鬼、服卤死鬼。症之缓者，则为水仙五圣，及镇海施相公。症之急者，犯水中河太，或曹三并金龙四大王。阳鬼值青龙，乃三官大帝及五圣之神。阴鬼值青龙，为观世音及杜氏夫人。鬼带玄武，为北极真君。带朱雀，水池上许愿心。带勾陈或螣蛇，便曰水口作犯上。如水鬼化兄，或水兄化鬼，又带螣蛇者，便是坑厕土神。鬼临白虎，须求水部伤司。

火是毒疮痨之魂，带血焚烧之鬼。

缓则东厨香愿，急则陆相华山。

青龙犯五福之星，陈蛇动三煞之土。

白虎玄坛加横鬼。玄武南堂共水神。

朱雀华光司命，并酬口愿方宁。

火鬼，主疮毒鬼、痨怯鬼、带血鬼、烧死鬼、心疼鬼。症之缓者，宜谢灶神并香愿。症之急者，亦有轻重之分：轻病宜酬陆引，陆相即是南堂；重病宜拜华山，华山即五福大神。带青龙亦为五福。带勾陈或螣蛇皆为三煞土。带白虎为赵玄坛及痴癫鬼。带玄武为南堂及水神。带朱雀为华光，华光乃五显灵官，又为司命，即是灶神。

土言瘟疫之魂，膨胀虚黄之鬼。

缓则庙神土府，急则贤圣城隍。

青龙为素土，勾陈曰土皇。

白虎金神忌，玄武坑厕妨。

螣蛇当作犯，兼求本境之神。

朱雀合天曹，并谢飞游之土。

土鬼，主瘟疫鬼、膨胀鬼、黄病鬼。症之缓者，为庙内之神，大为土神。症之急者，为五方贤圣，又为城隍。

带青龙为正土，宜素诰。

带勾陈为土皇，却宜中奏。

带白虎为金神，即七煞土。

带玄武为水口，作犯上，若鬼化兄、或兄化鬼，便为坑厕。

土带螣蛇为作犯上，土又为螣蛇，上亦为当方土杀神祠。

带朱雀为飞土。若在乾兑二卦，便作天曹。纵不在乾兑卦中，如带天咒或地咒，或负结煞，亦是天曹土。

《天咒煞》云："正二鼠来三四酉，五六马头七猴走。八鸡九犬十逢猪，子兔丑鼠为天咒。"《地咒煞》："正月从卯上顺行十二位。"

《负结煞》云："正二猪兮三四牛，五六其星向兔游。七八蛇宫九十未，十一十二酉中求。"

看鬼临何卦何爻而发动，

知那处犯神犯煞以干连。

官居坎位北方侵，或兴水口。

鬼到离宫南向碍，或动灶前。

艮主山林，或遭东北。

坤成坟墓，或值西南。

乾为西北兑为西，或犯天曹修寺观。

巽作东南震作东，或伐树林并起造。

六鬼必造墙作墓，五官必砌路修街。

四象断门栏，或兴工于檐下；

三爻推房内，或动犯于桥梁。

二乃修厨作灶，初为穿井开沟。

在世则本宅兴修，在应则对门垦掘。

临门爻窗开不便，化兄弟坑造不通。

以上所言，皆论上鬼，逐一开明，不必再注。

亥作天门及张壬之扰害，带青龙之象，宜叩三元。

子为北斗兼河伯以为殃，加玄武之爻，当酬圣帝。

丑言牛触之魂，寅是虎伤之鬼。

卯禳东岳，辰谢龙王。

巳推火德尊星，蛇伤之鬼。

午断金枪教主，马踏之魂。

未曰伽蓝，申云元帅。

酉命雌雄二煞，戌逢恶犬伤人。

亥鬼为张壬，即祠山大帝。外鬼带青龙，为三官大帝；内鬼带青龙，为水仙五圣。子鬼为北斗、又为河伯水官，在外带玄武，为圣帝，在内带玄武，为水伤。丑鬼为土神，又为土伤之鬼。寅鬼为东岳、又为虎伤之鬼。卯鬼亦为东岳，辰鬼土神、又为龙王。巳鬼为火德星君并蚕室、又为蛇伤之鬼。午鬼为金枪教主，即五显灵官、并马伤之鬼。未鬼为土神，又为伽蓝土地，申鬼为元帅将军之职并伤司，又有寺观中所犯之神。酉鬼为佛象并丧煞，又为少女。戌鬼为土神，又为犬伤之鬼。

六乃上仓至圣，坟墓之神。

五为中界至尊，路途之鬼。

四推檐外伤朝，门前魍魉。

三断家堂群主，桥上亡灵。

二定县隍灶府，厨下之魂，

初当土地井神，屋中之魄。

鬼在六爻，为上苍素原，并坟墓土神，或远方之鬼。鬼在五爻，为中界至尊，即东岳也，又为栏路五圣，并五路大神，或倒路之鬼。鬼在四爻为大小伤神，并在右仪门将军，又为门前之鬼。鬼在三爻，为家堂并郡王，即府城隍，又为床婆弟兄鬼，及房内鬼、桥上鬼。鬼在二爻为县城隍并灶神，又为夫妻等鬼，厨下鬼。鬼在初爻，为土地并井泉童子，并井前之鬼。如无井即土鬼。

官临世上，注开六象之神。

鬼值空中，莫断片殃之祟。

鬼值初爻持世，家堂作祸；鬼值二世，上气为实，并社坛作祟。鬼值三世，犯桥道中之鬼，若非桥道，即是园中花木之精。鬼值四世，犯五道，亦有师王佛实之灾。五世无鬼不言。鬼值六世，山神为害，及星宿降灾。六爻内鬼虽持世，空则不言。

青龙财子化官爻，福神相照。

兑雀文书之鬼象，前愿相催。

青龙若临财或临福化出官爻，必是福神见咎。福神者，大则五福及荼延，小则五圣及五路。凡判鬼神，须审病源轻重，重则大神，轻则小祟。复看朱雀临父母变出鬼爻，必是先年许下之愿。若居兑卦，又犯天曹。

父母内兴，方断祠堂之宗祖；

椿萱外动，可言外族之高亲。

财动内宫，必妻魂而妾魄；

妻摇外卦，非奴仆即情人。

兄兴为手足之亲，相知之辈；

福动乃儿孙之鬼，僧道之灵。

父在内卦及亲宫动者，便曰本宗之尊长。父居外卦及他宫动者，乃言外姓之尊亲。财临内卦或亲宫动者，必先亡之妻妾。财值他宫及外卦动者，若非奴仆，必恩爱之情人。兄弟动者，或昆弟或姨妹或朋友之魂。子孙动者，为儿女、为侄、为婿，又为僧道之魂。

卦有动爻，病有鬼魅。

且如三爻动则三魂，四象兴而四鬼。

若定阴阳，重单是男交折女。

如分方向，卯动东方酉动西。

　　凡推鬼官，专看动爻。一爻动则一魂，两爻动则两鬼。

　　欲分男女，须看阴阳。重则为男，交则为女。

　　要知鬼食荤素，惟有子孙及青龙爻动者，皆宜素祭；其余爻动，概合荤素。

　　要知鬼在何方，却看动临何象。且如子爻动，正北方之鬼；丑爻动，东北方之鬼。其余仿此。

　　卦静当寻外象，无官另看伏神。

　　鬼上飞爻，其方又定。

　　卦无动爻，只取外卦。且如外属乾宫，则病从西北。外临坤卦，则祸起西南。六爻内有鬼者，如此看之。内外皆无官鬼，又不取外卦为凭，另寻鬼伏何爻之下，鬼上飞神，定其所向。

　　假令卜得颐卦安静，鬼伏三爻之下，便取飞神庚辰上，辰者，东南之向，断必无差。又如讼卦安静，鬼亦伏在三爻午火之下，便曰南方。伏鬼再空，莫言祸祟。

　　细查何象临官，便议何神作祟。

　　请祷则福无不至，祈禳则祸无不消。

　　今作此篇，切为却灾而度命。

　　恐人妄断，恒忧好杀而费财。

　　万不可轻言，一一还须细论。将六兽端配五行决诸神，终无一误。详其的确，方判无私。

总论八宫值鬼诀

　　鬼发乾宫庙内神，原因西北染灾迍。

　　天庭素愿头风鬼，白发苍翁及父亲。

　　乾宫鬼动，不论内外，皆从西北方来。误犯寺观或庙内神司，旧许上苍素愿或天灯、香愿、经卷、斗齐之类，已逝椿庭并老故之魂，头风之鬼。

坎宫鬼动北方来，水部神司定作灾。

溺死耳聋同扰害，中男为耗岂能谐。

坎宫鬼动，祸在北方。水路神司，并家内中男作耗，亦有耳聋之鬼、淹死之魂。坎在外三爻，又为北斗。又加玄武，亦作玄天上帝。

艮卦官兴东北方，山神五圣少男当。

地祇土府方隅犯，手指皆病烂鼻亡。

艮宫鬼动，东北方来，冒犯土神、五圣并山神、土地为殃，亦有家内少男及痀疮、手折指、烂鼻等鬼。

震鬼东方犯九天，三茅东岳树神干。

杖伤之魂舟中鬼，折足之魂其长男。

震宫鬼动，祸在东方，宜叩九天。九天者，雷祀大帝，即玉枢经也。又犯三茅真君，及东岳尊神，及树头神圣，亦有长男为祟，或天嗔，或责毙兼折足、驾舟等鬼。

巽主东南施相尊，园林神道亦生嗔。

路冲腿折腰跎鬼，缢死麻疯长女魂。

巽宫鬼动，病患东南，有干镇海施相公、花园树木神道、并长女及缢死、疯疾腿折腰跎等鬼。

离家鬼发起南方，火部诸神司命王。

目疾焚烧亡二鬼，速酬中女及焚香。

离宫鬼动，神撒南方有犯。南斗六司、火德星君、五显灵官、香头灶神之类，更有中女并眼盲火烧之类。

坤鬼西南犯土皇，或因坟墓有相妨。

脸黄腹胀身亡鬼，老妪他魂及母娘。

坤宫鬼动，西南犯土不宁，或坟墓上，并已故萱堂及老阴人，兼虚黄鼓胀之鬼。

兑卦西方鬼缺唇，祝巫少女共伤神。

佛天口许何曾赛，更中仇家咒咀心。

兑宫鬼动，祸染正西。曾许佛天之类，亦犯伤神并少女，兼缺唇师巫等鬼。加朱雀动，若非自己罚誓心，是他人咒咀天曹。

总论五行值鬼诀

　　金爻值鬼犯西伤，总管丧神七煞妨。

　　张相金罡刀下鬼，叶神钟师武安王。

　　鬼值金爻为煞，更有西伤，即五道也。叶神即九卓也。钟师即钟将军。武安王即关公。张相即六五相公并金神七煞，金元七总管及寺内金刚，自刎之鬼，锁条之愿。

　　木鬼茶筵枷锁当，船神草野及家堂。

　　萧公东岳悬梁鬼，树圣山神共九良。

　　鬼值木爻为茶延，草野家堂，东岳树神，山神，舟中神，枷锁愿心，九良星煞。萧公即五圣。悬梁即缢死鬼也。

　　水鬼观音兴武天，龙王北斗又三元。

　　祠山杜氏金龙四，河太曹堂并水仙。

　　施相晏公兼宋相，落水亡灵坑井泉。

　　鬼值水爻，为观世音，三官驿帝，北斗龙王，祠山大帝，金龙四大王，水仙五圣，杜氏夫人，河太曹三，施相公，宋相公、晏公坑厕主，井泉童子，徐大将军，河伯水官并淹死亡魂。

　　火鬼玄坛五福祠，南堂五头灶东厨。

　　萧堂香原焚烧鬼，荧惑星君三煞司。

　　鬼值火爻，为赵玄坛，五福大神，五显灵官，火德星君，银神三煞，天灯香愿，南堂五圣，灶神并火烧鬼。

　　土鬼城隍社庙神，五方贤圣上皇尊。

　　皮肠大王瘟疫鬼，土地螣蛇太岁君。

　　鬼值土爻，为城隍土壳神祠庙中神道、五方贤圣、土皇土地太岁、螣蛇、皮肠大王并瘟疫鬼。

　　此论五行神所属，还将六兽入官寻。

　　轻重较量同此看，切莫胡言判鬼神。

总论六神值鬼诀

青龙东岳及家堂，五福茶筵花煞妨。

萧公五路花枷愿，三官产妇海龙王。

鬼值青龙，为东岳、家堂、茶筵、花煞、五圣、龙王、三官大帝、五路尊神，并枷锁愿心，产亡之鬼。

朱雀城隍草野求，华光总管广灵侯。

天曹司命囹圄鬼，旧许金钱未答酬。

鬼值朱雀，为城隍，草野；总管天曹华光，即五显灵官；广灵侯，即南堂陆太君；司令即灶神；并旧欠愿心，牢中之鬼。

勾陈值鬼细推详，必犯承天后土皇。

跌死伤亡随体现，止苍贤圣降洪殃。

鬼值勾陈，为土皇并五方贤圣，跌死之鬼。

螣蛇妖怪却临门，作犯方隅皇社神。

或断螣蛇坟墓土，产亡缢死二灵魂。

鬼值螣蛇为妖怪，并作犯上。又为螣蛇土当方土地里社之神，及产亡、缢死二鬼。

白虎西台大小伤，金神五道叶神堂。

雌雄二煞玄坛将，刀剑伤身虎咬亡。

鬼值白虎，为伤司五道丧煞。赵玄坛金神，即七煞也。叶神即九卓也，并刀伤虎伤之鬼。

玄武采山同圣帝，伏尸坑厕井神台。

曹堂杜氏加河太，溺水穿斋二鬼来。

鬼值玄武，为圣帝、曹三、河太、伏尸、坑厕土、井泉童子、杜氏夫人。采山即草野三郎、并溺死窃盗二鬼。

然定六神诸圣位，还须八卦五行排。

谁爻临鬼详端的，莫累人间虚费财。

总论星煞值鬼诀

凡居卦下论阴阳，定兴官爻细审详。

上值青龙天喜位，决然花煞有相妨。

凡看神司，须推官鬼。属阳则男伤，属阴则女鬼，看临何星何煞，便知何祟为殃。鬼值青龙天喜，可言花煞之神。天喜起例：正月从戌上顺行十二位也。

如逢白虎丧门照，卦中值此犯丧殃。

丧门起例：正月戌、二月未、三月辰、四月丑、五月又到戌，只此四位，周而复始。鬼临白虎丧门者，便言丧煞为殃。

天火天烛同朱雀，五显灵官及灶皇。

天火起例：正月子、二月卯、三月午、四月酉，只此四位，周而复始。

又《天烛煞》云："天烛正月起蛇宫，荡荡顺行数至龙。卦内值时逢发动，作福祈禳也大凶。"此煞即大朱雀也。如临官鬼，即犯五显灵官、灶神为祟。

天贼天盗加玄武，采山草野水三郎。

《天贼星》云："正龙二鸡三虎乡，四羊五鼠六蛇藏。七犬八兔九猴位，十牛子马丑猪忙。"又天盗煞起例：正月亥、二月寅、三月巳、四月申，只此四位，周而复始。玄武官爻临天贼星或临天盗煞，便为草野三郎。

丧门吊客陈蛇位，伏尸土禁不为良。

丧门开在《篇首》。吊客起例：正月辰、二月丑、三月戌、四月未，只此四位轮之。勾陈官鬼或螣蛇官鬼，又临丧门或逢吊客，皆主伏尸土也。

沐浴咸池玄武动，杜氏夫人发祸殃。

沐浴起例：正月卯、二月子、三月酉、四月午，只此四位轮之。

咸池煞：正月卯、二月子、三月酉、四月午，亦此四位轮之。

玄武鬼爻如带咸池沐浴，即为杜氏夫人也。

折煞勾陈加驿马，街坊跌死横伤亡。

折煞起例：正月酉、二月午、三月卯、四月子，只此四位，周而复始。

又驿马起例：正月申、二月巳、三月寅、四月亥，亦此四位轮之。

鬼带勾陈，又临折煞，并卦内驿马发动，必犯途中跌死伤亡。

官临玄武天河煞，井中溺鬼作灾殃。

天河煞起例：正月从辰上起，顺行十二位。玄武官爻又带天河煞者，必是井中淹死之鬼，不然必江河溺死者。

朱雀官符为总管，刀砧羊刃是西伤。

官符起例：正月从午上起，顺行十二位。

又刀砧煞起例：正月从午上起，顺行十二位。

羊刃煞起例：甲日在卯，乙日在辰，丙戊日在午，丁己日在未，庚日在酉，辛日在戌，壬日在子，癸日在丑。

鬼临朱雀，更值官符，便言总管作祟。鬼带刀砧，或逢羊刃，即是伤司。

太岁黄旛祈后土，贵人天喜谢萧堂。

太岁者，即年冲也。

黄旛星起例：正月戌、二月未、三月辰、四月丑，只此四位轮之。

又天乙贵人云：甲戊庚牛羊，乙己鼠猴乡，丙丁猪鸡位，壬癸蛇兔藏，六辛逢马虎，此是贵人方。

天喜星已列篇前。鬼值太岁若带黄旛，即为后土。后土者，土皇也。又论官临贵人或临天喜，便是萧堂五圣。

三丘五墓坟前土，暗金羊刃产中亡。

《三丘五墓煞》云："春丑夏辰秋即未，三冬逢戌是三丘。却兴五墓对宫取，病人作福也难留。"

又《暗金煞》云："寅申巳亥巳来防，子午卯酉酉相妨。辰戌丑未丑位是，暗金产妇最难当。"

羊刃已其在前。鬼值三丘或临五墓，便为坟墓。土鬼带暗金煞或值羊刃星，即是产亡带血之鬼也。

冲对年庚为撞命，流年逢鬼岁君当。

撞对者，有天对地冲之辨。天对者，甲庚、乙辛、丙壬、丁癸是也。地冲者，子午、丑未、寅申、卯酉、辰戌、巳亥是也。假如病人丙子生，卦中壬午鬼动，正所谓天对地冲，此乃真撞命上也。

又如庚午鬼地冲犬不对，乃傍撞命上也。余皆仿此。设若天对地不冲，非是撞命之论。如鬼值年建，当言太岁上也。

华盖僧魂并道者，咸池妓女及邪娘。

华盖起例：正月戌、二月未、三月辰、四月丑，只此四位，周而复始。咸池煞开在前。官临华盖，乃为僧道之魂。鬼值咸池，即是邪淫之鬼。

天刑牢狱中鬼。劫煞刀砧自刎伤。

天刑起例：正月从辰上起，逆行十二位。

天狱煞云："正月逢亥二月申，三月龙蛇四月寅。五月循环又到亥，周而复始定其神。"

劫煞与天狱煞同。刀砧煞亦列在前。

鬼值天刑煞，必犯责死之鬼；如临天狱杀，乃牢中之鬼。鬼临劫杀或刀砧煞，必定自刎而亡。

此是玄机真妙诀，千金不换乱传扬。

古之正人，盖同天下。今时邪祟，各按本方。此章系苕城新著，其别郡神司不同，凡吴下人占，可依此断；如他方问卜，还宜另详。

又附解禳通用法

凡人疾病，占问鬼神。

术人妄判神司，病家听信宰杀。

倾有限之家资，病未必愈；

造来生之恶业，卜亦难逃。

且如瘟疫，系上帝之刺降。虽曰时行，亦不善而降殃。但当合门斋素，虔请戒僧，持通莲经，自得消解。或童男礼拜，亦可迪吉。

又如虐疾，或有鬼邪。

依通书之状式，投灶神而可遣。

胎产乃九天圣母所持，延道而诵《玉枢经》，可致临盆之庆。

怪病或倚草附木之妖，择僧而念《观音经》，自是弭灾之法。

冤业相寻，梁皇忏可以解除。

亡魂出现，地藏经乃能超度。

火殃若降，择火闭日或火收日，延道诵《火德经》，火自灭矣。

精魅所临，大则告天师而请法，小则诵《真武经》而驱遣。症患膈噎者，惟施食焰口，能超饿鬼之途。屠宰索命者独戒杀，放生可免，旁生之趣。又若妄罚誓愿，忤犯天曹，须设斋祭旧而勾消。

若贫难酧愿，可将天曹对疏，叩城隍而回缴。或富家向许猪羊牛愿后，若贫穷可作粉牲钱马，到天库地库除消，亦可杜绝兴工动作。告土须按其方隅设坛，无力，粉圆可斋殷太岁。商贾江湖诵《三官经》，而可保士子功名。持《玉皇经》而虔祝药师佛，祈当世之延年，《金刚经》作来生之福利。

祷求嗣续，则建梓童清坛；保安婴幼，须念《大洞尊经》。至如水火不通，或拆桥断路而招谴；左右瘫痪，或大秤小斗而生灾。士庶覆宗，盖为毁平冢墓；军民绝嗣，皆因起灭社坛。非求神而可除，惟改修而可解。若亵侮神明，须皈依三宝，或能求散；侵占祠宇，惟修复故刹，方得安全。易卦类万物之情，因不悉备；卜筮通神明之德，自可参详。

僧道贤愚章第七十五[①]

迎僧接道招贤者，却看何人立应中。

人生世间，有念佛行善、因果法缘、或祈福寿、或忏悔业根，如修斋

---

① 以应爻为主，福德为凭。

设法，如炼度书符，皆欲利益存亡，不无迎接僧道。而僧人有慈惠降龙道士，有法灵伏虎，皆以宣扬梵语，礼诵经文，必能扶纲而植纪，始可入圣以超凡。若请延不善，迎接非贤，则乱坛兆而淆荤坛、渎醮筵，以亲污秽，是无感应，徒设衷诚。占卦但看应爻，便识休咎。

福德在时真戒行，父官居者法精通。

谓如子孙在应，决是受戒之善士，有行之真人。父母临之者，必法术精专。官鬼临之者，必神鬼钦伏。

兄爻值此多奸伪，财象临渠好利营。

供佛赖僧之慈因以盗助，迎真籍道之法力以赞参。兄弟应值，则奸欺而伪妄，多阻误而废更。妻财监临，其人贪婪图利，好色营财，乃鄙人蝎辈，非通天彻地之流也。

恶辈子孙临白虎，善人福德带青龙。

子孙乃僧道也。白虎贴守，其心不胜凶险，立行匪凡善良。福德即子孙也。青龙卫护，欺人机有慈善，宅心恒存德行。

神天不纳因官绝，僧道无缘为六冲。

道场善事，必一诚感格。如官爻值绝，人徒尔叩天而天不受；僧有善缘，而凡人因无缘法。盖缘卦值六冲，道多缘法，而斋主为没因缘，良为爻生冲激，故六冲不用也。

子破诵经宣若诳，应空礼忏拜如风。

子孙用神，主我家之事，诵经宣偈全要琳琅讽念。若逢冲破，则徒诵之而为诳语矣。僧道应位，为占主之用神，金经实偈诚敬宣扬。如遇被冲，则枉念之而成虚文矣。应空则袈裟瞻礼何益，无子则鹤氅忏礼徒然。

鬼空设旧无因果，子旺修齐有大功。

官爻主设醮之场，无鬼则无因无果；鬼煞临斋坛之事，官空则何德何功。子乘旺，斋坛功德无亏；福德权，醮主功程有力。

福化鬼爻官克世，非惟作福反遭凶。

设斋修善，福动化鬼，则求亲而疏矣。作福祈恩，官来克世，是求荣而反辱矣。谄之而不蒙福，媚之而反见遣。用人感应，用意昭孚天神，感格天理昭回，岂可亵渎，不加谨慎乎？

还赛解厄章第七十六①

因灾酬愿寻福德，凶吉还须辨用爻。

人身五脏，天气六经调摄者安，违和者病。然染灾而星辰不顺，则祈祷之；因罹患而祟鬼为殃，则酬谢之。许愿当还赛神攸利，惟子卦无凶，寻福德占爻则吉。又当辨用爻之失令得令，能俾卜者之皱眉开眉。

用弱忌兴灾未退，忌衰用旺患能消。

谓我所占之人为用，而用休囚薄弱，其势危矣。而所忌之爻为害，而害如动兴，作谁抵敌哉？灾愆未退，厄患未解也。忌神若衰弱，则病症可消。用爻如旺相，则灾疾立愈。

父兴克子洪恩浅，财动生官邪魅招。

父母动能克子，纵有天恩亦薄劣难承。财爻兴则生官，岂无鬼邪之张扬作祸？

世旺子强官受制，祭神之后别无妖。

世为我也，旺则病必安痊。子为福也，强则压制鬼祟。意谓此强余必弱，福旺鬼将除，赛神之后保平安，解厄罢时无青咎，禳之则吉，请祷无殃。

奉安神位章第七十七②

凡安香火众神天，侍奉祠堂列祖先。

随身香火，家庭供之以安；治世福神，家堂奉之以位。此生成之，迎赖阴空得护持者。然我生必有治宗祖，请之以入家庙，我后必有嗣。祖先安之而居祠堂，子孙承之而春秋祭祀，照穆列而远近追思，乃诚之至，孝

---

① 以福神为主，用象为凭。
② 以官爻为主，子象为凭。

之竭也。

　　供养高真诸上圣，一应还将官鬼看。

　　上而伸者为神明，下而屈者为阴鬼。上圣高真即是神司，高曾祖同推官鬼。

　　不绝不空神久在，不冲不动圣常安。

　　官鬼不绝，乃香火不绝。香火不空，则承祀不空。官若不冲，坐永堂而位亦常存。鬼如不动，安神先而祭之如在。

　　在位静安方是福，神柢不降卦无官。

　　官如静，则神圣安。鬼若空，则神不在。若夫祈祷神柢而不降临管摄，因无官鬼主难。若乃叩请神明而不御临张主，为无官鬼主司。

　　若还福德临爻上，天赐佳祥永百年。

　　卦爻若得子孙出现旺相，神天必赐祥瑞，是福德加临，而子孙长吉。

　　子象空无谁获庆，财爻静旺进田园。

　　子孙空亡，则阿谁承庆？福神不现，则若为承欢？财爻静旺则稳主田园。财遇生扶必田连阡陌。

　　兄兴妻患伤财物，父动鬼灾损畜蚕。

　　兄动而伤克妻财，非病而何？兄兴则剥削财物，箧囊匮乏。子当避父之威，父动伤儿，若父爻一怒，则子位受害矣。福乃滋牲，父动主伤六畜。子为春蚕，父兴则损三蚕。

　　鬼克世宫殃叠叠，官生身位福绵绵。

　　兄贼阴害世爻而患灾不一，官爻护生世位则庸福绵绵。

　　六冲此向安非吉，六合其方奉有缘。

　　六冲者，内外之神安之，岂得为吉？六合者，上下之位奉之，似有宿缘。

　　白虎值官灾不浅，青龙坐鬼利无旁。

　　官爻虽是香火，然值白虎，则神煞不利，而官亦遂为祸殃矣。鬼位未必灾愆，而值青龙，则神随为锡之利益矣。而阴阳之位，安如磐石；祸福之效，捷于鼓桴；出入赖以扶持，止行仗而保佑。

停棺举殡章第七十八①

停棺寄椁兼更座，举殡除灵事必同。

财福二爻宜旺相，兄官两象怕交重。

大雨钱情事，申而雨能。出殡人哀愍，舟助而可。举棺或停棺，因择地寻坟，或寄柩在制中，赎屋移座，非为贫也。除灵适服关欤？事有数般，疑须一决。且如财爻福爻，皆生财获福，二爻固宜旺相。至若兄象官象咸破耗，官灾两象最怕兴隆。

鬼兴克世般般恶，官静生身事事通。

复推用象生身吉，倘来克世祸重重。

鬼兴而能克世，在服孝之中更作凶论，诸事忌之则住。官静又乃扶身，犹遭丧之际还作吉推，百凡行之则吉。用象生身者，行无不善。用来克世者，向无不凶。

安灵寄柩宜相合，彻席除幡喜六冲。

逢冲不可停丧柩，择服辞灵庶免凶。

如卜设魂灵，宜合而静，占寄棺椁，爻稳乃安。六亲座旌，值卦冲而除之则吉。五服魂席，协爻散而撤之无妨。一切丧事，逢冲散而切不可停；大凡孝堂，见激剥而断不可寝。卦动而释服乃宜，爻交而辞灵则可。虽曰孝无终始，寄棺撤席，有不得已而行之，若乃趋吉避凶，举殡停丧，取理长则就之也。至如缞绖染墨，军旅敢不遵依；诏命夺情，朝廷岂可违悖？

---

① 以子孙为主，身世为凭。

怪梦感应章第七十九①

怪虑不详,谁识将来之事故。

梦忧不测,难知未兆之情由。

欲决否藏,还凭易卦。

吉凶未应,朕兆先形。或夜里有微、或梦中有见,致心主疑惑,须卦象搜求。

吉则因子孙发动,宅静人安。

凶则逢官鬼兴隆,殃臻祸至。

子孙动,人口平安,家庭宁静。官鬼发,则宅眷迍遭,门阑萧索。

官临空绝,事假情虚。

鬼值交重,怪真梦实。

但看谁爻带鬼,便知何事临门。

官空则无怪,鬼绝则情虚。鬼动则梦准,官发则怪灵。

又如鬼爻带煞而动,便知何事何方。

土父则虑染时灾,火象则倘遭回禄。

木乃蚕桑之损,水为波浪之惊。

刀伤斧割为金神,损畜丧丁因虎兽。

土鬼疴染,瘟瘴大兴;倘逢回禄,木损桑苗,水淹波险。刀割斧伤,凭金神发现,人亡畜损,惧白虎咆哮。

逢龙则喜处生悲,遇雀则诗中起讼。

武防盗贼及扳陷之情,蛇被虚惊并牵连之事。

勾陈之煞,忌行动土之方。

天喜之星,勿往结婚之所。

---

① 以动爻为主,螣蛇官鬼为凭。

青龙值鬼，必乐极生悲。朱雀临官，文书涉讼。玄武兴，防盗陷情害。及螣蛇，主梦怪惊牵。勾陈鬼发，因动土争田，开掘方禁。天喜官加，犯喜筵酒肆，婚姻事情。

驿马同宫休出境，咸池共位莫贪花。

官伤世体主人灾，鬼克应家妻妾患。

驿马勿走跳路途，咸池戒奸贪姿色。世爻为家主，最怕鬼伤。应位是妻妾，尤嫌鬼克。

复看何爻化鬼，方推那命遭迍。

父象化成，椿萱不泰。

财爻变出，眷属难安。

鬼化鬼爻，灾未消而讼至。

官连妻位，祸将灭以财生。

官变子孙，始见凶而终见吉。

子之官鬼，先招祥以后招殃。

何象化官，知何人受患。何爻变鬼，即知何属遭殃。父化鬼，主祸在椿萱。官化财，该灾当妻仆。鬼化鬼爻，灾生而又讼。官之财象，祸退而有财，官变福，初凶后吉。子化鬼先利后殃。

世带福神，能免万千之咎。

卦无鬼煞，并无毫忽之愆。

子孙持世，则事事亨通。鬼无煞空，则常常康泰。

青龙父母值身摇，文墨光华之兆。

白虎弟兄临世动，家资破耗之忧。

身值父母青龙，文章高显。世临白虎兄弟，资耗忧惊。

龙居财福有生扶，门添喜气。

贵坐官文无克破，体沐恩光。

门阑添喜气，决是青龙临财福之爻，更逢生旺。家宅显荣，必有贵居父母之位，不遇刑伤。

事有百端，理归一字。

世有万端事绪，卦凭一理而推。道明法正，何虑怪情；搜隐索微，难逃毫忽。

报应雪冤章第八十[1]

人遭冤屈诉无门，或失衣资求见明。

或请鬼神佥的确，或迎仙道写真情。

皆将官鬼来为用，旺发阴司近日灵。

朝中尚有申冤申屈，世上岂无诬马诬金？或屈而控诉无门，事遭诬而暴白难雪。鬼神理遁幽微，仙道情涵勾化。莫若卦推鬼用，旺发报应昭彰。

太岁值官年内报，提纲见鬼月中兴。

世遭鬼克吾遭辱，应受官伤彼受倾。

动速静迟终有应，空官绝鬼永无凭。

太岁报应在一年，月建鬼兴验一月。世受鬼克，乃见忧于吾。应被鬼伤，则行诛于彼。有官则有报应，但动在速而静在迟。无鬼则无准凭，况空无因而绝无据。

交重之象明中发，冲击之爻暗内行。

卦见子兴空拜圣，爻无鬼在枉投呈。

交重明中发作，冲击暗里推排。子孙散解，徒磕头拜跪；无鬼主张，枉申拆投呈。

---

[1] 以官爻为主，世应为凭。

易林补遗利集卷之九

察人喜怒章第八十一①

探人喜怒用爻推，民卜官员鬼上思。

若问他人观应位，子占父母看文书。

测人喜怒，凭卦推详。问官府，在鬼象精思；卜他人，于应位求索。子占父，文书为用；兄占弟，同类为凭。各定用爻，详其喜恶。

用爻生世心怀喜，主象伤身怒可知。

但得比和情更美，无忧无喜值空时。

用爻生世，则欢喜接谈；主象遭伤，则变颜反目。用世比和，心交契合。用如生世，会晤维持。用世相冲，心同吴越。用若空亡，或不上卦，乃无忧喜，无损益也。

逢六冲永不和谐，处六合终无怨恨辞。

白虎在爻忧损害，青龙临用赖扶持。

只冲难见，岂得和谐？六合易求，终无懊悔。处白虎，身忧损害；见青龙，尤可亲依。明人见颜色而言，智者观喜怒而进也。

探人虚实章第八十二②

察人心地应为先，生扶身世两家欢。

旬内值空心不实，月中犯破意非坚。

---

① 以用爻为主，生克为凭。
② 以应爻为主，不空不绝为佳。

用卦中之应爻，察人身之心地。生扶身世，则宾主相投。彼同我心，则世应相洽。用破旬空，心虚不实。应临月破，意诈非真。

倘来克世冲身命，腹内藏刃性必偏。

但卜六冲无信实，凡占三合有忠言。

彼同朱雀能言语，应并腾蛇每变迁。

应伤世命，口密腹剑之徒。应冲身世，面是背非之子。三刑六害，必生妄语。三合六合，定出忠言。用值青龙心慈善，应临白虎主刚强。玄武奸怪肖象，勾陈性身稳重。口嘴喧哗，惟因朱雀。腰肢曲折，霉似腾蛇。听其言也，则捷给示人。睹其眸子，则倾险莫匿。

用人藏否章第八十三①

凡用他人应上寻，家亲各有用爻分。

日冲月破空亡者，临在斯爻永不亨。

凡若用人行事，或请人代己之劳，或招人而作生涯，或托付而图利益，如用他人，以应爻为主。若占亲戚，以用象为凭。用爻若遇日辰冲，月建破，或落旬空者，皆主不成，纵成无力，又不久远，切莫用之。

用遇绝乡终不美，世遭用克却无情。

六冲反目非宾主，用变刑伤力必轻。

倘若用爻临绝，又无生助者，此人定主无能。用来克世者，实怀欺主之心，彼非仗义之人。若卜六冲之卦，终成反目，岂得和谐？卦上用爻虽然有气，变成克制之乡，或之墓绝，人必先勤后惰，事当有始无终。

以上七般发不犯，方言和悦又多能。

若还世得他扶助，必受渠恩事有成。

应爻并用爻，不遇日冲、月破、空亡、死绝，又不克世，又不变出冲伤，本卦与之卦皆非六冲，便曰宾主相投，用之有力。用爻若来生世合世者，赖以难持，周旋吾事。

---

① 以用爻为主，应象为凭。

仗托人力章第八十四①

佥解京差，每有包完粮税。

审当县役，常多代出公庭。

或央邻里之谋为，或浼亲朋之所作。

身叨彼佑，事赖他成。

前列人之事情，皆附卦之应象。

粮从产出，似有差徭之重；产去粮存，尚多力役之征。或山长水远之迢遥，或人怯丁单之薄弱，不无亲属之托，须情故旧之央。事有万般，卦须一决，诸般仗托，皆看应爻。

应动应冲，此客有更有变；

应空应破，其人无力无能。

最嫌世受应伤，更忌内遭外克。

应值交重，或逢冲动，仗彼终须改变。应值旬空，或临月破，托人决不始终。若应克世，或外伤内卦，皆主其心不善，不得误用也。

财福生身而有益，见官克世以亏财。

六冲则意乱无恒，岂谐岂就；

六合则心平有信，能始能终。

妻财子孙发动，生助世爻，终须有益。若见兄弟官鬼交重，克冲世象，岂不遭伤？六冲作事无成，又无信实。六合所谋遂意，更有始终。

但若诸般之重托，惟凭一卦之端详。

百里倾心，千金重托，全凭一诺之寄，皆系六爻之定。

继身受产章第八十五②

但将身继，欲受他财；切嫌世应空亡，大喜福财生旺。

---

① 以应爻为主，不遇绝空冲破为佳。
② 以世应为主，财福为凭。

世陷则吾非受业，应空则彼不相从。

以己之身，为人之后承继，即是螟侄出姓，义当承祀，继人之志，述人之事，理当如此。受父之产，袭父之荫，古亦有之，在所必然，无足怪者。凡卜续人之后，当看世应之爻。倘若世应逢空，彼此皆成虚望；若得子动财兴，后必荣华富贵。世空应不空，但恐身居不久，纵久亦难受业。应空世不空，切虑父心反变，到底不从我意也。

旁动克身，后被族中争夺。

应兴伐世，远遭本主欺凌。

旁爻动克世爻，产被族中掠夺。应象动伤世象，远遭本主欺凌。

六冲主游荡西东，内愁外怨。

六合主朝欢暮悦，老安少怀。

青龙虽见和谐，财不兴而少利。

朱雀偏生口舌，鬼不动以无妨。

六冲则游荡西东，怨生眷娌？六合则欢歌朝暮，老幼安和。纵有青龙，而财若休囚受克者，但主和偕，终无厚得；虽摇朱雀，而鬼不交重空旺者，纵生咭聒，而不成词讼。

父母勾陈衰败，产业虚浮。

妻财福德兴隆，家资稳实。

妻弱兄强，必主分财夺禄。

儿空鬼动，决然起讼为灾。

产业凋零，父母勾陈衰败。家资稳实，妻财福德兴隆。兄强妻必弱，夺禄分财。子空鬼愈狂，灾生讼起。

财化绝空，有物焉能入手？

合逢冲破，无情岂得安身？

内处无官，恐难成就；

阴阳都动，终见更张。

妻财而化之空绝，银钱那能入手？合处而却被破冲，踪迹何处安身？卦内无官，一世事难成就。六爻乱动，一身终见更移。

事欲绵长，卦须安静。

欲要悠久事基，六爻不动为妙。

防老膳终章第八十六①

鳏寡之徒，仗亲朋而养膳；

孤寒之辈，叨邻友以维持。

世应用爻，空非绵远；

兄官忌象，动岂安宁。

夫妇不幸而自独孤缺者曰鳏寡，爻空不期而骨肉伤残者曰独孤。故西伯有哀茕之政，西京有拜老之行。是老需膳而安，幼求抚而长。有仗亲戚而矜之以养，或托邻友而怜之以恩。此皆恻隐之好生，而穷人之得所也。而今发课何以据凭，可将用爻并推世应。凡占，以世为己，应为他。如占亲戚，各分用爻。且如占婿以子孙为主，占弟以兄弟为凭。世应并用，皆不宜空，空则靠非悠远；又不宜兄弟官鬼并忌神发动，动则岂得安宁？

前后六冲不久，福财而旺为佳。

主象生身昭彼力，用神克世被他欺。

前卦六冲而后卦六冲，足迹岂能长久？福爻旺相而财又旺相，口身永得饱温。主象生身似旱苗得雨，用神克世如枯草而遭霜。

世遭月建相冲，自己将来多染祸；

应被变爻而制，他人日后不兴家。

财无鬼又无，岂能终侍？

世动应亦动，焉得齐心？

外卦兴隆彼命富，内官旺相我身荣。

世临月破，自防身体尪羸；应变克伤，他必田园渐退。财鬼俱无，老少焉能尽瘁？世应俱动，彼此岂得同心？外卦兴隆世又兴，斯人富足。内官旺相世又旺，我得安荣。

① 以用爻为主，世应为凭。

再观生克，永决亲疏。

同血脉者必生生，有瓜葛者必垒垒。故亲则"同气相求"，而"同声相应"。克者不久，冲者益疏，是"道不同而不相为谋"。

养亲馆友章第八十七①

济难扶危，却是留恩于世上；

怜贫敬老，岂非积德于阴中。

诚恐恩中招怨，还须卦里求明。

奉尊奉长，宜扶我以扶身。

抚幼抚卑，忌子孙而伐世。

施粥是赈济留恩，舍资亦怜贫，积德当闻受惠，效劳岂可以怨报德？奉尊长之有德者，父必扶我以生身。养卑幼之无义者，子必忘恩而克世。

养族养亲，怕见用神来克。

膳朋膳友，喜逢应象相生。

凶则鬼兄皆动，吉则财子咸强。

养吾宗亲，忌用之来克。善吾朋友，喜应象之相生。鬼兄动则咸凶，财福兴则皆吉。

世陷世空，己恐迍遭难顾彼。

应冲应动，他多更变岂酬劳。

世应冲非久远，卦爻合最绵长。

世遭死绝或值空亡，日后家业萧条，恐难顾彼。应若交重，或遭冲破，他时彼意变更，必致忘恩，决不酬惠。卦值六冲非久远，卦爻逢六合最延长。

合处变冲，花非结果；凶中化吉，树必成林。

扶人之难，用逢生助可相扶。

---

① 亲族以用爻为主，他人以应象为凭。

救客之危，应破克伤须莫救。

遭祸遭殃遭损害，应克世爻。

得名得利得祯祥，外生内卦。

合处变冲，不结子之花岂能结果？凶中化吉，无心处之柳不意成林。用逢生助，斯人有难可扶。应被克伤，厥后纵危莫救。应克世以招殃，外生内而多吉。

龙值福兴，行止获财而进喜。

雀临兄发，始终费本以生非。

武鬼克身忧失脱，蛇官伤世虑牵连。

进喜得财，子值青龙而发动。生非破钞，兄临朱雀以交重。鬼临玄武，失脱难逃。官遇螣蛇，牵连祸至。

念忧恤孤，宇内修心之道。

施恩布德，寰中积善之家。

然虽吾意无私，倘若彼心有害。

未知后患，故叩先天。

施恩布德，诚积善之人；恤寡怜贫，乃慈心之玉。吾虽实意以无私，或彼虚心而有害。仰先天之不负，庶终吉之有微，倘凡庶之侮人，岂圣贤之欺我。

登舟涉水章第八十八[1]

雇船装载渡长江，问卜须将父母详。

大要合生兼旺相，怕逢空绝及冲伤。

凡雇船装载，须将父母为用爻。如逢旺相，又遇日辰动又生合者，一路平安，百事和谐。若逢空亡墓绝、刑冲克害、月破者，非惟险阻，反有祸患。若凶煞休囚，恐无大利，亦无大害。

子孙动合方方美，官鬼休囚处处强。

---

[1] 以父爻为主，世应为凭。

子孙乃生财之神，若临世用发动及生合者，着处大吉，虽不动临世，亦为佳兆。官鬼乃凶恶之流，遇之不利；若得休囚墓绝，或受制伏，则不能克冲，不论远近，随后方吉；若带吉神克尤可，若带煞发动来克，大凶。

世乃已身嫌墓绝，应为船主莫空亡。

应克世爻遭损害，应生世者遇贤良。

世为雇船之主，应为驾舟之人，俱不宜旬空月破墓绝，最要生合为美。

若应爻克世冲世者，必凶顽之汉，件件欺侵。若加朱雀，口多骂詈。加白虎，好勇殴拒；加玄武，明抢暗窃；加兄弟，狡猾诓诈。休囚稍稍，旺动愈凶。若值旬空月破，必然痿弱，或非惯熟，或是灾生不测。

若应生世合世者，必善良之人，事事可托，和颜承顺。若带吉神扶拱，乃故家子弟出身，一力能扶助，万里可同行。

阴卦包阳难渡海，阳包阴卦好飘洋。

卦属阳，乃轻清上浮。卦属阴，乃重浊下坠。行船重载，远涉江海，只宜轻浮，不可重浊。故阳包阴则吉，阴包阳不利。

内外不宜占艮卦，逢之便作覆舟详。

艮卦者，艮覆碗也。但凡舟行必涉长江，大舟岂占翻覆之兆哉？凡遇纯艮卦、或居内或居外者，俱作凶断。

父母冲刑兼月破，决然渗漏进沧浪。

父母者乃船之用爻，若遇日冲月破刑害者，必定损伤不固，看在那爻，便知端的。若在初爻，船稍有损。若在间爻，中舱渗漏。若在上爻，船头空隙。若值乾宫，上盖不密。若居坤位，下底疏虞。

水官克世防波险，火鬼伤身虑火殃。

土鬼交重忧凑浅，金鬼还愁石蹦伤。

木鬼舟中神祟扰，螣蛇官动主惊惶。

玄武贼偷朱雀讼，勾陈阻节路中央。

白虎灾生谋害起，不临鬼发定无妨。

鬼值五行，不宜克世克身兼克用；官临六兽，切忌伤船伤世及伤身。

水鬼动，风波大险。火官发，荧惑飞殃。土临鬼发，沙浮水耗。金并鬼动，石蹦体伤。木官交和，鬼祟来缠。腾蛇不过惊惶忧虑，勾陈无非迟滞担延，决无大害。玄武防内外之盗贼，白虎虑大小之灾迍，朱雀口舌闲非，盛则以绵绵。大凡不旺不动，稍轻；倘值墓绝，无妨。六爻内外无鬼，乃为大吉利。

风行顺逆章第八十九①

兄弟日辰同克世，飞沙折木飙风张。
二神若也来生者，天赐凉风送远方。

兄弟动并日辰同来克世、冲世者，必主飙风骤发。若在巽宫，或加木爻旺动，乃飞沙走石，折木覆舟之险。若兄弟动与日辰来生世合世者，获"片帆时送滕王阁"之益。

兄生日克风横顺，兄克日生横逆详。

兄弟生合世爻日辰克世者，乃横顺之风，勉强可行。若兄弟冲世克世，虽有日辰生者，亦是横逆之风，不可轻易举行者也。

兄空木绝风当息，水静官衰浪不狂。

兄弟若值旬空月破、水木二爻俱静，鬼亦休囚，又无风波白浪二煞，决主风恬浪静，坦坦前行。如二煞旺动，亦有小咎。《风波煞例》云："正月从子上顺行。"《白浪煞例》云："正月从寅上顺行十二位是也。"

乘车驾马章第九十②

乘车驾马游郊墅，福德爻兴稳稳移。
官鬼爻重防坎坷，世空来往切非宜。

陆行远道，必仗鸾舆骡马。皆得子孙旺发及生扶，则车马安逸，来往

---

① 以世爻为主，兄弟日辰为凭。
② 占马以上爻为主，同车以父象为凭。

无虞。若鬼动克冲，或世值空者，必主灾非道险。

　　午宫值鬼休乘马，木象临官弗受车。

　午为马匹之本禽，木属车轮之用爻，若临官鬼，各为大忌。

　　应克世爻兄弟动，马夫车汉恐相欺。

　世乃占主，应是从夫，若克世爻，又加兄弟凶煞动来冲克，衰则欺凌，盛则残害。

　　六空骡马终无力，父旺车舆必整齐。

　骡马之位，乃在六爻，车舆之相，系是父母。若逢生旺，则骏马高车；倘临休囚，必定羸骡敝辇耳。

　　折煞如兴忧跌蹼，勾陈若动路行迟。

　攀鞍乘辙，谨访跌蹼；爻有折煞，决罹此危。衰静则稍稍而已，旺动则大患伤残。爻有勾陈独发，路途多阻滞留，遇吉则因喜而阻，逢凶则祸患而稽。《折煞例》云："正月在酉、二月在未、三月在卯、四月在子，五月又从酉上起，照例而行。"

水陆出行章第九十一[①]

　　出境须忧官鬼兴，官爻静伏决清宁.

　　龙摇万里咸和合，子动千乡永太平。

　凡人远行，切忌官鬼发动，若得静伏，或值休绝，亦作清宁之断。或青龙发动，或子孙发动，或持世，皆主太平之象，顺意往返无虞。

　　世值鬼爻兼世墓，皆为阻节去难成。

　　归魂亦不离乡井，世落空亡岂得亨。

　世值官鬼、世入墓乡、世在归魂、世落空亡，俱为凶象，终难举步，纵在勉去，必见灾殃。

　　克世之方身莫往，生身之所却宜行。

　假如世爻属土，不可东行，乃能克土之故。若世爻属水，惟利西方，

[①] 占自己以世爻为主，占他人以用象为凭。

乃金能生水之益。凡卜自身，以世为主；若占别人，以用而推，不可概论。

用临月破灾难解，兄鬼加蛇被险惊。

若用爻被克被冲、或值旬空月破，去后灾危迭至，虽遇吉神，终难解释。兄弟官鬼若加螣蛇发动，必有虚惊，轻重之辨，休旺而推。

又忌明夷节艮坎，四般卦象最无情。

出行远回，不免登山涉水，凡看卦休爻象，不可忽类而推。

且如明夷者伤也，节者止也；艮者止也，又为覆舟；坎者险陷也，皆系无情，岂为佳兆？

官居玄武财当失，朱雀临时口舌生。

官鬼动，不拘生克，皆不吉。临玄武，途遇强梁，衰则窃而旺则劫。若临朱雀，道逢奸狡，衰则唔而旺则讼。临白虎有斗殴之怨，临咸池有觅水之惧，总非美例，学者详之。

同行共处章第九十二①

同行共处应为尊，切莫冲伤世与身。

若见落空并月破，丝毫无力负吾恩。

如来生合身和世，永赖维持若至亲。

同行共处，应为用爻。与世相生相合，必然言听计从，迤路艑桓亲切。若值旬空月破，决主负义忘恩。倘如玄武劫杀之类，或来克世，或动冲世，总不为良。衰则嫉妒，旺则相戕。

三合一途皆遂意，六冲半路便灰心。

起居亏损摇兄鬼，水陆清安动子孙。

爻逢三合或六合，万里同行情最切。卦位六冲或六害，半路抛离心反背。若兄弟官鬼交重，行住坐卧条尔生非。子孙吉神若动，陆路水程自然获福。

---

① 以应爻为主，用象为凭。

但卜他人依此断，凡占亲戚用爻寻。

若卜闲人，只依此断。如占亲戚，却看用爻生克而推。

关隘津渡章第九十三[①]

人往途中问过关，应来克世却烦难。

官空子旺无盘诘，虎动兄兴有阻拦。

凡占关隘，以官为把隘之役，兄为阻隔之神，不可动，不可旺，又不宜应来克世。若官动生非，兄兴费财，虎动被责，克世皆然，无中生有，万般阻滞，大不吉利。如得子旺官空兄墓绝，查无盘诘巡拦之辈，如入无人之境。

一鬼交重难过关，六爻安静好通番。

官鬼独发，虽疏林野渡，决难过越。若得六爻安静，纵汉岭秦关，任凭来往。

旁行小路偷关税，须要青龙德兼间。

朱雀喧争人毁谤，勾陈阻隔物伤残。

旁途小路私行偷税者，须要龙德兼全，或动或持世，方获吉利。若值朱雀，口舌哓哓；若临勾陈，阻节淹淹。谩寻冲散之期，免决潜行之路。

世旺逢生逢善侣，身衰遇克遇强蛮。

世位有相，朋侣忠良。若加动爻或日辰来扶，定仗贵人相契。世爻衰弱，旅伴甲微。又遇凶神来克，决有奸凶来害。要知吉凶，衰旺可推。

旅望行人章第九十四[②]

凡占出路之人，非比还乡之客。

问归期而归魂可到，占往外而游魂可来。

---

① 以福神为主，世象为凭。
② 以用爻为主，月卦为凭。

162

应陷用爻空，还居家内。

身兴主象动，必往途中。

凡占行人，各有不同。且如人在外乡，又占后人来否，若得游魂，已登途路。若遇归魂，尚在家庭。应陷用空，留恋家闱难登程；身兴主动，扬鞭策马已登程。

六冲尚未相逢，六合即当相遇。

一卦皆安人未至，六爻乱动客将临。

卦值六冲或六爻安静，望断征鸿无信息。爻逢六合或六爻乱动，立见他乡遇故知。

世去伤他，徒然等候。

用来克世，不负邀迎。

世克用爻，决定不来，徒然等候无功。若用来克世，不待邀迎，即来会合。此理重要。

忌众爻重难会面，元神发动易同言。

忌神发动，被人牵羁难行。元神发动，良朋携挈同来。

应及卦身，合时可望。

日同月将，生用方来。

卦身或用爻与日时相合，日辰或月将来生用爻者，遥观车马填门，停看舣航抵岸。

用化官爻他被讼，主临月破彼遭灾。

用爻若变官鬼，公庭讼累。主家忽临月破，逆旅灾缠。

欲决来人迟速，惟凭爻象兴衰。

行人远回章第九十五①

世克用爻人未至，用爻克世许他归。

须问占者何人，详为用爻。若世克用爻，行人尚是逗留，未有归期。

---

① 以用爻为主，月卦为凭。

用爻克世，已为辎装，刻时可到。

如临绝处求生日，凡在空乡冲必回。

用爻逢绝，须看那日来生，乃是治装之期。用象若空，必求冲日，方挂归帆。近以日断，远以月推。

若乃卦中无主象，候观值日散愁眉。

卦身合日方言到，用遇生扶可接陪。

若卦中内外及互变飞伏俱无用爻，是无主象也。直待日辰透出，乃是归期。卦身者，即月卦也。与日相合亦作归程。若干支相合，决到无疑。《经》云："假令丙子水为身，辛丑日辰以时道。"若用爻遇动爻并日辰生扶者，皆是归来之兆。

卦静应空皆莫望，六合归魂共举杯。

六爻安静或值空亡，莫去倚门凝望。卦逢六合或遇归魂，即返故园欢会。

音书远信章第九十六[①]

书柬来时父母兴，父空雀动口传音。

应爻空绝谁捎寄，妻财持世信水沉。

卦中内外父母兴隆，千里书文传至。父母空亡，朱雀发动，数声音信传来。应爻空绝，书柬写成无使雁。财爻持世或发动，当知音信已水沉。

父带青龙为喜信，如临白虎作凶文。

须臾得见因朱雀，中途阻隔为勾陈。

父母带青龙，赍来喜庆之书。印绶临白虎，报传凶恶之文，加朱雀遍传迅速，逢勾陈阻滞淹留。

印绶化空遗失去，逢冲偷折看虚真。

父母化空，中途遗失，决难寻觅。印绶逢冲，被人偷开窥视情由。

那日父临生旺合，决然相遇带书人。

---

① 以父母为主，朱雀为凭。

欲觅寄书之人，须看父母之爻，临生日可见，临旺日相逢，临合日会晤耳。

觅人访友章第九十七①

访友寻人忌六冲，游魂他必往途中。

应空应动人非在，宾主相逢世不空。

爻值六冲，亲不见，友难逢。卦是游魂，必在邂逅之间。应爻若空，应爻若动，其人已出外矣，决不在家，几遍登堂难见面。世位不空，世位不动，不期而会，面睹欢娱。

若觅他人外卦取，如寻亲族用爻从。

但临空地终吁叹，相合相生便得逢。

若寻外姓他人，以外卦为用。若寻亲戚族人，以六亲为用。若生合我，可寻可见。若值旬空，或临月破，萍踪浪迹，何处追随。

中途候客章第九十八②

凡候邻朋，应位怕临月破。

但迎亲戚，用神忌值旬空。

如卜官员官莫陷，若占僧道福宜兴。

凡途中守候之人，各有用爻。若邻舍乡里之人，以应为用。族中亲眷，以六亲取用。有禄之人，以官鬼为用。僧尼巫道，以子孙为用。其用兴隆生合者，楚客吴宾终会合。若遇旬空月破者，鱼沉雁杳永无音。

游魂但化归魂，转回故里。

世动再加应动，复往他乡。

游魂变作归魂，旅商获利，跨鹤还乡。世动又兼应动，骚人乘兴，泛

---

① 以世爻为主，外卦为凭。
② 亲族以用爻为主，他人以应象为凭。

棹他邦。骚人，诗人也。

  世破世冲，自己无心久候。

  应空应绝，他人无意来迎。

世位或冲或陷，自己灰心难等。应爻遇绝遇空，他人事纠难来。

  世应二爻生合，声未绝兮相逢。

  内外两卦刑冲，眼望穿而未遇。

世应相生相合，邂逅三生有幸。六冲之卦，望穿两眼无踪。

  日伤应位，当日难来。

  时克他爻，过时方至。

日来克应，定知当日不来；时来伤用，便待过时可遇。

  旁爻动合应爻，遇朋留款。

  彼象化成空象，见路游行。

若见旁爻动合应爻，故友相邀留恋。用爻若成空象，寻花问柳闲行。

  捕贼捕逃，必要世爻克应。

  迎待亲朋，须得用爻生身。

  生克了然，吉凶自应。

捕获盗逃，必要世爻克应。迎待亲朋，须得用爻生世。斟酌吉凶义理，参详衰旺玄微。

招宾接客章第九十九[①]

  涉险趋遐，揽接货财通贸易。

  扫门下榻，惟全信义款佳宾。

  未议商人之美恶，须凭易卦之精微。

  月合福生于世象，定接忠良。

  日冲应克于身爻，必招奸佞。

[①] 以应爻为主，福德为凭。

开张行次之得失，招纳商贾之往睐，难免奔驰，未知凶吉。若月日生世，子孙生世者，定有忠信之人千里来投，财利岂饶，信义允协。倘日辰冲世，应爻克世者，决有奸佞之徒，一朝聚寓，非惟无利，抑且有害。

六冲乃宾主无缘，空来空往。

六合乃始终有利，能遇能逢。

合处逢冲，纵得来而复去；

冲中化合，虽未就以还成。

六冲之卦，杳无客至，空在长途等候。六合之爻，定有商临，兼带丰资到舍。倘遇合处逢冲，车马临门而复去。若得冲中化合，或被阻隔毕竟来归。

应空则宾不能招，纵招不至。

世陷则主不能得，纵得难谐。

应落空亡，则无客商，纵使接而不来，来而不久。世遭空陷，自无力量，勉强而为，为而不振。

兄爻合应伤身，同类人唆人去。

应动化爻合世，忠心客引客来。

妻强子旺，倍得财源。

父发兄兴，反亏资本。

兄弟者，为诈为虚，又为伴侣，若动来合应而伤世者，乃同行之人设计唆挑，决然宾主反目绝交。应爻是客，又是主顾，若动变合来世者，乃忠良之客，辗转举荐，必是商贾填门。子财俱旺，财利倍增，父兄并发，本资当失。

无福则休迎其客，无财则莫望其资。

无鬼则所为不就，无身则所作不成。

既明奇偶，便见亏盈。

卦无子孙休迎客，爻内无财莫望财。无世无身难成就，无官无鬼主无商。大象盈亏，用心斟酌。

陪宾优劣章第一百①

家延门客号陪宾，应上还须论浅深。

不动不冲能久处，不空不绝永欢忻。

陪宾者，乃宦豪之幕主也，以应爻为用。但喜不动不冲不空不绝，即攸久相处而无间阻。若得世应相生，彼此和谐之兆。又云："应生世，乃客来求谒于主。世生应，乃主去聘宾耳。"

应如克世宾欺主，鬼雀兄摇惹祸临。

若应来克世，必定宾欺主人。若带龙德贵人来克，是逞多能碴势，欺压主人。若带劫杀凶神，必奸佞狂妄，侮贱而已。若合财爻，兴奴仆同欺；加咸池玄武，恐恃淫乱而至此。若得雀虎兄鬼临克，又或兴旺，决致祸患不宁。

福德交重奸佞灭，六冲不日两灰心。

子孙发动，或生世或生应，名为解劝之神，群奸自退。倘值六冲，彼此情疏，渐渐分散矣。

倘然幕府迎参赞，独喜官兴忌子孙。

凡公门将佐、师府参随之类，最喜官兴财动以生扶，惟对子发兄摇而克害。

---

① 以应爻为主，福德为凭。

易林补遗贞集卷之十

交朋结友章第一百一[①]

交友往来如手足,卦中兄弟忌空亡。

交友者,各有不同,有同气连枝,有邂逅乌合,或同艺业,或同游侠,或长幼之不同,或贵贱之嫌避。既为朋交,兄弟可推,不宜空绝。

世空我意多迁变,应破他心每改张。

相合相生如管鲍,相冲相克如孙庞。

比和彼我无高下,世位卑忧应克伤。

世空世动,则我之犹豫未决。应破应虚,乃彼之更变不常。若世应生合者,情孚契合。世应克者,两必参商。世应生合,必为攸久和同,而无彼此。惟独应克世爻,占者大忌。

结议官员官鬼论,相知僧道福神当?

男占女色财宜旺,女卜男情鬼要强。

又论用爻,假如官员之人,以官鬼为用;师巫僧道,以子孙为用;朋友结义之类,以兄弟为用;男占女以财为用,女占男以鬼为用。余皆仿此详之。

用爻若也伤身世,来往终须反受殃。

合世生身终有益,用临空绝少祯祥。

用爻固不可无,如有而来克世者,不惟无益,反受其亏。必得生世合

[①] 以世应为主,生克为凭。

世，方好信义益友。用临空绝之乡，彼此非美，交朋大忌。

雀同鬼发招非讼，合处逢冲岂久长。

朱雀招唇吻，白虎作凶强，玄武奸盗兴，同官鬼而动者，乃鸡豚狗寻，同群奸盗，诈伪靡所不为，讼非种种而生，岂可交结乎？又凭合处逢冲，交朋合侣若然犯此，聚不多时，意冷情寒，渐渐而解矣。大意不成，亦从此决。

纠合伙伴章第一百二[①]

凡去纠人，先究相生相克；

如来合伙，次凭相合相冲。

主若生宾，挈人之美。

应如扶世，益巳之为。

凡纠人合伙者，须看卦中生克冲合，便见吉凶。若世生应爻，或内生外卦，皆主扶人而得成，引入而得进；如应生世，或外生内者，必然委之而得力，赖之而有功。

吾克他爻，久服吾之驱使。

彼伤我象，终被彼之侵亏。

卦得比和，虽异姓交如骨肉。

爻逢冲击，纵亲人一似冤仇。

凡占以世为我，应为他。世如克应，彼必心悦诚服，愈久而如坚。若世被应克者，其心不善，定见侵欺。世应若得比和，彼此相得，情同管鲍。卦若六冲，两心相反，仇若孙庞。本卦虽吉，若变出六冲，或合处逢冲，是皆有始无终之兆也。

倘合长亲，父宜合世。

但纠下辈，子忌冲身。

如纠伯叔上人为伴者，父作用爻，官宜旺相，生世合世尤佳。若合子

---

① 以世应为主，生克为凭。

侄下辈同处者，子为主象，大忌空亡，又不宜冲世克身也。

共作生涯，财绝兄兴皆费本；

同行买卖，世空应陷两无情。

凡合伙生意，须要妻财有气，兄弟休囚，世应不空，方为大吉。倘若财临空绝，兄又交重，反亏资本。卦内财爻纵旺，倘若世空，则自心疏懒，应空则他意更张。世应俱空，两无情况，岂成伴侣乎？

问利有无，察财爻之消息。

观人勤惰，凭用象之兴衰。

问得利之多寡，惟看财爻，旺则多，而衰则少，空则无。财克世则有，世克财则无。要知人之勤惰，当察用爻，旺则勤俭，衰则疏懒，空则无能无力也。最喜财来克我。

投行损益章第一百三[①]

宾来投主，难知美恶之心；

货脱求财，未审浅深之利。

惟凭神卜，方得忠良。

凡占脱货求财，必托牙行专主。忠信者固有，奸伪者亦多，易观面貌，难议心田，欲从善美，谩看吉凶。

官若兴隆，行主有千触之力。

应如空陷，牙人无毫忽之能。

官旺应又旺，主人命亨心实，行确言忠，四方信服，千金尽托。应空官又空，其人家发必险，力竭能丧，外张声势，内蓄侵欺，不可交游，远之远之。

世被应伤，忧人抖欠。

财遭兄克，虑彼侵欺。

应克世爻，旧帐且延新帐，久难清楚。兄克财爻，后货那偿前货，终

---

① 以应爻为主，官鬼为凭。

被侵欺。

　　兄动则货难脱卸，子兴则物易交关。

　　兄弟动阻隔迭生，货难罄脱。子孙兴价值屯增，利息培厚。

　　买物反要财衰，更要身持兄弟。

　　脱货正宜财旺，兼宜世值官爻。

　　将钱买物，财衰易得，又宜世克财爻。若脱货求财，妻兴可去，偏喜财爻生克世爻。

　　兄雀并摇，难逃口舌。

　　武官同发，不免穿窬。

　　朱雀随兄动，时招咭聒。玄武并官兴，每遭盗贼。

　　世应对冲行却改，财官共合主方投。

　　飞伏阐明，行藏自定。

　　世冲应，应冲世，其行或改或移。鬼合妻，妻合鬼，其主堪投堪托。精详飞伏互变，断决休咎行藏。

求财觅利章第一百四①

　　将财求利财为用，凡值旬空月破凶。
　　旺相生身兼克世，金银倍得利无穷。
　　财源增益摇福德，资本亏伤动弟兄。
　　父发助兄能克子，生涯有始定无终。

　　将本求财，以财为用，不可空无。如遇旬空月破，不但无利，本亦亏折。如若旺来克世者，利息津津。生世者，财源滚滚。若得子孙发动，乃生财之神，财如源水流而不竭，故《经》云"子动会青龙，乃生财之大道"。若兄动而子不动者，本利俱无；若父动而兄不动，更加白虎，乃在克子孙原神，财无生助，故《经》云"父兴临白虎，为绝利之根源"也。

　　空拳问利宜官旺，财作元神莫犯空。

------

① 将本以财爻为主，福德为凭。空拳以官爻为主，财象为凭。

反怪子兴来制鬼，不嫌父母值兴隆。

空拳问利者，九流之辈，工匠餐食之流，皆名白手求财，以官为主。须要兴隆生世合世，又喜财爻兴旺而来扶助，此为大吉。犯忌子孙动，动则伤官，而用无用也。父母发动，空拳无害，将本为殃。将本为殃，即有资本者遭殃。

衙门但怕官伤世，店肆惟愁卦六冲。

走水官衰无险厄，祝巫鬼旺有神通。

公门之役，官为用爻。但不可伤世，若加白虎，必有刑之忧。店肆肆业，切忌六冲，冲则主顾难聚，货物不起。若涉江湖而觅利，风波不险全赖官衰。惟有圆光召将，施符设咒，太保师巫等类，必仗官兴鬼旺，其应如音。《经》云："请师来巫水祈延术，蓍龟之卜，官旺合真人之应，法必高明；鬼空无野祟之灵，道非通撒。"

血财更虑文书发，顿货财衰利转浓。

脱物用爻宜发动，开张主象莫交重。

若是收养六畜，偏怪父母交重，而克害子孙者，则畜不长而财利轻。顿货偏要财爻衰弱而可置，脱货最宜财旺而动则易泄。开张店业，只要财静。纵若举动，必定败移。

梨园不忌官和弟，搏戏犹嫌鬼兴兄。

屠户官宜临白虎，空门子要带青龙。

搬演走戏，傀儡偶儿等类，不是一人所为之事，又要主顾来寻，兄弟为之伴侣，官鬼为用爻，若得两动，方为全美，故云不怕官兴兄发。博弈赌钱关采争胜，乃系财物往来而决输赢，兄弟耗财，官鬼克剥，若值兄隆鬼旺，必致全输。屠宰之流须见血，必得官骑白虎。空门修道要安然，惟祈子跨青龙者也。

抽丰却喜财官旺，合会须忧世应空。

开矿淘沙兼取藏，伏财有气福骈从。

抽丰者，晋谒侯门，饕食伊利，以官为用。惟喜官旺官生官合，彼必慨然厚赠；又得财动助鬼，则积心遂意。而合会者，纠集亲朋，凑财济急，以世应为主。但得应爻生世合世，乃易成易得。若应空他人见却，应被日冲月破，或兄弟动冲，皆主被人扰阻不成。若世空，我不能兴，虽兴物难入手。若世应两空，或值六冲，则彼此灰心，难济其事。地中宝乃藏而不露，但只取伏财为用，须要有气可获。沙内之金乃埋而未吐，必得财隐旺，土动而变化，淘之方有。劈山开矿，破石寻珍，以此无异，一理同推。

又云："欲知何日得钱财，但逢合处定欢谐。"

凡一应求财，要知何日到手，但以日辰生合财爻是期矣。《经》云："财合日辰，方能入手。"

死绝财爻生日得，太旺财爻死墓来。

财爻逢衰绝之地，必得日辰生扶，乃可得之期。若财爻太旺太多，决定墓日方有。故《经》云："财逢墓库，便可归还。"又云："多财反覆，必须墓库以收藏。"

卦中有福无财者，财星值日也开怀。

六爻无财出现，虽有子孙，尚未可获。必逢财爻值日，物乃归囊。

开张店肆章第一百五①

开张口诀无多语，卦内须求财福全。

福德临门人济济，妻财持世利绵绵。

空拳财鬼皆宜动，将本财官各要安。

开张店业亦有二端：

将本求财者，以财为用，须要财子两全。财兴则财源炽盛无穷，子动则主顾络绎不绝。但不宜兄动，又值世克财者，纵是勤谨之人，终无利息。故《经》云："世克动财，若越沙场之马。"

空拳问利者，以官为主，必得财鬼并值。财动则助鬼，鬼动则发财。九流之术，无中生有，空手得财，故《经》云："空拳问利，官爻喜遇兴隆。"

---

① 将本以财爻为主，福德为凭。空拳以官爻为主，财象为凭。

若遇六冲兄弟发，定是开张不满年。

卦值六冲，不论将本空拳者，毕竟不成，成来不久，岂有利禄哉？若兄弟独发，将本犹嫌，空拳无忌。

又云："世动己心多改易，应空伙伴再宜更。"

世为自己，岂宜发动，动则心有变多端。应为伙伴，亦宜安静，动则怀反背之心，空则无能，亦不久远，若动而克世者，尤当欺害而分离。

财化鬼兄无结果，财之子象有收成。

财为根本，不可更变。若化鬼变兄，则财被耗散，两途无益，终难结果；若财化子孙，则利禄津津，永久无缰。

收顿货物章第一百六①

凡占顿货，先访脱期。

有迟速之不同，取旺衰之名异。

近买近卖，于本月当旺相而得财。

今置后脱，于经年值休囚而有利。

置买货物欲求利息，专看迟速之期，可觅厚薄之财。近买即卖求目下，财旺之日而利入手。今置后脱待年馀，财逢生旺之日而可入囊。

且如冬藏夏货，宜巳午之财爻。

秋放春收，喜卯寅之妻位。

夏育冬鹭利见水，春培秋菓要逢金。

假令冬收夏发，乃夏旺于火，在四五巳午之期有财。秋置春卖，乃春旺于木，故正二月卯寅之期大吉。夏养冬鹭，乃冬旺于水，是十月十一月亥子节而得利。春种秋收，乃秋旺于金，在七八月申酉之令而财可得。

买时世克财当贱，卖时财克世为高。

兄临月将，价不长而宜收。

财值提纲，利当兴而可脱。

---

① 以妻财为主，衰旺为凭。

但世克财爻，或兄临月将，或财值休囚，皆系价值贱而货宜买。若财爻克世，或财值月建，皆属货价高而利倍增。各赶其时，不可错也。

内宫为目下之时，外卦乃未来之节。

内强外弱，必前重而后轻。

内弱外强，必前轻而后重。

凡内卦为近时，外卦为远期。内卦旺相外卦衰，彼决见前贵后贱。外象强盛内象无气，必然后重前轻。

置脱用子孙发动，始终嫌兄弟交重。

贵贱趁时，盈亏据卜。

大凡脱货置货，最宜子动，子动生财；独忌兄兴，兴则克财。大概如此，据理推详。

托本求利章第一百七[①]

凡将资本借亲邻，房室舟车赁与人。

凡放债求息并物件与人取利者，或将房船车轿赁与亲朋同断。

卦有子孙逢善客，爻逢官鬼遇强宾。

妻财最喜临生旺，兄弟单忧克世身。

爻有子孙妻财，或旺相或生世合世克世者，有财有利。若遇官鬼兄弟发动，冲世克世者，多耗多非，若动亦非吉象，切宜忌之。

世空我必心多变，应陷他须意不真。

应克世爻遭虎噬，外伤内卦被鲸吞。

世空则我不情愿，应空则他必灰心。世应两空，彼此皆休。若应克世爻，他必狠心欺赖。外伤内卦，亦彼不良，必致忘恩负义。

上下彼我无相克，异姓相交胜嫡亲。

应生身世外生内，借主常思了债根。

贞悔比和世生应，也主和谐无异心。

[①] 以妻财为主，世应内外为凭。

内外比和，世应相合，乃尔我和顺，同胞无异。若应生世、外生内，是信义不忘，利资不少。世生应、内生外，或比和，亦主义中取利，两意绸缪永久耳。

六合百年颜带悦，六冲旬日面生嗔。

前合后冲交不久，今人却要细沉吟。

六合之卦，鱼水相投。六冲之卦，冰炭不投。前合后冲，聚而不久两分离。前冲后合，分而再合交还可。

索取债利章第一百八①

索债还从世应寻，应爻生世必欢忻。

世临兄弟财难取，应陷空中物送人。

放债本图利息，日久人心更变。若应爻生世，不负信行，遂有偿还之意。世临兄弟，财亦休囚，必然被骗。应落空亡，彼非逃故，亦是贫乏无力而还也。

应值鬼爻如克世，彼生恶计赖其银。

应逢兄弟伤身命，口是心非定不仁。

应值鬼爻克世，应临兄弟克世者，皆主不良。口吐污秽之言，心存奸险之意，不惟无利，资本亦亏。若加雀虎，反有祸非。

纵若鬼兄临此应，不伤身世静非嗔。

但应爻临兄临鬼、静不伤世者，虽见迟延，终无抵赖。

如带文书迟可得，应居财福遂吾心。

子兴财旺兄爻静，本利无亏倍获金。

如应临父母不克世者，或加勾陈，不过迟迟而已，终久有财可得。应值财爻，或临福德，纵不生世，财亦如心。若得子兴财旺，兄弟或休或静，本不亏而利倍获，乃上分大吉之卦。

兄动财空连本失，鬼化为财须诉论。

① 以财爻为主，应象为凭。

兄弟动或财空，本利绝望。若鬼化为财，必经官追诉，方可得之。

借贷财物章第一百九①

借求资本要财兴，财不空亡无改更。

生合日期方可得，六冲爻象定虚名。

借本经营，须靠财爻旺相，或不落空，或生世克世，决然便得，而无阻隔。然待日辰生合财爻之日，方可到手。六冲之卦，万事无成，岂有得财之理者也，休望。休望。

世应不空兄不动，无财有鬼也须成。

后查何日财爻值，便是人间交兑情。

世应俱不落空，兄弟又不发动，乃无阻隔之神，虽无财爻上卦，而有鬼爻出现，必主得财。要知何日得财，财值之期是也。

凡若间爻空与绝，其间中保定无能。

一卦之中两间爻，系为中作保之人，但得旺相生合，决然扶助；若遇空遇绝，乃无力无能，不能赞襄耳。若动来克世者，反生嫉妒阻挠。

日辰冲应遭人破，月建扶财囊可盈。

日辰冲应，或加朱雀交重，必被谗言破阻。日月生用，或加青龙福德同宫，决然财盈囊橐耳。

借贷衣舟寻父母，那移禽兽子孙凭。

凡借贷之物，各取其用，冠服文书舟车器皿之类，父母为用。飞禽走兽鳞介生气之物，子孙为用。兴隆大吉，空绝大凶。

摇会得失章第一百十②

摇会求财忌六冲，财官不失便亨通。

---

① 以妻财为主，世应为凭。
② 以财爻主为，世象为凭。

世无空破财不绝，管取其银入手中。

摇会者乃实银赴会，祈而得之，最忌六冲，冲者散也，岂能成会而得财乎？惟要财官并见，生合世爻者，必得自然之利。财世两爻，值空值破值绝，此乃用爻被害，乃无用也，会岂得成，而银岂得济哉？

兄爻持世兄爻动，世或空亡财或空。

兄弟者，乃阻耗之神，岂宜持世？又或发动卦中大忌。世为主者，财为用爻，安可落空？爻中值此，定是会不财不得。

无鬼无财皆不实，定然空去费心功。

卦内无财则无财利，卦中无鬼则无张主，皆不成事，则枉费心机，徒然一番话柄耳。

变产求财章第一百十一[①]

要知产业何时脱，财值提纲便可抛。

世应相冲多退悔，勾陈持世永坚牢。

变卖产业，但看财爻生旺月日，便可卖去；财爻衰弱，终难交易。世应相冲，彼此退悔，两不成交。勾陈者，乃职专田主，又为迟滞之神。若持世或动者，决难更变，永久无移，《经》云："勾陈职专田土，凡事终见迟留。"

应居空破谁人买，卦乏官爻孰与交。

应生合世妻财旺，争夺相求价必高。

应爻为承买之人，若落空亡，乃无力成交。日辰冲破，被人挠阻。故内外无官，亦难成事。应爻生世合世，又或财旺来生合，纷纷争夺，产价顿增。

兄动财安难脱卸，鬼加雀动讼非招。

兄弟若兴，财爻安静，又或空衰，决然难脱，不必多疑。若鬼鼓雀噪，必有讼累非招，牵缠不泰。

---

① 以应爻为主，财象为凭。

博戏求财章第一百十二[①]

呼卢博戏忌兄兴，子绝财空赌不亨。

赌钱博奕之事，若兄弟兴隆，必被抽筹穷码，明取暗耗，色不顺而心不快，财物当输。若子财不空不绝，稍稍而已。一逢空，纵有万贯囊资，浑如片雪投汤。

世克应爻我已胜，应来伤世被他赢。

世为自己应作他人，倘不伤克，彼我无异。克有数端：旺相能克休囚，休囚不能克旺相。安静者受克，发动者难伤。故《经》云："静休当受克，兴旺决难伤。"世克应爻者，我当全胜，必满心称意而返。应伤世象者，我必大败，尽囊倒橐而归。若旺世而生休应，若带财子亦当大胜。不带财子，稍得数文而已。旺应而生衰世，则彼来随我，无不吉利。世应比和相生，彼此谦让胜负无偏。

应空难遇输钱客，世陷还遭资本倾。

若应值空绝，场中寂寞而无对手。世当冲陷，袖里空虚惟剩空拳。

鬼静兄衰财福旺，君回定唱凯歌声。

若遇官鬼安静，兄弟衰绝，财爻旺相，子象兴隆，乃获大利，爽心遂意，复游笑乐而归矣。

捕猎畋渔章第一百十三[②]

渔猎皆宜财旺相，爻中无鬼莫兴张。

财官两备方能获，一象逢空便不昌。

凡渔翁猎户来占，惟取财官为用，卦中缺一便不为美，必得财旺官隆并见，乃渔得巨鳞，猎擒大兽。若财鬼二爻一值空亡，则鹅飞戾天，鱼跃

---

① 以财福为主，世应为凭。
② 以妻财为主，世应内外为凭。

于渊，空张戈矢，而不能御。

世克应爻内克外，管教年得利非常。

外爻克内应伤世，枉费心机空自忙。

世为人应为物，内为人外为物。若我克物，渔猎尽善俱获大利。若物伤我，纵有强弓硬弩密网张戈，决难捕捉。

世落旬空兄弟动，纵然有物不收藏。

若世值旬空月破，乃自无良技奇能，或有兄弟发动，定是灵禽异兽，怪鳞智介，毕竟高飞远遁，而难收捕。

安寄财物章第一百十四①

物寄他家宜财静，官衰子旺无妨。

货藏彼处畏兄兴，世破应空有失。

如占寄顿财货于他家，须要财爻安静，官鬼不动，子孙旺相为最，兄弟发动不美。世爻被冲，应落空亡，毕竟消耗财物，伏托岂为美哉？

应伤衰世他非善，世随鬼墓我非祥。

世为我应为彼，而世不可空，若被旺应伤克衰世，他必非是善良之辈。或世随官鬼入墓，而我亦不为佳。

财为主象，忌入空亡。

静无后患之辞，动有变爻之论。

货物悉以财爻为主，当形象于六爻，切忌空亡无气。财明沉静，则久久无损。兴发则有变动之机兆也。

化绝化空，终遭亏损。

化兄化鬼，岂不成伤。

动者化之机括，化者动之变迁，如财爻一至于化绝则绝，无可生之理；或财爻一至于化空则空，宁有盈实之时。故曰终遭亏损。兄弟乃克财之神，化兄则财遭剥伐；鬼爻为泄气之辈，化鬼则财被侵谋。故曰岂不侵

---

① 以妻财为主，世应为凭。

伤者也。

化子化财咸吉庆，化生化旺永平宁。

子孙是福神，生财之母也。财爻为主宰，安寄之司也。咸皆吉庆，是为至理。财化生源，物化旺相，永获平宁，而岂妄焉。

化水防上下之玄冥，亥子父动皆然。

玄冥，水神也。财化水爻，或卦申水火发动，恐遭上漏下湿而致腐烂也。

化火防内外之祝融，巳午鬼兴同意。

祝融，火神也。财如化火，或爻中火鬼交重，应虑内失外延，焚如之惨。

遇玄武，恒忧偷盗。

逢朱雀，每恐生非。

玄武是贼人，恒者常也，常常忧盗贼侵偷子财。朱雀唇吻也，每亦常也，每每恐怕激生口舌。

六合最宜寄顿，六冲岂可安藏。

六合之爻，或日辰合世应，大官寄财顿物，因其彼此心口投机。六冲之爻，或日冲主用，不得安货藏财，为其付托，后有更变也。

后之学者，宜细参详。

总言受读之者，更宜参酌推详，不可以其易而忽诸。

取赎人产章第一百十五①

收回人畜产和书，赎取衣衾宝其珠。

俱怕六冲兄独发，还嫌世位值空时。

但凡回赎男女、离兽、房产、车船、书籍、衣饰珍宝之类，皆忌六冲之卦。兄弟为阻节之神，不宜独发。世象乃赎物之主，最怕空亡。

更愁日月来冲世，合处加冲变定知。

---

① 以世爻为主，栢象为凭。

应克世爻难合就，用空鬼失叹虚辞。

凡占以世为自己，最嫌日月来冲，又怕应爻来克。世应虽逢相合，若被日主或变象冲开，初当允谐，后必悔更。世象纵无冲破，倘若用值旬空，或卦无鬼，岂得如心，决难回赎。

诸般不犯方为得，见一徒劳意相痴。

再问所求何物件，用爻入卦原能如。

但占回赎货物，所忌六冲兄动，世空世破，合处逢冲，用象落空，六爻无鬼，以上数端毫无所犯者，事必胜心，物能返璧。如犯忌爻，终当绝望。细查所赎何物，方定用爻。问妻仆而看财爻，占书籍而观父母，占禽兽而推福德，赎田地而察勾陈，若得用爻上卦，不值旬空，便能如愿。

探物真伪章第一百十六①

物之真伪却难凭，爻察虚盈必有因。

僧道兽禽凭福德，神仙妖怪鬼为尊。

珍珠古物财中取，印信文书父上寻。

芦藤竹木查寅卯，玉石钢铜辨酉申。

绫罗绢缎须从火，如此将来定用神。

探辨物之真假，由加意而窥测，难信虚浮，遽为实切，必察物之亏盈，庶免彼之悔弄。缁流羽上，子孙上究。飞禽走兽，福德中求。鬼是神仙妖怪，财乃玩器珠珍，父母寻印信文书，寅卯作芦藤竹木，金银铜铁玉石莫逃于申酉，绫罗一疋绢丝，可索于南离，如斯剖决用神也。

遇空绝推为假，逢旺逢生断作真。

受克受冲物必损，有扶有合价如金。

用若空亡死绝，定为假物。用如旺相长生，非是赝品；被克被冲，物身瑕玷有损；逢扶逢合，价值高贵不低。

若伏生中宜用负，如居克下不须擒。

---

① 以用爻为主，不空不绝为佳。

设若伏处遇生，买之得当。倘伏制于克下，舍却为宜。

世克用爻能易得，用爻克世最难亲。

易得易求之物，定是世克用爻。难求难取之珍，断然用爻克世。物理隐蕴于幽微，人心旁搜于洞察。

卧床趋避章第一百十七①

凡人问卜置眠床，却把三爻作用详。

寝室为歇息之所，眠床乃寝卧之区，置之迪吉，居之定安，百姓下以否藏三爻用为判断。

忌值鬼爻多病疾，宜加财福永安康。

用爻若逢官鬼，名曰忌神管摄，便有疾病生焉。如遇财福是为吉象，岂不安宁？

但逢兄弟妻当厄，僧道占之反吉祥。

财为妻室，兄爻鬼之定主荆人有厄，兄是比和，孤独见之，即为同伴何妨。

床爻克世身遭患，如临父母损儿郎。

凡是我御之者，得之安，则世世安然。凡克世爻者遭之否，则常常染患。父母为伤儿之杀，不可亲临。

推官不独三爻上，凡鬼交重便作殃。

官若作殃，不独三爻而见，鬼能为祸，宁辞六位而推。

六冲非是安身，所用神不可犯空亡。

床欲安身，冲并难能宁谧，三为床休，空亡岂得安祥？屋犹椐定夫妇之居，床即房为蓄息之处，事非小可，乐莫大焉。

① 以三爻为主，鬼静为凭。

寿木喜忌章第一百十八①

修合寿木用爻求，安静兴隆百载留。

人以百岁为期，棺以七寸普厚。为亲而充虞敦匠，因子而颜路请车。治造或吉岁而闰年，停阁原千秋而万纪。取舍凭占，喜忌援卜。用爻安静，绵远淹留；主象旺兴，延长永久。

如陷如无延数日，逢生逢旺度千秋。

用若原无或倾陷，止活数日而已。用如长生或旺相，寿享长一。

化空化鬼身难久，无破无伤寿未休。

主爻化空化鬼，其身难久不损，无冲厌寿靡窍。

鬼动忌兴休合椁，龙摇子发任兴修。

鬼爻为凶恶之神，忌神乃克用之煞，故不宜动，动则不可做材。龙福乃祯之兆，青龙为喜庆之星，兴摇允宜合木。

鬼克世身终害己，随官入墓即丁忧。

应克世身者，鬼也。忌兴而反来克害于我，亦何益矣。葬埋棺椁者，坟也。忌鬼而反去，随官入墓，岂不忧哉？

凡遇间爻伤世者，尤防工匠起奸谋。

匠人在间爻上看，不发动伤世，工师不谋损于吾。若发动克身，匠作必肆奸害于我。

倘然惊倒寻官鬼，纵动无官莫虑愁。

又有一等木匠不存恒心主人家，或有怠慢，则魔襄阴害，但官鬼不作，万无妨己，纵然别爻发动，不系官鬼，亦何愁虑之有？

妻仆去留章第一百十九②

留妻留仆财为用，逢旺逢生必遂机。

---

① 以用爻为主，福德为凭。
② 以财爻为主，应象为凭。

应带煞神冲克世，阴谋诚恐害身躯。

男女原有室家，夫得妇以陪衾枕，无今人不成君子，主得仆以当侯门扃。或去或留，决同人之美恶；宜取宜舍，究藏获之吉凶。妻房以妻财为主，童仆以财象为凭。旺相而妻女在心，生扶而厮养得力。应带官鬼，大煞而冲克于世，我后被设阴险之谋。用坐煞害而刑伤于我，世被彼生奸宄之验。

应空身在心不在，财破情虚命又虚。

应不空亡财不破，妻无他意仆无欺。

应空则身浮心诈，财破则寿夭情虚。若得应不空亡，虽荆布而同心力，则无破损不欺主，而赤胆忠心。

财安子动留还吉，鬼发兄兴去速宜。

六合始终无变易，六冲朝夕应分离。

凡留妻仆，最宜财安子旺相；招养属，不宜鬼发兄兴。六合则有始有终，永无更变；六冲则难防不测，早晚分离。

如留子侄儿忧绝，若用他人应莫虚。

手足却嫌兄弟陷，各分用象决高低。

如留子孙，取子孙为主，留他人，取应象为凭。留手足，观乎兄弟。留尊长，察其文书。各定用爻，莫临空绝。凡用爻生世合世则吉，冲世克世则凶。用应有拱向之理，世我大要生扶。若也无情，而不如始不相识；如临有益，而门祚到底竟克合终。

易林补遗贞集卷之十一

斗殴争竞章第一百二十①

彼我相争世应寻，忌冲忌克喜相生。

凡占争斗，只把世应分为尔我，若世应行合，彼此并无大忿，亦无大损大益，倘遇克害刑冲，则争长竞短，各用机谋，故《经》云："欲分胜负，先将世应推详。"

日月冲身我受辱，交重克应彼遭刑。

世乃我之用爻，岂可伤克？若日辰月建冲克世者，我必被辱。若内外动爻克应者，彼必受亏。

应爻克世他当胜，世爻克应我当赢。

应爻为彼，若克我世者，我必有亏。彼旺克我，世又衰微，大受损伤。若带官兄雀虎劫煞等神来克者，小则受辱破财，大则经官被责，莫可轻视。倘或应虽伐世，彼当衰绝之乡，或被日辰月将冲应克世者，名曰自己受制，无能害人，我虽被克，决无大害，空则亦然。若世旺克应，或世动克应，日辰生我克应，或动爻助我克应者，则不费心力，理直势顺，大获全功。

世空自退无相敌，应空彼避不相征。

如世爻逢旬空，乃自己理屈心亏，有始无终而已，但得天乙青龙天喜吉神动扶，当有维持之力，若值兄鬼两动，必要破财。应爻落空，乃虎头

① 以世应为主，生克为凭。

蛇尾之事，彼必渐退，讼无了结。世应两空，则彼此甘休；官父并衰，乃公私尽释。

兴词举讼章第一百二十一①

　　文词相诉至公庭，须要官爻父母兴。
　　凡占造状诉词，父母为之状词文移。
　　官鬼乃官府作主之人，须要二爻上卦为吉。
　　父陷休来投此状，官空莫去诉其情。
　　爻中无父谁佥押，卦内无官讼不成。
　　如父母空亡墓绝、或无父母上卦，虽有词无处告理，虽造也不准。
　　若官鬼逢空或绝、或无官上卦乃无贵主张，决难举讼，纵举不结。
　　父鬼两全方准理，福财不动定标名。
　　但得父官旺相、或动而生世持世者，则状有理，告必准行，官能做主，讼必全胜。其中更忌妻财子孙发动，动则徒费乎心。故《经》云："财动文书空费力，子动伤官事不亨。"凡占居讼卦中，若得父官有气，财子俱安，词能准理哉？

讼师美恶章第一百二十二②

　　举诉还须择讼师，输赢胜负仗文书。
　　临空值破难举讼，遇动逢生易起词。
　　凡人兴讼，必仗讼师之忠厚、刀笔之利修，方可获胜。故以文书为主，若父母兴隆生合我者，则状易准而事亦胜。若日辰冲克父母、或临旬空月破、化财等类，则外有虚名，内无实学，不惟无益，抑且有害，大意难以兴举耳。

---

① 以官鬼为主，父母为凭。
② 以文书为主，应象为凭。

妻体动来终不准，夫身空去亦非宜。

文书为之用爻，若逢财动，乃伤用象，决非美辞，难以耸听。夫身者，即官鬼也，若值空亡，乃无贵主张，决不准理。卦爻之内，此为大忌也。

应如克世遭欺诈，鬼若伤身反被输。

应落空亡无彼方，世逢冲破有人欺。

一卦之中，胜负全在世应之生克。如应爻克世，或是鬼克世者，必然彼行欺诈之心，无益于我，反遭刑辱。应若空绝，决无奇策良词。世逢日冲月破，须防奸人有嫉妒暗伤之祸。

交重坐印行行美，日月生文字字奇。

举讼者，先凭文书为主，若父母发动，戊日辰月建生用合用者，则积金美玉之辞，运筹帷幄之计。若父母逢空被克者，不过是孤陋寡闻，浮言浅见耳，岂堪大用哉。

保人强弱章第一百二十三①

欲成词讼先寻保，曲直奸强论应爻。

被讼正庭必觅保歇，欲识善美用在应列。

若旺若生宜结识，如空如绝莫相交。

如应旺相，生世合世者，乃志诚忠直之人，有益于我，事可倚托。若逢旬空、月破、墓绝者，乃系卑贱薄倖之流，难旋大事，不可相交耳。

生我比和叨大力，不来伤世断为高。

保歇之人，以应为用，如生世或合世合比和者，乃得渠竭力扶助公私协济。若不空不克世者，也得一力，亦以为妙。

官伤世体还须忌，六象皆冲不必劳。

但凡官鬼伤克世爻者，最为大忌。卦值六冲者，并无斡旋之力，皆不可用也。

① 占讼以间爻为主，问保以应象为凭。

公私见证章第一百二十四[1]

问讼全凭见证人，卦中应位察虚真。

凡临庭听讼理之曲直，全在中证之口，故占之吉凶，但取应爻为用神，可推忠佞之心，则理不辨而自明矣。

不空不绝无他意，居动居冲有变心。

若克世爻遭彼害，如生身世赖其恩。

以应为之用爻，不逢空、不逢绝、旺相而生我合世者，乃竭力尽忠，公私协护。若逢日辰冲动，面允心非，冷声暗语之人。若值发动，生世有益。克世，乃反而无情，凶恶之辈。若带蛇虎兄鬼，必蓄奸诳挟骗之心。倘得休衰或不克于我犹可知，逢旺相情势越炽。若来克世者，必被邪言功计，以直作曲，种种制陷，不可胜言。

爻爻冲击多更改，无鬼谁官问此人。

爻爻冲声者，即六冲卦也。此人翻云覆雨，情性不常。内外无官鬼，则临庭不问，此人徒没声势耳。故《经》云："官鬼空亡墓绝，须知无贵张主。"

中证受刑官克应，主人被责鬼伤身。

应为中见之人，必得兴隆而生合世者；极为有力之人，忽被官鬼克害刑冲应者，轻为话不投机，重则鞭林罪戾。若鬼来克世者，我亦受累害非小可。

如占讼内推中见，弃应还从间位论。

二间却分原被证。方知意向那旁存。

近世之爻吾诉有，近他之象彼家亲。

独占中证，取应为用。词讼卦中看者，应为被告，岂用中人？故论间爻，方为中见。近应者，为彼之证，邻世者，作我之中。二间之爻，毋论彼此，生我者忠诚直幹，我生者，下气相求。合我者，自然和助。克我

---

[1] 占讼以间爻为主，问中以应象为凭。

者，有损无益。故《经》云："间爻伤世，须防硬证同谋。"

官司胜负章第一百二十五①

问讼须将官鬼凭，扶身扶世永无刑。

凡占讼事，惟以官鬼为凭。若生世，必是理顺人情却无刑险。若带贵吉之神合世者，乃有不意中之人扶持，故言听计从，大获全胜。纵成索而亦无损益，吉则无喜，凶则无忧。故《经》云："卦中无鬼休谋事，官爻不见事空虚。"

旺生之日公堂发，墓绝之时纸笔停。

如官鬼逢临官帝旺之日，或生扶官鬼之日，乃是临庭决断之期矣。故《经》云："官旺日则面拆庭诤。"如逢墓绝，毕竟淹留阻滞。若带青龙贵人，必因美之事停留。若带白虎劫煞凶神，必有奸人索诈停住，未得决断。要知何日问理，却看官爻衰旺，不可一见而言。官如旺相，反寻墓绝之期。鬼若休囚，问在旺生之日。官居库内，冲库方兴。鬼入空中，冲空可发。六爻无鬼，须求鬼值日时。此论断讼之期，不可轻视。

若临身世冲克世，纵胜还当拟罪名。

日月制官生合世，理亏也主称心情。

如官爻持世冲世克世、临卦身者，大主有罪，若加白虎有杖责。加勾陈螣蛇，主有牵连罪责者，日辰月将制服官爻，而生世合世者，纵然理折情曲，反得回凶作吉。《经》云："有人制鬼，鬼动何妨？"

鬼临空地无官断，虽问无祥无险惊。

如官鬼值旬空月破或不上卦，决是无官问断，枉自奔波，虽然勉强求问，问而不成案卷。

官化子兮词渐解，子化官兮讼复兴。

鬼为问断之官，若化子孙，乃变解和之神。此事日渐月消，终久有人和释矣。子孙本和允之神，惊变官鬼，此乃吉变凶爻，本主自当解散，复

---

① 以官鬼为主，世应为凭。

又兴举。若化鬼克世者，大不吉之兆耳。

　　世空自懈宜和息，应空彼到没期程。

世爻值旬空者，乃自意懒心灰，无能听理，甘自求和，应值空亡者，彼亦退惧。

　　世被应爻兄动克，常多私下受欺凌。

若应爻临兄动，或加白虎同来克世，不时防私下逞凶捉打。应若旺相克世者，种种欺凌可可朋言。

　　要知何日参官胜，应遭冲克世逢生。

　　且如寅日来占遁，生我冲他理必赢。

若问吉日决断，但逢日辰生合世爻，而冲克应爻之日，乃为大吉之期。后而甲寅日占得天山遁卦，世居二爻，丙午赖寅日而生，午火乃生我之日，五爻应坐壬申，被寅日相冲，乃冲彼之日矣。是为生我冲彼，大获全胜之日矣。

易林补遗贞集卷之十二

忧监虑禁章第一百二十六[①]

问禁单愁宫鬼摇，伤身克世祸当招。

锁狱禁监，惟忌官兴杀动。杀者，即天狱煞也。若官鬼动或天狱杀动、或鬼来克世者，当犯囹圄之祸，故《经》云："天狱杀动此身须入牢房。"

鬼如空绝无监狱，子若交重免禁牢。

但得官鬼逢空、或逢绝、或卦中无鬼，乃无力兴祸，则无监禁之忧。若子孙发动必制官爻，有何关锁之虑哉？

日月世身临福德，纵然有罪出潜消。

子孙为解神，若值日辰、或临月建、或持世上、或在卦身、或逢发动，皆能制鬼，焉有牢狱锁禁哉？

那日见官无禁击，鬼逢克制便为高。

世临墓日休投到，身遇生时罪可逃。

如占何日见官可免凶禁者，须逢克鬼之日，乃是吉期，可以临庭听断。又得日辰月建生扶世爻者，不惟免禁脱罪，反有谋成讼胜。若世值死绝墓库之日，乃身无依靠之时，切莫去参官投到，告保催提等事，如若勉施为，反遭一场刑禁耳。

---

① 以官爻为主，世象为凭。

离枷出狱章第一百二十七①

人问离监出狱门，去枷脱锁时同寻。
用逢生旺离灾厄，官鬼交重狱久存。

若人被禁监牢，或枷锁锁肘，无法解脱，须占之易象。如用爻逢生逢旺之日，即可离监释祸矣。若用爻虽逢生旺，官鬼发动者，亦未得脱监卸枷。若鬼克世者，反要严刑，无法解脱。

合处逢冲忧变喜，墓中遇破锁离身。
假令戌日占观卦，辰日推开喜气临。

六爻之内，凡有逢冲必散，但得合处逢冲，墓中被破。假如戌日占得风地观卦，二爻巳火官爻身位临之，《诗》云："身随鬼入墓"，候逢辰日冲开戌墓，则忧容变喜，祸罪消释矣。

世值子孙殃易散，用爻化鬼反加迍。
子空财动官爻旺，还守囹圄度岁句。

子孙为解散之神，若持世上，事当解散矣。如用化官鬼，乃是吉变凶神，必有祸患。若子孙值空，则官鬼无制，财爻一动，反助官爻旺相，旺反生灾祸，则监牢难脱，枷锁难疏。

卦内无官谁释放，细查鬼值那良辰。
方言脱狱兼开肘，鬼绝逢生加此云。

六爻无鬼、或鬼空亡，乃无官做主，难以疏脱。鬼若绝处逢生，方是疏枷离狱之良辰也。

关提人卷章第一百二十八②

凡请卷宗，卦内父官宜旺相；

---

① 以世爻为主，官鬼为凭。
② 吊卷以文书为主，关人以世应为凭。

欲提人犯，爻中彼应怕空亡。

凡吊卷提人，须得官鬼兴隆，文书兴旺，又要应爻生合世爻，倘世应值空值绝，人犯难拘文书不发。

世空则我不擒他，应陷则彼非在舍。

但凡拘摄人犯先须自壮，方可提获。若世值旬空月破者，乃自无主意，焉得人来会面？应落空亡，则彼已先逃，空自往返。

无父必此关无力，卷吊难来。

无官必其事无成，人提不至。

父母为文书之用，凡关吊卷宗，须得父爻旺相，而生合世爻，即今文案而回。若父落空亡墓绝，或无父爻上卦，笔竟更移，抽灭遗失，弊隐难以发行。官吏以鬼为用，若卜提人，须得鬼爻有气，则易以捉获。鬼逢空墓，或鬼不上卦，则无官主张，纵然拘摄，岂得提人至哉？

相合之爻，无心可见。

相冲之卦，对面难从。

如六爻相生相合，犹如夙缘，不期而会，财清和顺。若逢暗动六冲，却似捕风捉影，何处追寻？

玄武伐身，书吏起奸心之弊。

勾陈克应，捕差全弩力之功。

玄武乃奸狡之神，若持世克世者，必然是猾吏权书，隐情作弊，索诈钱财而已。勾陈乃拘摄之役，若克应者，则当事者，有操谋努力，得获全功矣。

官伤应兮世伤他，网中之物。

动克身而应克世，野外之禽。

世为我，应为彼，勾摄公事，又以官为捕役，应为彼人，若卦中鬼克应，如釜中之肉、网中之鱼，手到拿来。倘逢动克世应克世者，如穷岩猛兽，乔木流莺，射猎未得，及防拒捕也。

但决从违，惟凭生克。

但看卦中旺衰生克而行。我强他弱，毕竟相从如过。应旺世衰，公然违拒，难以了结。

回关歇讼章第一百二十九①

灭号回关,最喜文书陷绝。

停词歇讼,大宜福德兴隆。

父母职专文书,凡欲停词歇案,独要父母空绝,则可以寝阁矣。子孙能以制鬼,若旺相发动,则官无力,在意谋为停歇也。

鬼动文摇,讼息有重兴之日。

官动则事多变更,父发则文牒纷纭,官父并兴,词案虽在隐息,不久重新兴发。

官空父绝,关回无再举之时。

官空无主,父绝无文。官父两空或绝,则上下无力一应文书,皆以休息矣。

日克官爻,此非易解。

鬼伤世象,其祸难推。

若日辰克鬼,乃是凶爻受制,白凡事务,则冰消瓦解矣。若鬼爻克世者,此为官来伐我,必有刑伤大祸,忌之。

兄兴生子断为祥,无子有财遭破费。

子孙为和解之神,又得兄弟无神发而生助,此为转祸为福,决无大害。若卦无子孙,是无劝解之人,反有财爻出现,兄必克财,必然事事趑趄,破财费力耳。

财动助官推作祸,无官有父反消除。

占词最忌者,官兴财动。六爻之内,官爻虽静,若逢财动,必然助鬼兴灾倡祸,靡所不至。官鬼纵绝,财爻一动,名曰"绝处逢生",为非不小。卦中无鬼,或鬼空有父爻,财能克制,则文书妥贴,祸患消除矣。

子动清安,变出官爻词不息。

官兴撩乱,化成福德讼能消。

---

① 以子孙为主,身世为凭。

子动是为吉兆，若化官爻，则私欲求安而官不允诺，乃树欲静而风不宁，正此之谓也。若官鬼发，本为不吉，化作子孙，是为转祸为祥，灾祸自然消释矣。

但占何日关来，便察父临旺处。

凡卜何年讼发，还寻鬼值生方。

欲识文书可到，但看父临生旺之日是也。如卦无父母，又看父爻值日关来。要占讼祸之发，惟查鬼值生旺为期。远推年月，近看日时方不误。

动及兄官，公私未请。

空临世应，原被无辞。

如鬼动、兄动、雀动、虎动，官非冗冗，接踵而生，那有休文住卷之时？但得世空、应空、官空、雀空，渐渐消蒴，讼息心安矣。

一见六冲，讼当回缴。

但逢六合，事反留连。

凡卜回关及回呈者，最喜六冲，不喜六合。冲则益消讼散，合则事阻文羁。

欲推动止之良方，不出阴阳之妙断。

公私和息章第一百三十①

息争处讼宜安静，子旺官衰祸必无。

凡公私之事，俱求六爻安静，则彼此允和而无相拒之心矣。若得子孙旺相，官鬼衰休，则官灾横祸尽皆消释矣。

世应相生奸计少，主实相克变心多。

如我世彼应相生相合，则两相和顺，是非潜解。若世应相克者，则彼此奸猾多生机穷祸，岂易宁乎？

六冲之卦词难息，六合之爻讼易和。

凡推求息之卦，但要相合相生，则两情允协，业冤已释矣。若事欲求

---

① 以了孙为主，世应为凭。

息反得六冲之卦、或鬼暗动者，乃是兴发之气象，焉能宁息哉？

鬼发父兴多咭聒，世空应陷永无幸。

若值官鬼发动，父母兄弟兴隆，乃为官府搔扰文牒催摇，倘得世应俱空，则彼此于休公私乎复矣。

间如发动傍人阻，兄若交重物费多。

卦中两间爻，乃为中证之人，若是发动，必然摇惑阻挠其事。加朱雀，则挑斗是非。加兄弟则诈骗财物。若兄弟不在间爻而发动，亦要破财费力耳。

福化鬼爻忧再举，鬼之子象渐消磨。

子变为官，事恐复发。鬼化作子，讼以全消。

申详允驳章第一百三十一①

但问招详，须看文书强与弱。

如占解审，定推官鬼克和生。

若问解审招详之事，专以父作文移官为用象，参推旺衰可知允驳。细察克生，便知凶吉。

鬼爻不动不空，上合下心依此断。

父象不冲不发，官同民意照其详。

官爻安静又不落空，则官体民情，民依官断。若文书不遇日冲月破旬空，又得安静，则招安供明上怜下顺。

内外六冲，决然驳问。

父官两动，必不允情。

卦值六冲，诸事难成，岂得公文俯就，故曰决然驳问。父母为文书，官鬼为问官，父动则移文改稿，官兴则讯鞫施为。

六爻皆静当依拟，世应同摇定改更。

父值青龙，详言有美。文临白虎，批语加刑。

---

① 解审以官鬼为主，招详以父母为凭。

但得六爻不动不冲，凡事妥当，文书依允矣。若世应同发，彼此皆有更变之心，故《经》云："世应俱发动，必然有改张。"文书若遇青龙，招详中此有美慰之句。若值白虎，驳示内多加险恶之言。

解审何愁鬼动，招详能忌官兴。

解审者，当厅鞫问，正宜官兴，但喜生我合我，便是我胜。招详者，只是文案申呈，不可鬼发，发则有变改驳。

问驳无官终不驳，问详无鬼必难详。

占驳无官须知无贵主张，岂得驳乎？占详无鬼，定是缺官批允，宁得详乎？

鬼克世家批我重，官生应位驳他轻。

官爻克世，驳批我重。生世合世者，驳批我轻。若官爻克应，驳批他重，生应合应驳批彼轻。

若要解神，为求福德。

在世则吾身有庆，此讼蠲消。

在应则彼处无疑，其词息灭。

如占讼事，但要子孙为解神，名曰福德神。持世，则吾获吉庆。临应，则彼叨喜美。官府自能俯恤，事讼亦易消释矣。

应带父爻克世身，虑彼随招再诉。

世逢鬼动冲伤应，己心讼后兴词。

父母为文书，若临应克世，彼必随招越诉。官鬼为凶神，若动持冲克应者，虽然讼事杜结，我心不服，毕竟再举兴词。如世动应休，决难克我。世衰应旺，岂可伤伊？若得世应父官得遇空绝入衰，则公私讼息，万事情宁，永赖平安矣。

一得此章，万无其惧。

营为嘱托章第一百三十二[①]

营为嘱咤至官中，贞悔爻辞忌六冲。

---

① 以官鬼为主，不遇绝空冲破为佳。

嘱吒之事凡有数之，有解我之忧，有制彼之罪，有睹面浼托，有发柬移文，惟喜生合，最怪六冲。六冲者，反背无情之象，焉用嘱吒之谋？

所喜鬼爻无克破，官来伤世反成凶。

鬼生鬼合专心听，官绝官空诈耳聋。

若挽他人来嘱咐，应爻切怪落其空。

官鬼作谋斡之人，又为官府，所喜生合世爻，不落空亡，则言听计从，方可成其大事。如值空亡，乃无权势不能动人。若来克世者，不惟有力反有大害。如央人转求请托，以应为用，生世合世，积心遂意，十事九成。若遇空遇绝，枉费机关，万无一就耳。

欲要兴词兼得胜，皆宜官鬼值兴隆。

凡欲营托举讼，包准包赢，独要官鬼旺相发动，生合世爻，方获大吉。若值青龙旺动，大张声势，使人畏惧。如临玄武休兴，则卑诌阴唆，决非显扬全胜。

如求脱罪并归息，子孙持世永亨通。

凡营斡脱罪求息等事，须依子孙旺相，或发动、持世、值日，皆为大吉。如子孙落空，则祸难解脱。

修书发帖忧财动，印绶交重定有功。

如卜书移文之类，以父为用。若值旺相发动，生合世者，乃文移得力，柬帖中机，大有功力。忽逢财爻独发，则父爻受克，书无恳切之句，文多泛泛之言，是为虚套耳。

送物受返章第一百三十三①

应空不遇休来往，纵遇终遭侮慢声。

馈送财物，专在世应而断，若应值旬空月破，乃是无缘之故，其人不在，徒自咎来，纵然相遇，定非优礼尊崇。

财化退神物必返，若变空亡定纳情。

---

① 以应爻为主，财象为凭。

以应为彼，以财为值，若财变退神，决是相如完璧。财如空绝，范增碎斗无疑。

应克世身兄象发，本资亏折莫登程。

以礼馈送本为情义，若应克世者，反有间别，兄弟乃乡饕之神，又在卦中发动，中间必有谐侮，情疏礼薄淡淡而已。

应爻生世财爻旺，一倍还加数倍盈。

若得应来生世，乃彼有情义之谊，又得财爻旺相，必得情投义重礼仪丰赠。

六冲不可扳亲友，有物曾如且歇停。

六冲者，乃反背无情之象，卜值此爻，岂可交游？徒以礼馈于人，竟以无情流水，暂且消停勿兴此念。

昧情隐事章第一百三十四[①]

瞒昧他人隐事情，噬嗑明夷革讼临。

大壮八纯兼无妄，卦占此象必知因。

占隐情事，乃暗昧之心，阴私之事不可明显，只宜幽静，如噬嗑者，乃晓蹀之象，明夷者，伤栽之卦。革者，鼎新革故。讼者，文词讦朔。地泽临卦，字有六口之形，难免路上有碑之颂。壮妄八纯，皆系六冲之爻，反背无情，岂堪六耳司谋？

应空官绝无人觉，鬼雀兄摇难昧心。

应落空亡，官逢绝地，系是外人不知不觉，凡事无碍。朱雀为口舌之祟，兄弟是奸滑之神，又同鬼发，则摇唇鼓舌，伊谗他唆是非，胸胸焉得瞒我哉？

日月不宜冲破世者，子孙却喜动临身。

世破日冲月破者，必被外人暗晓，人难隐蔽，事渐发扬，子孙是解和之神，若得动临世象，反凶为吉，显而复隐矣。

[①] 吉则用子孙为主，凶则用官鬼为凭。

动爻克世傍人报，合处逢冲后见真。

动者，发扬之象，若来初返必遭傍人知觉，谤毁其事，合者，和合也。此占最宜六合，若被日冲合处，是名合处逢冲，吉化为凶，故《经》云："事将成而复散，祸将灭而复萌"，正此之谓也。

福德化官忧祸起，世爻变鬼虑殃侵。

世为占者之身，子孙为和解之神，二者大宜旺相生扶，安静亦可。若动化官鬼，事多颠覆，隐者露而安静起祸患，缠延不泰矣。

遗迷失物章第一百三十五①

遗失衣资兽与禽，财安鬼静却宜寻。

凡遗失物件各有属用，爻之中皆宜安静，不可发动，动则人移物变矣。

子孙独发须臾见，玄武空变贼不真。

子孙为捕捉之人，又能生财制鬼，若在卦中兴发，所失之物必能寻获。玄武乃奸滑之流，又作盗贼，若值空亡，决非此辈，枉自猜疑。

鬼动兄兴财又陷，决然盗去永无因。

鬼动则行窃，兄发必骗耗，纵有坚墙固壁，必被穿窬窃去。若财爻又落空亡，失物以经变化矣，何从追捕哉？

衣服舟车凭父母，走兽飞禽用福神。

所失之物各有用爻，如衣服舟车之类以父为用，金银珍宝之物以财为用，禽兽生气之畜以子为用，强窃拐骗之贼以鬼为用，各以生克衰旺参酌，方可追寻捕访根因，用若空亡不可寻觅。

捕捉逃亡章第一百三十六②

失主获逃，能喜世兴伐应。

---

① 以妻财为主，福德为凭。
② 以用神为主，应爻外卦为凭。

公差捕贼，惟宜子旺伤官。

叛逆之人，以应为用，占问之主，以世为用，若得世克应者，以主执奴有同难哉。强窃之贼，以鬼为用。捕捉之役，以子为用，若子旺子动，贼必就擒。故《经》云："子动伤官日，卜须当捉获。"

应克世爻，潜踪灭迹。

内伤外卦，易获能擒。

世为我应为彼，又以内为我外为彼，捕捉逃亡我本捕彼，反被应克世爻或外克内卦，则彼有机谋潜藏秘密似难寻获。若世克应或内克外者，则贼以失机易以就擒。如世应或内外比和，终须易见。若得世应相合，必然相会有期。

世伤伏下之爻，逃无去路。

应值旬空之象，岂有形踪。

又论世卜伏神为逃者，若受世克，则贼投擒局难以逃遁。假如天风姤卦，初爻世值辛丑土，能克伏神甲子水是也。如应值旬空，被遁远方，无从捉捕。

或占逃往何方，必详外卦。

凡占逃者在以何处，专以外卦推详。如乾住西北僻，巽遁东南隅，震藏东，而兑隐西，离南、坎北无疑，艮为东北方，坤是西南地，度其出入参究玄微。

止问匿居此地，当察应爻。

若动若冲，非在其方隐遁。

不空不陷，定居此处潜藏。

专问逃人在此处否，以应为用，若不空亡又不发动，必匿此家，更逢日克世克，决难躲避，一力可擒。若应落空，不由此地别处遁亡。应若发动，来而又去复往他乡。日辰冲应，晚去晚来，或露或藏。

世空应不空，彼虽在而不获。

鬼动子不动，人纵见以难擒。

世值空亡日先懦怯，彼虽见在此处，无能寻捉。官鬼为彼逃奴，子孙为之捕役，官鬼发动子反安静，似无人制服，纵然睹面也难擒获。

六冲当路而行，把眼细观能撞彼。

六合闭门而匿，用心密访却知情。

卦值六冲，乃是无情之兆，彼在拦街当路，独步散行，可以撞面。爻逢六合，是名和同之象，彼虽深闺秘室，匿迹敛形，自有情由透露，必用密缉方知。

如问亲人，当推用象。

若占亲友，详分六亲所属为用。如占公祖父母，伯叔母舅，姨姑姆姊，尊长之类，以父母为用。若卜占兄弟姐妹，表兄弟，结义合伙朋友，郎舅连襟，同窗同辈之流，以兄弟为用。卜妻妾奴婢，宠嬖情人之属，以财为用。如子侄甥婿，小儿生徒，卑幼子孙，以子为用。如非亲非友，不族不识，远亲故旧，难以列亲者，俱以应爻为用。详者深玩其理，不可错紊而误。

旺相合身，纵不寻而自至。

空亡冲世，虽去觅以难逢。

如用爻旺相而合身合世者，身虽远去不久当归。用值空亡或冲世克世者，身未出行必先反背，飘然长往，觅之不见，召之不来。

在内立本宫，逃非出境。

临外居他卦，身至远途。

用爻若在本宫内卦者，潜匿于乡邻近里，带青龙贵人，则樵云钓月，益友交游。加玄武咸池，则私归情窦，花酒留连。临白虎凶杀，则好勇斗狠，夜出晓归。若居他宫或外象者，逃窜于异国他乡。遇青龙天喜，则诗酒娱情，邀游于吴山越水。逢玄武桃花，则寻花问柳，醉眠于楚馆秦楼。兼白虎大杀，则张威耀武，猖獗于绿林海岛。

游魂路上偏游荡，归魂不久定归宗。

游魂而化归魂，人在途中，自后回归原籍。

归魂而化游魂，身居舍内，将来遍往他乡。

占得游魂之卦，不居旅邸，常于路上闲行，流荡忘返耳。若得归魂之象，触景怀思故里，不久已到家庭矣。游魂若化归魂，身居逆旅，心恋家乡，但迟弦朔，毕竟归宗。归魂若变游魂，纵然在舍，梦魂已系他乡。

但看何爻发动，便知隐在谁家。

要察逃者在何处，将内外卦中发动之爻，并用临之象细推可知。

青龙斋戒及文儒，喜庆门中可访。

卦值青龙发动，青龙者，擅诸喜事，遇之无不吉。逃亡值此，或寄于修行慈善之家，或集于诵经念佛之俦，或投于期文儒雅之门，或躲于婚姻喜庆之场，用情询访，必有佳音。

白虎军兵并屠户，哀丧之所宜寻。

爻逢白虎兴隆，白虎者，能持凶恶，临之无不为害，推遁者，此乃入于将师军旅之队，或习于宰牲屠戮之业，或藏于军兵操演之营，或遁于哀丧举柩之前，留心密缉，可得相逢。

雀遇兄兴从博戏，逢兑卦而习黎园。

朱雀为口舌之神，若然发动，则晓晓而已。带兄弟，必随赌钱博奕之流。如父母，则投富室庸书教读。加妻财，财流手花酒淫欲之情窝。临兑卦，则演于戏乐之黎园。

武临鬼发作穿窬，化财爻而贪美色。

玄武乃阴私之属，倘若发动，岂堂堂乎哉？如官鬼，必作穿墙剜壁之生涯。化妻财，决逞携童挈妓之风流。杨花性态，逐处悠悠。

勾陈同泥土匠师，带杀则公差阻滞。

勾陈职专田土，又为阻滞之神，惯隐叛亡，若值发动，乃是锄泥漏土之作家，或椿墙造室之师流。或带官鬼，则公门之役拘留。

螣蛇共闲游光棍，遇子则僧道牵连。

螣蛇本主牵连，善为羁绊，若加发动，必主勾引，乃结游手好闲之辈，又同调歌喧乐之朋。若逢子孙，则罗齐于古刹，或炼药于丹丘，逢场作戏，走马秋迁，非僧非俗，假道假仙。

乾为寺观马坊城子及高楼。

用在乾宫，乃削发于上方古刹，或祷祈于社庙淫祠，或藏马厩之中，或游骠营之侧，或扬鞭策马，或题脚随骠，或高楼邃开以盘桓，或城垣台堡以栖迟。如斯之地，宜捕宜寻。

兑作庵堂酒肆鱼池兼水阁。

用临兑泽，乃为近涧近水之幽居，半村半浒之人家，躲避于茅庵草舍之中，逃窝于鱼池会峁之傍，茶肆中洗盏烹茶，酒楼上当炉递酒，铜雀台前问信，滕王阁上寻踪。如此之所，可缉可擒。

坎隐江湖之口。

坎宫居水，逃者必隐江汉之间，或之舟于洞庭，或乘槎于震泽，或飘于大海，或滞于长江，清泉洗耳濯足，长流渺渺茫茫，逐处堪留。

巽藏草竹之间。

巽宫属木，遁者必匿于丹丘之下，或结炉于苍松乔木之中，或驻节于茂林修竹之间，攀萝盖体，积草藏身，密密森森，随方可寓。

离当术士之门，或逃炉冶。

离本南方赤焰之火，乃托身于丝萝之店，寄迹于医卜之门，烧窑陶铸之炉冶，文章缠纬之方家。

震乃船枋之所，或躲木行。

震属东方，本旺之乡，船舫安置，巨船盘桓。栖身于木牌之上，闪迹于林树之中，假扮撑船渡子，借形钓艇渔翁。

艮往山林，或与少男共往。

艮为峻耸之危峰，巍峨之门壑。探仙株避于幽谷，携少子栖于深林。沿山密缉，必得其踪。

坤行坟地，或随老妪同居。

坤为重地，广大无穷，高陵古迹，埋名僻垒，荒茔避难。伴老妇于故里，住寡妪之寒庐。牛栏之内宜搜，坟墓之中可获。农夫问信，牧子传音。

细观动静，便见行藏；

既仗卦爻，何愁逃失？

潜身避难章第一百三十七[①]

人逢离乱避凶方，或为官灾去躲藏。

[①] 以福神为主，用象为凭。

用旺子兴无患难，世空身陷永平康。

遭逢离乱之世，致罹兵火之危，欲远官非，或却沉疴，卜幽隐遁，须得用爻旺相，子孙发动，乃为吉庆，骈臻移避安稳。又得世空身空，则不受克，乃侨居巍座，远祸康宁矣。

六爻安静官无气，任尔行藏尽不妨。

鬼纵不摇来克世，难逃坎坷未为昌。

避难之人不宜动扰，所忌者官鬼也。但得官衰卦静，则心安祸免矣。若官鬼虽然不动而来克世者，乃余祸未除，终有累害，防之防之。

用投墓库难离脱，主变生扶往必良。

墓库者乃祸祟之门也。若用爻变入此门，如投罗网灾祸难脱，但得用爻化出生扶，急迁别地，远避其危耳。

助鬼伤身风助浪。

官鬼能兴祸患，加财动来助，如虎添翼，又来克世者，决有大祸。譬如舟车行于湖海之中，只求安静，岂当风随浪涌，浪随风威，危险于顷刻之间，斟酌斟酌。

随官入墓雪加霜。

墓者墓库也。身世入墓乃为不吉，若又随鬼入墓，大有凶祸，譬之严冬草木，既经霜伐，又加雪压，人本避难，争奈祸患接踵而来，慎之。慎之。

混占去向何方吉，福德临之便曰祥。

官入木中东有祸，子居水上北无殃。

若问四隅之内，吉者何所，切忌官鬼兴附之方，如木鬼要忌东方，火鬼莫去南乡之类。最喜子孙生旺之地，如子属金宜往西边，子临水必去北疆，余皆仿此。

鬻身投主章第一百三十八①

命运乖违，必致鬻身延岁月。

---

① 以世应为主，父母为凭。

年时饥馑,还须投主度晨昏。

要决平生之事,当寻持世之爻。

不破不冲,百年可辅。

落空落陷,一载难从。

鬻身者,出乎不得已,须择良善之主。若得世爻旺相生扶,可以聊生,若世落空亡,或值日冲月破,虽是暂时安置,毕竟终身落寞,纵然勉强,终是不久者耳。

鬼立世中,殃有缠身之扰。

空临应上,主无顾己之情。

为祸为灾,无非官鬼,若来持世,则灾生祸扰。应为主象,若值空绝,只可苟延岁月,是无作养厚情。

父母生身,蒙上辈维持之宠。

弟兄克世,被同人谤陷之忧。

父母乃是主家长上之尊,若生身生世者,常垂青目之盼。兄弟乃同辈之俦,倘来克世,则彼肆嫉妒之谋。

世冲父位,主仆无缘。

财合身官,起居有利。

父为主世为我,不可相戕,若值冲克,似为无缘不合,难以相利。财为衣禄,若得生合世爻,则衣禄无亏,利资有望。

子旺财明多积蓄,吏兴鬼发染灾非。

子动生财,财因子助,乃积蓄丰余,津津不竭。鬼同兄发,鬼耗官灾,乃灾生财散,件件不实耳。

鬼动并日辰伤世,身受天殃。

父兴同应位合财,室遭主玷。

卦中最忌者,官鬼也。若发动又同日辰克世者,须防不测之灾。财者,妻也。若父爻并应爻合财者,则主婢淫混。

多是多非,盖为动爻临朱雀。

常来常往,皆因主象值游魂。

朱雀主口舌，若值动爻，则终朝咭聒，寝食不宁。游魂为游荡，若卜此卦，乃流荡忘返，萍踪浪迹之徒耳。

再推之卦之合冲，方决始终之遐迩。

之卦者，变卦也。细辨其中之冲合，可断终身之吉凶耳。

投充兵卒章第一百三十九①

投兵须把世爻详，逢旺逢生去必昌。

若遇旬空无对敌，如逢月破丧他乡。

凡占投充兵者，世以为用，但得日辰生世，或世旺相，则功成利厚，力加体康，若德旬空，则无人对敌。若逢月破，则大有刑伤，大不吉利。

随官入墓身遭厄，助鬼伤身命受殃。

随军出战，所忌者官也。若临世临身临命而入墓者，名曰"随鬼入墓"，必有丧亡之凶难。鬼宜安静，若逢财动能助鬼兴，又伤身世者，名曰"助鬼伤身"，决主身陷命倾，难归乡井。

官鬼若还冲克世，曾如不去反为良。

军旅之忌，惟以官鬼，若来冲世，不过被彼克伐，未决输赢。若来克世，大有刑伤，乃未沾利禄，选遭戕戮。不如安分，且守故乡。

土官克世遭坑陷，金鬼冲身刀箭伤。

水鬼定然逢波险，火官必主犯红光。

木爻值鬼多刑责，福德交重最吉祥。

克世之官，大凶之象，须分五属，可以拒避。如鬼属土，防彼掘陷坑入，又防疾病。金鬼忌伊利锋刀箭，及防跌蹼。水鬼必设背水之略，又被风波险阻。火鬼唯逃火患，又虑烧屯之劫。木鬼是有鞭朴之刑。子孙为和解之神，须得一发，则万祸自消矣。

世去克他宜出战，应来克我莫登场。

世为我，应为彼，若世克应爻，则战必胜彼。应若克世，彼必多能。

---

① 以世身为主，财福为凭。

财旺饷资加倍得，兄兴诚恐灭兵粮。

财乃口粮，旺相则丰余，休囚则不敷，兄为耗祟，安静则可，发动则有扣除之患。

官爻持世无冲克，必作先锋佐帝皇。

官爻最宜持世，又宜安静旺相，则有奇能美爵。若值冲克，必有奸佞窃夺功权之祸。

出家修行章第一百四十[①]

羽士全真，跨鹤乘牛而脱俗；
缁流守戒，明心见性以离尘。
本官寅卯，允宜道院仙家；
金卦酉申，尤利空门佛子。
世静善能和众，身安但可随缘。

道士宫观，羽衣翩跹，释子寺庵，缁衣守戒，或脱俗离尘，入虚空境界也。木主发生，乃仙家铅汞丹鼎炼度之处，是以青阳寅卯离，得生生不己。金位梵宇西方，正释氏慈悲，方便超度之门。故金天酉申水，赖化化无穷。又得子孙世静，利于十方供养，本身宁谧，尤便随处结缘也。

既旺既相，寰中之士绥祯。
升阴升阳，物外之人迪吉。
华盖临身，应为僧道。
孤辰值卦，当作虚无。

出家身世旺相，是寰宇中真正之善士，而又值升进少阳少阴太初之若，诚为方外之吉人。华盖者，卦中正月戌、二月未、三月辰、四月丑、五月又行戌，占只此四位轮之。孤辰者，春巳、夏申、秋亥、冬寅，凡占出家，如值身，当为僧道，设若俗人得之，毕竟难为子息也。

身爻克世，出家守正如心。

---

① 以身世为主，金木为凭。

世应比和，行止谋为称意。

世云克身，道境僧堂宜敛足。

财来伐世，檀那施主尽孚诚。

如卦身克世，乃守身正行，出家焚修，无不遂心。而卦中世应一体不犯侵夺，比并安和，则所作所为，悉皆如愿也。至如世爻克害身爻，僧道则宜守规养静，不得野走闲行，慎之有益。如财爻克我世爻，则十方施主善人，都得开心见诚，尽来舍施，虽动何妨。

一位父重，变迁事务。

六爻安静，纳福清规。

财旺逢生，广收贮福田之利益。

鬼兴带贵，好参谒禄位之官员。

卦爻不妄动，一交一重，即有变更迁易，庶务显著昭告之机，若究六爻安然不动，则禅关道范享福无涯也。论财为养命之源，如得旺相，又值逢生，大宜福田广种，仓库充盈。若见官爻带贵，及青龙而动，尤利于参贵，谓官大有攸往之象。

勾陈持世俗缘缠，白虎加身官讼扰。

父母合身，蒙师接引；

青龙附体，仗贵周全。

勾陈持世，系根生土养之处，故主俗家尘事牵缠，白虎临身，则惊动官讼扰害。设若父母合身合世，有承蒙师相接引之兆。果如青龙持世，则全仗贵人维持，斡旋之征矣。

财之官鬼，被贼被冤。

煞并勾陈，遭磨遭障。

陈临兄动，主法卷意外之勾连。

空值父爻，定经文破遗之阻节。

财爻之化官鬼，被惹贼子，或遭冤抑之情状。煞爻并值勾陈，干犯殃魔，或业障之欺凌也。勾陈临于兄动，内主勾连经典之事绪。父若落空，有破阻文书之遗失。

父母贵交，则父师通圣。

子孙龙并，则徒弟齐贤。

二父克身，心被俗家之绊重。

官伤世体，遭枕席之灾。

印绶为出家人之父祖，天贵同宫则灵通神圣。福德为虚无子之后嗣，青龙其位则智慧贤能。重重父母克世爻，方寸被俗家之羁绊。叠叠官爻伤世象，四体有采薪之忧烦。

财陷则枉开疏簿，鬼空则徒费谋为。

纯阳易于修炼与参玄，乱动难为坐禅而入定。

寺院募缘，全凭注疏题名，财陷则写之无益。释道谋作，必得动止合规，鬼空则设亦徒劳。

艮坤利岩谷中栖身隐迹，

离巽堪城市里养性修真。

煞值游魂，休游云水；世居衰绝，莫置田园。

艮山坤土，深岩隐而吸月食霞。离杂巽卑，闹市居而闭开卜迹。煞值游魂，不利天涯海角。世居衰绝，何须阡陌田庄。

世空身旺，此是地行之仙。

子动妻摇，斯为还俗之汉。

宝刹无尘，缘身空之不动。

琳官独盛，取应旺之来生。

世空身旺相，地行之仙，与子动显妻财，还俗之汉也。业林金璧辉煌，为身空不动。道境琳琅隆盛，缘应旺生身。

世奇应偶，身静神清。合世生身，寿高德邵。

兄动则业根难灭，身兴则俗债未完。

世居阳，应居阴，神宇清，而身官静，世得生，身得合，德业大而年寿高。兄动则欲火方炽，身兴则俗缘未除。

世应不和身妄动，决非大神授受之。

正传岁君交作父加临，身获大君宠恩之上锡。

试观大易六爻，妙在玄机一泄。

佛老在世应比和，和则有缘有法。今乃世应相克，而身又妄动，此僧此道，决非天神正之妙。太岁若动，又在父母之位，则师公父祖，必受至尊恩宠之颁锡也。试考《周易》经书，全有六爻判断，若于虚无事迹，还凭一理而推昧之哉。

修真炼性章第一百四十一①

离官修定，瞿昙之佛能成。

坎府求玄，蓬岛之仙可作。

人欲超凡入圣，须世旺身安。

灵台修持，出尘入定。西方佛子，证果皆成。肾水得坚，东来紫气。青牛独跨，超然入关。卦须世旺，又在身安。

无身则圣岸难登，空世则天书不绝。

阴阳安伏，心清意静好修真。

内外交重，情乱性刚难学道。

若或无身，则彼岸难登。如其空世，则天书不录。阴阳得位，安然不动，是乃心清意静，真修之善士。若果内外交重，此乃情乱性刚，非为学道之高人。

六爻静则六贼不兴，五类全则五行恒逆。

无合无冲阻节，不冲不动不更迁。

六爻不兴，则六贼宁静。六贼者，眼耳鼻舌身意也。五行恒逆，则五类真全。五行者，心肝脾肺肾也。六贼不兴，必心有主宰，固宜修养。五行恒逆，则捉坎填离，金丹可就。无合无冲，事无阻隔节得。不空不动，身如磐石之无改移也。

烧丹养火，喜龙虎之交蟠。

面壁坐禅，得坎离之交垢。

---

① 修释以全为主，修道以大为凭。

卦属金宫，释门可入；世临本地，道教宜从。

龙虎交蟠者，日青龙与月白虎，或月青龙与日白虎，同临身世即是。降龙伏虎，再加财福两旺，是炼丹得道而成。坎离交媾者，卦值内火外水，或下火上水，既济卦是也，此乃火降水升，禅林上乘之士，内官秀实之人也。卦居乾兑，或居酉申，大利空门之子。世值卯寅，或卦临震巽，诚为道教之徒。

世值升爻，渐往天堂之境。

身居降位，难逃地狱之途。

鬼旺福柔，预布英雄之智量。

子强官弱，凤培良善之根荄。

世值升阳，天堂堪往。身居降位，地狱难逃。官父旺福神柔，英雄之酌量预逞。子孙强鬼象弱，良善之根芽宿培。

官化子孙，先作后修成正道。

子之官鬼，始修终作岂升天？

一字精微，万无漏泄。

官化子孙，先作后修而成功不小，有始有卒者能之。子之官鬼，始修终作而结果无真，此先贞后黩者之为也。卦理字字，究入精微；易象爻爻，岂容漏泄？

坐关不语章第一百四十二[①]

闭关不语修心行，打坐参神莲气同。

一应最宜爻静合，诸般却忌世逢冲。

闭关者，锁住心猿意马。不语者，禁止妄语狂言。打坐者，运转性真元气。参禅者，恳求秘旨玄机。诸般功果一切事宜，六爻皆当安静，身世最忌克冲。凡欲修真，须明此理。

世空自不专诚守，应陷难招施主从。

---

① 以世爻为主，福德为凭。

世为一身之主，如遇空绝，毕竟难守空门戒行。应作十方施主，若逢绝时，谁趋法座皈从。

身动必然心变革，斋粮缺乏犯财空。

心为一身之主，世爻若动，心必变更。财为日用之需，财若空亡，斋粮绝望。

多灾多讼因官动，无始无终为六冲。

化出冲时难结果，六爻乱动改西东。

官鬼能与灾祸，修道之人逢官发动，虽不克世，自然有灾有讼；若来克世，其祸不小。但凡求道之占，不宜冲克，若卦值六冲或化冲击、或六爻乱动，皆系变迁之象，岂得守真志满，必然逐物意移。

卦无福德空修炼，世值儿孙得大功。

父与上爻生合世，天人庇佑福无穷。

卦内子孙为福德，若占修道，全赖此神。须要生扶拱合，大则功成行满，白日飞升，小则还元固本，益寿长年。倘落空亡，或不上卦，则心无诚敬，身有更张，祥关冷落，丹室荒芜，当为画虎不成之诮耳。如父母并上六爻生世合身者，天从人愿，得福无边。

持斋受戒章第一百四十三[①]

心欲皈依五戒专，用爻得地好参神。

元神上卦天常佑，忌象临爻病久缠。

凡占参禅修道，须得用爻有气，元神上卦。用爻有气，则道心坚固，元神扶助，则法力弥高。所忌者，冲用克用之爻。用遭冲克，病祸易生，道心易退。

自己奉斋身作主，他人受戒应为先。

落空值破遭磨折，遇旺逢生有善缘。

有为自己占，或为他人卜，己卜以世为用，他占以应为用，用值旬空

---

① 以官爻为主，福德为凭。

月破者，虽则心怀善愿，又遭病入膏肓。若得用爻逢生逢旺而发动者，乃宿有善缘，终成正果也。

虎雀爻兴心不尽，游魂卦发意多迁。

子孙旺相根栽善，官鬼交重孽未完。

爻逢雀虎，卦值游魂者，中多事故。雀动有口舌，虎动多祸扰。游魂之卦，迁移不定，僧道远此，方可修行。若遇诸凶迭发，则素心奢侈，赋性轻狂。惟有子孙为之福德，旺相兴隆，前世植有善种，愈久愈坚。独怪官鬼为之孽冤，乃前生所造，未得顿除。

用与六爻生合者，天从人愿永长年。

六冲早晚开斋戒，内外相生道必全。

持斋受戒欲求功成，须得内外相生，六爻相合，乃道念和同，义情宁静，永久无更。苦值六冲道不成而斋必破，心不安而行已亏，凡事无成矣。

食淡戒咸求却病，守箴绝欲保身安。

印经塑像皆祈福，一应修行共此篇。

凡修行之人，有戒咸食淡者，乃以六根之秽守箴。绝欲者，乃蕴五内之玄，诵读祖师之经忏，绘塑神圣之仪容，延生延福，消罪消灾，诸般戒行，一体推详。

开斋破戒章第一百四十四[①]

开斋开戒还宜福，鬼若交重祸便生。

急要元神居旺地，不宜忌象值时兴。

凡占开斋破戒，须以子孙为用神，若得旺相或发动，去后平安。若子孙衰静，官鬼兴隆，乃无人制服，多生灾祸来侵。又宜元神旺相生助，助则有益；不堪忌神发动，动则生殃。

用爻若也空而绝，必犯灾危损寿龄。

---

① 以用爻为主，福德为凭。

助鬼伤身随鬼墓，逢之多病岂康宁。

用爻若值空亡，或逢墓绝，破斋破戒之后，多灾多祸，损寿损元。或助鬼伤身，或随官入墓，皆系不祥之兆。

归宗还俗章第一百四十五①

僧道今占还俗宗，世人复祖概相同。

皆宜财福兴而旺，各忌兄官交与重。

凡僧道若占还俗，与赘继归宗同论，惟喜妻财。若旺则归宗，足有衣禄之用，子孙旺动，则家室安宁。独怪官兴兄发，官兴则是非接踵，灾病缠绵，兄动则财源耗散，艺业萧条。

世上有空谁曰吉，身中无破那云凶。

八纯未可归宗族，卦得归魂返舍荣。

世是平生之本，只宜旺相兴隆，岂可空破？一值空冲其身无倚，焉得亨通？八纯者皆系六冲，冲者散也。乃是无情之象，占者遇此，百无一就，宁得遂其为乎？倘卜归魂之卦，或化归魂，方可归宗。故《经》云："游魂化入归魂，返舍回来大吉。"

---

① 以世身为主，财福为凭。

宪台赐示

　　浙江等提刑按察司带管分守浙西道副使车为优奖事：照得冠带术士张世宝幼虽丧明，性多颖悟，乃能精穷易理，卜筮屡验，且著书成帙，谈兵颇通，诚盲于目而不盲于心者，良可嘉尚。除行县给匾，外为此劄，仰冠带术士张世宝照劄事理。今承优奖之后，务要益精乃艺，为时名流，慎勿自画有孤。本道优嘉之意，须至劄付者。

　　右劄付冠带术士张世宝准此。
　　有
　　万历三十二年九月初六日印
　　优奖事
　　劄付有押
　　守字六号
　　有印

缙绅赠言

申太师 名时行号瑶泉

解绶归休半榻清,偶从卖卜识君平。
绿图秘诀千年异,紫笈高谈四座惊。

国泰有人占岁月,身闲凭子问虚盈。
燃藜夜著床头易,洛史难专万古名。

潘尚书 名季驯号印川

古吴高士擅名流,颖悟玄微蕴斗牛。
道合枢机分造化,数明元会定春秋。
闲挥麈尾风生座,静煮龙团月上钩。
晏起北窗醒午梦,自甘林壑傲王侯。

吴宪副 名秀号屏山

曾闻张仲号张仙,奕叶绵绵起后贤。
先生无迺是其系,胸多异术合重玄。

知来更知往,先天与后天。淳风元伯仲,鬼谷亦比肩。

古称明心胜明目,天机冥会千古前。
五运六气兮秘诀,三皇四圣兮真传。

顾侍御 名尔行号儆韦

卖卜吴兴季主俦,垂帘永日复何求。

探玄不数胡芦秘,折卦还同谢石幽。
箧有新书堪翼易,门多新弟解从游。
棲迟媿我立园下,检点行藏谁似谋。

徐太常 名璠号仰斋

归卧从谁论甲庚,张华尚异术何精。
间间争问先天易,湖海遥传大隐名。
千载不须称季主,三吴亦自有君平。
由来胸次藏星斗,缓颊无烦宠辱惊。

王礼部 名谦

君自乘槎银汉回,天机眇悟彻三台。
家居红蓼环苍水,门对青山荐绿醅。
讲易春朝云满室,谈玄秋夜月侵台。
只缘术妙公卿动,冠盖翩翩结肆来。

王佥宪 名豫号槐庭

先生卖卜雪溪滨,髣髴城都市上人。
十载悬壶观世运,一时挥麈折星辰。
象涵太极心常照,机入先天道自神。
多少春明裘马客,秋风闲却白纶巾。

又

世路崎岖不可行,茫茫何处问前程。
红尘扰扰双眸乱,不似张君心独明。

张少卿 名邦伊

石屋长餐海上霞,风吹吹动满庭花。
门前碧草来车马,知是成都卖卜家。

卢别驾 名舜治号志菴

羡尔高名四海知，易林操纵世应稀。
胸中妙算窥羲脉，笔底神占授也脾。
漫说君平堪作偶，争夸季主未为奇。
异书莫竟空怀宝，亟捧明珠献盛时。

顾太守 名嗣衍号肖溪

隐沦清晤振儒林，道合梅花天地心。
决策市中惊握粟，著书海内重操金。
午风翠竹翻秋色，斜日苍梧转夕阴。
自抱玄玄轻世鞅，月明沉醉枕瑶琴。

张运使 名汝诺号省台

曾闻秦晋多名卜，试见张君苕霅滨。
两目失明天独限，一心彻理世无伦。
谈玄倾倒悬河汉，论易精微惊鬼神。
深得秘传芳誉远，应来国宠动朝绅。

费太守 名兆元号台简

季主由来业有师，贾生从叩下帷时。
风生客座谈天处，杖满蚨钱贳酒资。
已向支干搜隐秘，更于禄命探幽奇。
三旌高爵非吾意，闲傍荆江一赋诗。

丁比部 名浚号见源

妙悟元无际，高谈亦有季。漫将四圣理，常为世人传。
蚤誉闻天下，先知见画前。君平千载后，那复更翩翩。

魏太史 名珩如号二方

曾传仙术隐吴中，静几雄谈泄化工。
冠盖自天来冀北，声名动地振苕东。
数侔管辂鸣当代，卜擅君平振古风。
独步松窗心镜彻，任教明月下瑶空。

陶外翰 名大邦号惺菴

昭代推高雅，吴中仅见君。金书传秘诀，玉镜得真文。
决策饶春色，垂帘送夕曛。谈玄无俗驾，满座尽青云。

董仪部 名嗣成号青芝

似矜双目瞽，终是寸心明。帘肆藏名久，蓍龟见道精。
由来称季主，此日遇君平。为问遭阳九，何时际世亨。

钱大尹 名中选号玉球

无钱漫说五明奇，易圣何如董贺诗。
闻道苕溪张日者，著书神悟胜蓍龟。

严中翰 名自省号一吾

双眸暗暗寸心明，神卜争传江左名。
十载著书传海内，一时纸贵价连城。

又

画前有易号先天，休咎由来总不传。
一自秘书增补后，教人如遇大罗仙。

潘中翰 名廷圭号鸡园

张籍高名旧，逃玄托步占。谈虚能辨石，习静每垂帘。

榆巷深车辙，芸窗满轴籖。圣朝崇隐德，雨露喜均沾。

王孝廉 名震号荆庭

蜀肆垂帘坐，悠然市隐仙。峨冠承国宠，秘术得家传。
细雨滋苔藓，轻云接绿烟。侯芭问奇罢，闭户独探玄。

张孝廉 名宪号银河

西吴产佳士，道自合重玄。旧誉流千里，新恩沐九天。
闲庭鸠杖雨，净几兽炉烟。王母时相讯，翩翩青鸟传。

易林补遗后序

予以《诗》起家，未尝攻《易》，然好《易》。终于兵宪王先生座上，闻讲《易》先生谈《易》娓娓，自谓深入，不佞听之，若解，若不解，《易》真难言哉。匪直经生老博士家，仅沿唾余，浑如嚼蜡，即所称勒成一家言者，凿空支离，言日以赘，旨日以晦，赘赘不已，晦晦相仍，建鼓而求亡，是邪非邪。夫子教人寡过，又语称为臣不可不知《易》，予既无当于不知《易》者，又无当于知《易》者，怅怅乎将终其身，聋且瞆焉。辄悔恨久之。

星元张君，吴产也。卖卜苕上二十年，与人谈吉凶趋避事若指掌。又发愤思效昔人垂空文以自表，见彙成一编，名曰《易林补遗》，探幽索隐，缕析星分，始读之棼如也，既按之秩如也，徐考之确如也，又渊如也。予卒业焉，曰：异哉，嗟夫，予以有目眯，君以无目明，君之过不佞远矣。昔君平之在蜀肆也，与父言慈，与子言孝，人人洒然顾化，其精诚上通于天，功岂小补。张君名既成，其益勉焉。端筴立论，一如君平，予将以君为筚路蓝缕，辟予榛莽之途可也。予不佞，不作一切溢美之言，政不敢诬张君，并不敢诬《易》，且诸大夫道详矣，何取不佞之赘，亦唯恐赘也，恐如向者愈赘而愈晦也。

赐进士第文林郎郡人钱中选撰

易林补遗后跋

昔者圣人作《易》，立象尽意，盖象立而吉凶消长之理、进退存亡之道备矣。中古圣人，恐有画无文，民用弗彰，而系之辞焉，则又举象之所示而阐明无遗，故曰尽意，又曰尽言。谓之曰尽，则絜净精微，无可增损，何遗又何补乎。晚世日者谓卜以道疑教愚，言不厌烦，于是各以己见成一家言，而说始林立。焦氏而后益浩繁矣。不知说愈多则舛合分而遗益众，盖多歧亡羊，势固然也。自非得意忘象，而糟粕前言者孰能补之。张君幼稚目盲，长而究心易理，殆反观内照而得意者，故萃诸家所遗而补之。是书果行，其有功于卜筮不浅也。昔左丘明而传《春秋》，名在万世。今补遗之张君，意将与左氏并不朽耶

会稽陶大邦

周易书斋精品书目

书　　名	作　者	定价	版别
影印涵芬楼本正统道藏[典藏宣纸版；全512函1120册]	[明]张宇初编	480000.00	九州
影印涵芬楼本正统道藏[再造善本；全512函1120册]	[明]张宇初编	280000.00	九州
重刊术藏[全6箱,精装100册]	谢路军郑同主编	68000.00	九州
续修术藏[全6箱,精装100册]	谢路军郑同主编	68000.00	九州
易藏[全6箱,精装60册]	谢路军郑同主编	48000.00	九州
道藏[全6箱,精装60册]	谢路军郑同主编	48000.00	九州
焦循文集[全精装18册]	[清]焦循撰	9800.00	九州
邵子全书[全精装15册]	[宋]邵雍撰	9600.00	九州
子部珍本备要(以下为分函购买价格)		178000.00	九州
001 岣嵝神书	宣纸线装1函1册	280.00	九州
002 地理㟭蔗録	宣纸线装1函4册	880.00	九州
003 地理玄珠精选	宣纸线装1函4册	880.00	九州
004 地理琢玉斧峦头歌括	宣纸线装1函4册	880.00	九州
005 金氏地学粹编	宣纸线装3函8册	1840.00	九州
006 风水一书	宣纸线装1函4册	880.00	九州
007 风水二书	宣纸线装1函4册	880.00	九州
008 增注周易神应六亲百章海底眼	宣纸线装1函1册	280.00	九州
009 卜易指南	宣纸线装1函1册	280.00	九州
010 大六壬占验	宣纸线装1函1册	280.00	九州
011 真本六壬神课金口诀	宣纸线装1函3册	680.00	九州
012 太乙指津	宣纸线装1函2册	480.00	九州
013 太乙金钥匙 太乙金钥匙续集	宣纸线装1函1册	280.00	九州
014 奇门遁甲占验天时	宣纸线装1函2册	480.00	九州
015 南阳掌珍遁甲	宣纸线装1函1册	280.00	九州
016 达摩易筋经 易筋经外经图说 八段锦	宣纸线装1函1册	280.00	九州
017 钦天监彩绘真本推背图	宣纸线装1函2册	680.00	九州
018 清抄全本玉函通秘	宣纸线装1函3册	680.00	九州
019 灵棋经	宣纸线装1函1册	280.00	九州
020 道藏灵符秘法	宣纸线装4函9册	2100.00	九州
021 地理青囊玉尺度金针集	宣纸线装1函6册	1280.00	九州
022 奇门秘传九宫纂要	宣纸线装1函1册	280.00	九州

书　　名	作　者	定　价	版别
023 影印清抄耕寸集－真本子平真诠	宣纸线装1函2册	480.00	九州
024 新刊合并官板音义评注渊海子平	宣纸线装1函2册	480.00	九州
025 影抄宋本五行精纪	宣纸线装1函6册	1080.00	九州
026 影印明刻阴阳五要奇书1－郭氏阴阳元经	宣纸线装1函2册	480.00	九州
027 影印明刻阴阳五要奇书2－克择璇玑括要	宣纸线装1函1册	280.00	九州
028 影印明刻阴阳五要奇书3－阳明按索图	宣纸线装1函2册	480.00	九州
029 影印明刻阴阳五要奇书4－佐玄直指	宣纸线装1函2册	480.00	九州
030 影印明刻阴阳五要奇书5－三白宝海钩玄	宣纸线装1函1册	280.00	九州
031 相命图诀许负相法十六篇合刊	宣纸线装1函1册	280.00	九州
032 玉掌神相神相铁关刀合刊	宣纸线装1函1册	280.00	九州
033 古本太乙淘金歌	宣纸线装1函1册	280.00	九州
034 重刊地理葬埋黑通书	宣纸线装1函2册	480.00	九州
035 壬归	宣纸线装1函2册	480.00	九州
036 大六壬苗公鬼撮脚二种合刊	宣纸线装1函1册	280.00	九州
037 大六壬鬼撮脚射覆	宣纸线装1函2册	480.00	九州
038 大六壬金柜经	宣纸线装1函1册	280.00	九州
039 纪氏奇门秘书仕学备余	宣纸线装1函1册	280.00	九州
040 八门九星阴阳二遁全本奇门断	宣纸线装2函18册	3680.00	九州
041 李卫公奇门心法	宣纸线装1函1册	280.00	九州
042 武侯行兵遁甲金函玉镜海底眼	宣纸线装1函1册	280.00	九州
043 诸葛武侯奇门千金诀	宣纸线装1函1册	280.00	九州
044 隔夜神算	宣纸线装1函1册	280.00	九州
045 地理五种秘笈合刊	宣纸线装1函1册	280.00	九州
046 地理雪心赋句解	宣纸线装1函2册	480.00	九州
047 九天玄女青囊经	宣纸线装1函1册	280.00	九州
048 考定撼龙经	宣纸线装1函1册	280.00	九州
049 刘江东家藏善本葬书	宣纸线装1函1册	280.00	九州
050 杨公六段玄机赋杨筠松安门楼玉辇经合刊	宣纸线装1函1册	280.00	九州
051 风水金鉴	宣纸线装1函1册	280.00	九州
052 新镌碎玉剖秘地理不求人	宣纸线装1函2册	480.00	九州
053 阳宅八门金光斗临经	宣纸线装1函1册	280.00	九州
054 新镌徐氏家藏罗经顶门针	宣纸线装1函2册	480.00	九州
055 影印乾隆丙午刻本地理五诀	宣纸线装1函4册	880.00	九州
056 地理诀要雪心赋	宣纸线装1函2册	480.00	九州
057 蒋氏平阶家藏善本插泥剑	宣纸线装1函1册	280.00	九州

书　名	作　者	定　价	版别
058 蒋大鸿家传地理归厚录	宣纸线装1函1册	280.00	九州
059 蒋大鸿家传三元地理秘书	宣纸线装1函1册	280.00	九州
060 蒋大鸿家传天星选择秘旨	宣纸线装1函1册	280.00	九州
061 撼龙经批注校补	宣纸线装1函4册	880.00	九州
062 疑龙经批注校补一全	宣纸线装1函1册	280.00	九州
063 种筠书屋较订山法诸书	宣纸线装1函2册	480.00	九州
064 堪舆倒杖诀 拨砂经遗篇 合刊	宣纸线装1函1册	280.00	九州
065 认龙天宝经	宣纸线装1函1册	280.00	九州
066 天机望龙经刘氏心法 杨公骑龙穴诗合刊	宣纸线装1函1册	280.00	九州
067 风水一夜仙秘传三种合刊	宣纸线装1函1册	280.00	九州
068 新镌地理八窍	宣纸线装1函2册	480.00	九州
069 地理解醒	宣纸线装1函1册	280.00	九州
070 峦头指迷	宣纸线装1函3册	680.00	九州
071 茅山上清灵符	宣纸线装1函2册	480.00	九州
072 茅山上清镇禳摄制秘法	宣纸线装1函1册	280.00	九州
073 天医祝由科秘抄	宣纸线装1函2册	480.00	九州
074 千镇百镇桃花镇	宣纸线装1函2册	480.00	九州
075 轩辕碑记医学祝由十三科治病奇书合刊	宣纸线装1函1册	280.00	九州
076 清抄真本祝由科秘诀全书	宣纸线装1函3册	680.00	九州
077 增补秘传万法归宗	宣纸线装1函2册	480.00	九州
078 祝由科诸符秘卷祝由科诸符秘旨合刊	宣纸线装1函1册	280.00	九州
079 辰州符咒大全	宣纸线装1函4册	880.00	九州
080 万历初刻三命通会	宣纸线装2函12册	2480.00	九州
081 新编三车一览子平渊源注解	宣纸线装1函3册	680.00	九州
082 命理用神精华	宣纸线装1函3册	680.00	九州
083 命学探骊集	宣纸线装1函1册	280.00	九州
084 相诀摘要	宣纸线装1函2册	480.00	九州
085 相法秘传	宣纸线装1函1册	280.00	九州
086 新编相法五总龟	宣纸线装1函1册	280.00	九州
087 相学统宗心易秘传	宣纸线装1函2册	480.00	九州
088 秘本大清相法	宣纸线装1函2册	480.00	九州
089 相法易知	宣纸线装1函1册	280.00	九州
090 星命风水秘传	宣纸线装1函1册	280.00	九州
091 大六壬隔山照	宣纸线装1函2册	480.00	九州
092 大六壬考正	宣纸线装1函1册	280.00	九州

书名	作者	定价	版别
093 大六壬类阐	宣纸线装1函2册	480.00	九州
094 六壬心镜集注	宣纸线装1函1册	280.00	九州
095 遁甲吾学编	宣纸线装1函2册	480.00	九州
096 刘明江家藏善本奇门衍象	宣纸线装1函1册	280.00	九州
097 遁甲天书秘文	宣纸线装1函2册	480.00	九州
098 金枢符应秘文	宣纸线装1函2册	480.00	九州
099 秘传金函奇门隐遁丁甲法书	宣纸线装1函2册	480.00	九州
100 六壬行军指南	宣纸线装2函10册	2080.00	九州
101 家藏阴阳二宅秘诀线法	宣纸线装1函2册	480.00	九州
102 阳宅一书阴宅一书合刊	宣纸线装1函1册	280.00	九州
103 地理法门全书	宣纸线装1函1册	280.00	九州
104 四真全书玉钥匙	宣纸线装1函1册	280.00	九州
105 重刊官板玉髓真经	宣纸线装1函4册	880.00	九州
106 明刊阳宅真诀	宣纸线装1函2册	480.00	九州
107 阳宅指南	宣纸线装1函1册	280.00	九州
108 阳宅秘传三书	宣纸线装1函1册	280.00	九州
109 阳宅都天滚盘珠	宣纸线装1函1册	280.00	九州
110 纪氏地理水法要诀	宣纸线装1函1册	280.00	九州
111 李默斋先生地理辟径集	宣纸线装1函2册	480.00	九州
112 李默斋先生辟径集续篇 地理秘缺	宣纸线装1函2册	480.00	九州
113 地理辨正自解	宣纸线装1函1册	280.00	九州
114 形家五要全编	宣纸线装1函4册	880.00	九州
115 地理辨正抉要	宣纸线装1函1册	280.00	九州
116 地理辨正揭隐	宣纸线装1函1册	280.00	九州
117 地学铁骨秘	宣纸线装1函1册	280.00	九州
118 地理辨正发秘初稿	宣纸线装1函1册	280.00	九州
119 三元宅墓图	宣纸线装1函1册	280.00	九州
120 参赞玄机地理仙婆集	宣纸线装2函8册	1680.00	九州
121 幕讲禅师玄空秘旨浅注外七种	宣纸线装1函1册	280.00	九州
122 玄空挨星图诀	宣纸线装1函1册	280.00	九州
123 影印稿本玄空地理筌蹄	宣纸线装1函1册	280.00	九州
124 玄空古义四种通释	宣纸线装1函2册	480.00	九州
125 地理疑义答问	宣纸线装1函1册	280.00	九州
126 王元极地理辨正冒禁录	宣纸线装1函1册	280.00	九州
127 王元极校补天元选择辨正	宣纸线装1函3册	680.00	九州

书　　名	作　者	定　价	版别
128 王元极选择辨真全书	宣纸线装1函1册	280.00	九州
129 王元极增批地理冰海原本地理冰海合刊	宣纸线装1函1册	280.00	九州
130 王元极三元阳宅萃篇	宣纸线装1函2册	480.00	九州
131 尹一勺先生地理精语	宣纸线装1函1册	280.00	九州
132 古本地理元真	宣纸线装1函2册	480.00	九州
133 杨公秘本搜地灵	宣纸线装1函1册	280.00	九州
134 秘藏千里眼	宣纸线装1函1册	280.00	九州
135 道光刊本地理或问	宣纸线装1函1册	280.00	九州
136 影印稿本地理秘诀	宣纸线装1函2册	480.00	九州
137 地理秘诀隔山照 地理括要 合刊	宣纸线装1函1册	280.00	九州
138 地理前后五十段	宣纸线装1函2册	480.00	九州
139 心耕书屋藏本地经图说	宣纸线装1函1册	280.00	九州
140 地理古本道法双谭	宣纸线装1函1册	280.00	九州
141 奇门遁甲元灵经	宣纸线装1函1册	280.00	九州
142 黄帝遁甲归藏大意 白猿真经 合刊	宣纸线装1函1册	280.00	九州
143 遁甲符应经	宣纸线装1函2册	480.00	九州
144 遁甲通明钤	宣纸线装1函1册	280.00	九州
145 景祐奇门秘纂	宣纸线装1函2册	480.00	九州
146 奇门先天要论	宣纸线装1函2册	480.00	九州
147 御定奇门古本	宣纸线装1函2册	480.00	九州
148 奇门吉凶格解	宣纸线装1函1册	280.00	九州
149 御定奇门宝鉴	宣纸线装1函3册	680.00	九州
150 奇门阐易	宣纸线装1函2册	480.00	九州
151 六壬总论	宣纸线装1函1册	280.00	九州
152 稿抄本大六壬翠羽歌	宣纸线装1函1册	280.00	九州
153 都天六壬神课	宣纸线装1函1册	280.00	九州
154 大六壬易简	宣纸线装1函2册	480.00	九州
155 太上六壬明鉴符阴经	宣纸线装1函1册	280.00	九州
156 增补关煞袖里金百中经	宣纸线装1函1册	280.00	九州
157 演禽三世相法	宣纸线装1函2册	480.00	九州
158 合婚便览 和合婚姻咒 合刊	宣纸线装1函1册	280.00	九州
159 神数十种	宣纸线装1函1册	280.00	九州
160 神机灵数一掌经金钱课合刊	宣纸线装1函1册	280.00	九州
161 阴阳二宅易知录	宣纸线装1函2册	480.00	九州
162 阴宅镜	宣纸线装1函2册	480.00	九州
163 阳宅镜	宣纸线装1函1册	280.00	九州

书 名	作 者	定 价	版别
164 清精抄本六圃地学	宣纸线装1函1册	280.00	九州
165 形峦神断书	宣纸线装1函1册	280.00	九州
166 堪舆三昧	宣纸线装1函1册	280.00	九州
167 遁甲奇门捷要	宣纸线装1函1册	280.00	九州
168 奇门遁甲备览	宣纸线装1函1册	280.00	九州
169 原传真本石室藏本圆光真传秘诀合刊	宣纸线装1函1册	280.00	九州
170 明抄全本壬归	宣纸线装1函4册	880.00	九州
171 董德彰水法秘诀水法断诀合刊	宣纸线装1函1册	280.00	九州
172 董德彰先生水法图说	宣纸线装1函1册	280.00	九州
173 董德彰先生泄天机篡要	宣纸线装1函2册	480.00	九州
174 李默斋先生地理秘传	宣纸线装1函2册	480.00	九州
175 新锓希夷陈先生紫微斗数全书	宣纸线装1函3册	680.00	九州
176 海源阁藏明刊麻衣相法全编	宣纸线装1函2册	480.00	九州
177 袁忠彻先生相法秘传	宣纸线装1函3册	680.00	九州
178 火珠林要旨 筮杙	宣纸线装1函2册	480.00	九州
179 火珠林占法秘传 续筮杙	宣纸线装1函1册	280.00	九州
180 六壬类聚	宣纸线装1函4册	880.00	九州
181 新刻麻衣相神异赋	宣纸线装1函1册	280.00	九州
182 诸葛武侯奇门遁甲全书	宣纸线装1函2册	480.00	九州
183 张九仪传地理偶摘	宣纸线装1函1册	280.00	九州
184 张九仪传地理偶注	宣纸线装1函1册	280.00	九州
185 阳宅玄珠	宣纸线装1函1册	280.00	九州
186 阴宅总论	宣纸线装1函1册	280.00	九州
187 新刻杨救贫秘传阴阳二宅便用统宗	宣纸线装1函1册	280.00	九州
188 增补理气图说	宣纸线装1函2册	480.00	九州
189 增补罗经图说	宣纸线装1函1册	280.00	九州
190 重镌官板阳宅大全	宣纸线装1函4册	880.00	九州
191 景祐太乙福应经	宣纸线装1函1册	280.00	九州
192 景祐遁甲符应经	宣纸线装1函1册	280.00	九州
193 景祐六壬神定经	宣纸线装1函1册	280.00	九州
194 御制禽遁符应经	宣纸线装1函2册	480.00	九州
195 秘传匠家鲁班经符法	宣纸线装1函3册	680.00	九州
196 哈佛藏本太史黄际飞注天玉经	宣纸线装1函1册	280.00	九州
197 李三素先生红囊经解	宣纸线装1函1册	280.00	九州
198 杨曾青囊天玉通义	宣纸线装1函1册	280.00	九州
199 重编大清钦天监焦秉贞彩绘历代推背图解	宣纸线装1函2册	680.00	九州

书　名	作　者	定　价	版别
200 道光初刻相理衡真	宣纸线装1函4册	880.00	九州
201 新刻袁柳庄先生秘传相法	宣纸线装1函3册	680.00	九州
202 袁忠彻相法古今识鉴	宣纸线装1函2册	480.00	九州
203 袁天纲五星三命指南	宣纸线装1函2册	480.00	九州
204 新刻五星玉镜	宣纸线装1函3册	680.00	九州
205 游艺录：筮遁壬行年斗数相宅	宣纸线装1函1册	280.00	九州
206 新订王氏罗经透解	宣纸线装1函2册	480.00	九州
207 堪舆真诠	宣纸线装1函3册	680.00	九州
208 青囊天机奥旨二种	宣纸线装1函1册	280.00	九州
209 张九仪传地理偶录	宣纸线装1函1册	280.00	九州
210 地学形势集	宣纸线装1函8册	1680.00	九州
重刻故宫藏百二汉镜斋秘书四种(一)：火珠林	宣纸线装1函1册	300.00	华龄
重刻故宫藏百二汉镜斋秘书四种(二)：灵棋经	宣纸线装1函1册	300.00	华龄
重刻故宫藏百二汉镜斋秘书四种(三)：滴天髓	宣纸线装1函1册	3000.00	华龄
重刻故宫藏百二汉镜斋秘书四种(四)：测字秘牒	宣纸线装1函1册	300.00	华龄
中外戏法图说：鹅幻汇编鹅幻余编合刊	宣纸线装1函3册	780.00	华龄
连山[宣纸线装一函一册]	[清]马国翰辑	280.00	华龄
归藏[宣纸线装一函一册]	[清]马国翰辑	280.00	华龄
周易虞氏义笺订[宣纸线装一函六册]	[清]李翊灼订	1180.00	华龄
周易参同契通真义	宣纸线装1函2册	480.00	华龄
御制周易[宣纸线装一函三册]	武英殿影宋本	680.00	华龄
宋刻周易本义[宣纸线装一函四册]	[宋]朱熹撰	980.00	华龄
易学启蒙[宣纸线装一函二册]	[宋]朱熹撰	480.00	华龄
易余[宣纸线装一函二册]	[明]方以智撰	480.00	九州
奇门鸣法[宣纸线装一函二册]	[清]龙伏山人撰	680.00	华龄
奇门衍象[宣纸线装一函二册]	[清]龙伏山人撰	480.00	华龄
奇门枢要[宣纸线装一函二册]	[清]龙伏山人撰	480.00	华龄
奇门仙机[宣纸线装一函三册]	王力军校订	298.00	华龄
奇门心法秘纂[宣纸线装一函三册]	王力军校订	298.00	华龄
御定奇门秘诀[宣纸线装一函三册]	[清]湖海居士辑	680.00	华龄
宫藏奇门大全[线装五函二十五册]	[清]湖海居士辑	6800.00	影印
遁甲奇门秘传要旨大全[线装二函十册]	[清]范阳耐寒子辑	6200.00	影印
增广神相全编[线装一函四册]	[明]袁珙订正	980.00	影印
龙伏山人存世文稿[宣纸线装五函十册]	[清]矫子阳撰	2800.00	九州
奇门遁甲鸣法[宣纸线装一函二册]	[清]矫子阳撰	680.00	九州
奇门遁甲衍象[宣纸线装一函二册]	[清]矫子阳撰	480.00	九州

书　名	作　者	定　价	版别
奇门遁甲枢要[宣纸线装一函二册]	[清]矫子阳撰	480.00	九州
遁甲括囊集[宣纸线装一函三册]	[清]矫子阳撰	980.00	九州
增注蒋公古镜歌[宣纸线装一函一册]	[清]矫子阳撰	180.00	九州
明抄真本梅花易数[宣纸线装一函三册]	[宋]邵雍撰	480.00	九州
古本皇极经世书[宣纸线装一函三册]	[宋]邵雍撰	980.00	九州
订正六壬金口诀[宣纸线装一函六册]	[清]巫国匡辑	1280.00	华龄
六壬神课金口诀[宣纸线装一函三册]	[明]适适子撰	298.00	华龄
改良三命通会[宣纸线装一函四册,第二版]	[明]万民英撰	980.00	华龄
增补选择通书玉匣记[宣纸线装一函二册]	[晋]许逊撰	480.00	华龄
阳宅三要	宣纸线装1函3册	298.00	华龄
绘图全本鲁班经匠家镜	宣纸线装1函4册	680.00	华龄
青囊海角经	宣纸线装1函4册	680.00	华龄
菊逸山房天函:地理点穴撼龙经	宣纸线装1函3册	680.00	华龄
菊逸山房地函:秘藏疑龙经大全	宣纸线装1函1册	280.00	华龄
菊逸山房人函:杨公秘本山法备收	宣纸线装1函1册	280.00	华龄
珍本1:校正全本地学答问	宣纸线装1函3册	680.00	华龄
珍本2:赖仙原本催官经	宣纸线装1函1册	280.00	华龄
珍本3:赖仙催官篇注	宣纸线装1函1册	280.00	华龄
珍本4:尹注赖仙催官篇	宣纸线装1函1册	280.00	华龄
珍本5:赖仙心印	宣纸线装1函1册	280.00	华龄
珍本6:新刻赖太素天星催官解	宣纸线装1函2册	480.00	华龄
珍本7:天机秘传青囊内传	宣纸线装1函1册	280.00	华龄
珍本8:阳宅斗首连篇秘授	宣纸线装1函1册	280.00	华龄
珍本9:精刻编集阳宅真传秘诀	宣纸线装1函2册	480.00	华龄
珍本10:秘传全本六壬玉连环	宣纸线装1函2册	480.00	华龄
珍本11:秘传仙授奇门	宣纸线装1函2册	480.00	华龄
珍本12:祝由科诸符秘卷祝由科诸符秘旨合刊	宣纸线装1函2册	480.00	华龄
珍本13:校正古本入地眼图说	宣纸线装1函2册	480.00	华龄
珍本14:校正全本钻地眼图说	宣纸线装1函2册	480.00	华龄
珍本15:赖公七十二葬法	宣纸线装1函2册	480.00	华龄
珍本16:新刻杨筠松秘传开门放水阴阳捷径	宣纸线装1函2册	480.00	华龄
珍本17:校正古本地理五诀	宣纸线装1函2册	480.00	华龄
珍本18:重校古本地理雪心赋	宣纸线装1函2册	480.00	华龄
珍本19:宋国师吴景鸾先天后天理气心印补注	宣纸线装1函1册	280.00	华龄
珍本20:新刊宋国师吴景鸾秘传夹竹梅花院纂	宣纸线装1函2册	480.00	华龄
珍本21:影印原本任铁樵注滴天髓阐微	宣纸线装1函4册	980.00	华龄

书　　名	作　者	定　价	版别
增补四库青乌辑要[宣纸线装全18函59册]	郑同校	11680.00	九州
第1种:宅经[宣纸线装1册]	[署]黄帝撰	180.00	九州
第2种:葬书[宣纸线装1册]	[晋]郭璞撰	220.00	九州
第3种:青囊序青囊奥语天玉经[宣纸线装1册]	[唐]杨筠松撰	220.00	九州
第4种:黄囊经[宣纸线装1册]	[唐]杨筠松撰	220.00	九州
第5种:黑囊经[宣纸线装2册]	[唐]杨筠松撰	380.00	九州
第6种:锦囊经[宣纸线装1册]	[晋]郭璞撰	200.00	九州
第7种:天机贯旨红囊经[宣纸线装2册]	[清]李三素撰	380.00	九州
第8种:玉函天机素书/至宝经[宣纸线装1册]	[明]董德彰撰	200.00	九州
第9种:天机一贯[宣纸线装2册]	[清]李三素撰辑	380.00	九州
第10种:撼龙经[宣纸线装1册]	[唐]杨筠松撰	200.00	九州
第11种:疑龙经葬法倒杖[宣纸线装2册]	[唐]杨筠松撰	220.00	九州
第12种:疑龙经辨正[宣纸线装1册]	[唐]杨筠松撰	200.00	九州
第13种:寻龙记太华经[宣纸线装1册]	[唐]曾文迪撰	220.00	九州
第14种:宅谱要典[宣纸线装2册]	[清]铣溪野人校	380.00	九州
第15种:阳宅必用[宣纸线装2册]	心灯大师校订	380.00	九州
第16种:阳宅撮要[宣纸线装2册]	[清]吴鼐撰	380.00	九州
第17种:阳宅正宗[宣纸线装1册]	[清]姚承舆撰	200.00	九州
第18种:阳宅指掌[宣纸线装2册]	[清]黄海山人撰	380.00	九州
第19种:相宅新编[宣纸线装1册]	[清]焦循校刊	240.00	九州
第20种:阳宅井明[宣纸线装2册]	[清]邓颖出撰	380.00	九州
第21种:阴宅井明[宣纸线装1册]	[清]邓颖出撰	220.00	九州
第22种:灵城精义[宣纸线装2册]	[南唐]何溥撰	380.00	九州
第23种:龙穴砂水说[宣纸线装1册]	清抄秘本	180.00	九州
第24种:三元水法秘诀[宣纸线装2册]	清抄秘本	380.00	九州
第25种:罗经秘传[宣纸线装2册]	[清]傅禹辑	380.00	九州
第26种:穿山透地真传[宣纸线装2册]	[清]张九仪撰	380.00	九州
第27种:催官篇发微论[宣纸线装2册]	[宋]赖文俊撰	380.00	九州
第28种:入地眼神断要诀[宣纸线装2册]	清抄秘本	380.00	九州
第29种:玄空大卦秘断[宣纸线装1册]	清抄秘本	200.00	九州
第30种:玄空大五行真传口诀[宣纸线装1册]	[明]蒋大鸿等撰	220.00	九州
第31种:杨曾九宫颠倒打劫图说[宣纸线装1册]	[唐]杨筠松撰	200.00	九州
第32种:乌兔经奇验经[宣纸线装1册]	[唐]杨筠松撰	180.00	九州
第33种:挨星考注[宣纸线装1册]	[清]汪董缘订定	260.00	九州
第34种:地理挨星说汇要[宣纸线装1册]	[明]蒋大鸿撰辑	220.00	九州
第35种:地理捷诀[宣纸线装1册]	[清]傅禹辑	200.00	九州

书　名	作　者	定　价	版别
第36种:地理三仙秘旨[宣纸线装1册]	清抄秘本	200.00	九州
第37种:地理三字经[宣纸线装3册]	[清]程思乐撰	580.00	九州
第38种:地理雪心赋注解[宣纸线装2册]	[唐]卜则巍撰	380.00	九州
第39种:蒋公天元余义[宣纸线装1册]	[明]蒋大鸿等撰	220.00	九州
第40种:地理真传秘旨[宣纸线装3册]	[唐]杨筠松撰	580.00	九州
增补四库未收方术汇刊第一辑(全28函)	线装影印本	11800.00	九州
第一辑01函:火珠林·卜筮正宗	[宋]麻衣道者著	340.00	九州
第一辑02函:全本增删卜易·增删卜易真诠	[清]野鹤老人撰	720.00	九州
第一辑03函:渊海子平音义评注·子平真诠·命理易知	[明]杨淙增校	360.00	九州
第一辑04函:滴天髓:附滴天秘诀·穷通宝鉴:附月谈赋	[宋]京图撰	360.00	九州
第一辑05函:参星秘要诹吉便览·玉函斗首三台通书·精校三元总录	[清]俞荣宽撰	460.00	九州
第一辑06函:陈子性藏书	[清]陈应选撰	580.00	九州
第一辑07函:崇正辟谬永吉通书·选择求真	[清]李奉来辑	500.00	九州
第一辑08函:增补选择通书玉匣记·永宁通书	[晋]许逊撰	400.00	九州
第一辑09函:新增阳宅爱众篇	[清]张觉正撰	480.00	九州
第一辑10函:地理四弹子·地理铅弹子砂水要诀	[清]张九仪注	320.00	九州
第一辑11函:地理五诀	[清]赵九峰著	200.00	九州
第一辑12函:地理直指原真	[清]释如玉撰	280.00	九州
第一辑13函:宫藏真本入地眼全书	[宋]释静道著	680.00	九州
第一辑14函:罗经顶门针·罗经解定·罗经透解	[明]徐之镆撰	360.00	九州
第一辑15函:校正详图青囊经·平砂玉尺经·地理辨正疏	[清]王宗臣著	300.00	九州
第一辑16函:一贯堪舆	[明]唐世友辑	240.00	九州
第一辑17函:阳宅大全·阳宅十书	[明]一壑居士集	600.00	九州
第一辑18函:阳宅大成五种	[清]魏青江撰	600.00	九州
第一辑19函:奇门五总龟·奇门遁甲统宗大全·奇门遁甲元灵经	[明]池纪撰	500.00	九州
第一辑20函:奇门遁甲秘笈全书	[明]刘伯温辑	280.00	九州
第一辑21函:奇门庐中阐秘	[汉]诸葛武侯撰	600.00	九州
第一辑22函:奇门遁甲元机·太乙秘书·六壬大占	[宋]岳珂纂辑	360.00	九州
第一辑23函:性命圭旨	[明]尹真人撰	480.00	九州
第一辑24函:紫微斗数全书	[宋]陈抟撰	200.00	九州
第一辑25函:千镇百镇桃花镇	[清]云石道人校	220.00	九州
第一辑26函:清抄真本祝由科秘诀全书·轩辕碑记医学祝由十三科	[上古]黄帝传	800.00	九州
第一辑27函:增补秘传万法归宗	[唐]李淳风撰	160.00	九州

书　　名	作　者	定　价	版别
第一辑28函:神机灵数—掌经金钱课·牙牌神数七种·珍本演禽三世相法	[清]诚文信校	440.00	九州
增补四库未收方术汇刊第二辑(全36函)	线装影印本	13800.00	九州
第二辑第1函:六爻断易一撮金·卜易秘诀海底眼	[宋]邵雍撰	200.00	九州
第二辑第2函:秘传子平渊源	燕山郑同校辑	280.00	九州
第二辑第3函:命理探原	[清]袁树珊撰	280.00	九州
第二辑第4函:命理正宗	[明]张楠撰集	180.00	九州
第二辑第5函:造化玄钥	庄圆校补	220.00	九州
第二辑第6函:命理寻源·子平管见	[清]徐乐吾撰	280.00	九州
第二辑第7函:京本风鉴相法	[明]回阳子校辑	380.00	九州
第二辑第8—9函:钦定协纪辨方书8册	[清]允禄编	780.00	九州
第二辑第10—11函:鳌头通书10册	[明]熊宗立撰辑	880.00	九州
第二辑第12—13函:象吉通书	[清]魏明远撰辑	1080.00	九州
第二辑第14函:选择宗镜·选择纪要	[朝鲜]南秉吉撰	360.00	九州
第二辑第15函:选择正宗	[清]顾宗秀撰辑	480.00	九州
第二辑第16函:仪度六壬选日要诀	[清]张九仪撰	680.00	九州
第二辑第17函:葬事择日法	郑同校辑	280.00	九州
第二辑第18函:地理不求人	[清]吴明初撰辑	240.00	九州
第二辑第19函:地理大成一:山法全书	[清]叶九升撰	680.00	九州
第二辑第20函:地理大成二:平阳全书	[清]叶九升撰	360.00	九州
第二辑第21函:地理大成三:地理六经注·地理大成四:罗经指南拔雾集·地理大成五:理气四诀	[清]叶九升撰	300.00	九州
第二辑第22函:地理录要	[明]蒋大鸿撰	480.00	九州
第二辑第23函:地理人子须知	[明]徐善继撰	480.00	九州
第二辑第24函:地理四秘全书	[清]尹一勺撰	380.00	九州
第二辑第25—26函:地理天机会元	[明]顾陵冈辑	1080.00	九州
第二辑第27函:地理正宗	[清]蒋宗城校订	280.00	九州
第二辑第28函:全图鲁班经	[明]午荣编	280.00	九州
第二辑第29函:秘传水龙经	[明]蒋大鸿撰	480.00	九州
第二辑第30函:阳宅集成	[清]姚廷銮纂	480.00	九州
第二辑第31函:阴宅集要	[清]姚廷銮纂	240.00	九州
第二辑第32函:辰州符咒大全	[清]觉玄子辑	480.00	九州
第二辑第33函:三元镇宅灵符秘箓·太上洞玄祛病灵符全书	[明]张宇初编	240.00	九州
第二辑第34函:太上混元祈福解灾三部神符	[明]张宇初编	360.00	九州
第二辑第35函:测字秘牒·先天易数·冲天易数/马前课	[清]程省撰	360.00	九州
第二辑第36函:秘传紫微	古朝鲜抄本	240.00	九州

书　　名	作　者	定　价	版别
子平遗书第1辑(甲子至戊辰,全三册)	精装古本影印	980.00	华龄
子平遗书第2辑(庚午至甲戌,全三册)	精装古本影印	980.00	华龄
子平遗书第3辑(乙亥至戊子,全三册)	精装古本影印	980.00	华龄
子平遗书第4辑(庚寅至庚子,全三册)	精装古本影印	980.00	华龄
子平遗书第5辑(辛丑至癸丑,全三册)	精装古本影印	980.00	华龄
子平遗书第6辑(甲寅至辛酉,全三册)	精装古本影印	980.00	华龄
子部善本1:新刊地理玄珠	精装古本影印	380.00	华龄
子部善本2:参赞玄机地理仙婆集	精装古本影印	380.00	华龄
子部善本3:章仲山地理九种(上下)	精装古本影印	760.00	华龄
子部善本4:八门九星阴阳二遁全本奇门断	精装古本影印	760.00	华龄
子部善本5:六壬统宗大全	精装古本影印	380.00	华龄
子部善本6:太乙统宗宝鉴	精装古本影印	380.00	华龄
子部善本7:重刊星海词林(全五册)	精装古本影印	1900.00	华龄
子部善本8:万历初刻三命通会(上下)	精装古本影印	760.00	华龄
子部善本9:增广沈氏玄空学(上下)	精装古本影印	760.00	华龄
子部善本10:江公择日秘稿	精装古本影印	380.00	华龄
子部善本11:刘氏家藏阐微通书(上下)	精装古本影印	760.00	华龄
子部善本12:影印增补高岛易断(上下)	精装古本影印	760.00	华龄
子部善本13:清刻足本铁板神数	精装古本影印	380.00	华龄
子部善本14:增订天官五星集腋(上下)	精装古本影印	760.00	华龄
子部善本15:太乙奇门六壬兵备统宗(上中下)	精装古本影印	1140.00	华龄
子部善本16:御定景祐奇门大全(上下)	精装古本影印	760.00	华龄
子部善本17:地理四秘全书十二种	精装古本影印	380.00	华龄
子部善本18:全本地理统一全书	精装古本影印	380.00	华龄
风水择吉第一书:辨方(精装)	李明清著	168.00	华龄
珞琭子三命消息赋古注通疏(精装上下)	一明注疏	188.00	华龄
增补高岛易断(简体横排精装上下)	(清)王治本编译	198.00	华龄
飞盘奇门:鸣法体系校释(精装上下)	刘金亮撰	198.00	九州
白话高岛易断(上下)	孙正治孙奥麟译	128.00	九州
润德堂丛书全编1:述卜筮星相学	袁树珊著	38.00	华龄
润德堂丛书全编2:命理探原	袁树珊著	38.00	华龄
润德堂丛书全编3:命谱	袁树珊著	68.00	华龄
润德堂丛书全编4:大六壬探原 养生三要	袁树珊著	38.00	华龄
润德堂丛书全编5:中西相人探原	袁树珊著	38.00	华龄
润德堂丛书全编6:选吉探原 八字万年历	袁树珊著	38.00	华龄
润德堂丛书全编7:中国历代卜人传(上中下)	袁树珊著	168.00	华龄

书　　名	作　者	定　价	版别
三式汇刊1:大六壬口诀纂	[明]林昌长辑	68.00	华龄
三式汇刊2:大六壬集应钤	[明]黄宾廷撰	198.00	华龄
三式汇刊3:奇门大全秘纂	[清]湖海居士撰	68.00	华龄
三式汇刊4:大六壬总归	[宋]郭子晟撰	58.00	华龄
青囊汇刊1:青囊秘要	[晋]郭璞等撰	48.00	华龄
青囊汇刊2:青囊海角经	[晋]郭璞等撰	48.00	华龄
青囊汇刊3:阳宅十书	[明]王君荣撰	48.00	华龄
青囊汇刊4:秘传水龙经	[明]蒋大鸿撰	68.00	华龄
青囊汇刊5:管氏地理指蒙	[三国]管辂撰	48.00	华龄
青囊汇刊6:地理山洋指迷	[明]周景一撰	32.00	华龄
青囊汇刊7:地学答问	[清]魏清江撰	58.00	华龄
青囊汇刊8:地理铅弹子砂水要诀	[清]张九仪撰	68.00	华龄
子平汇刊1:渊海子平大全	[宋]徐子平撰	48.00	华龄
子平汇刊2:秘本子平真诠	[清]沈孝瞻撰	38.00	华龄
子平汇刊3:命理金鉴	[清]志于道撰	38.00	华龄
子平汇刊4:秘授滴天髓阐微	[清]任铁樵注	48.00	华龄
子平汇刊5:穷通宝鉴评注	[清]徐乐吾注	48.00	华龄
子平汇刊6:神峰通考命理正宗	[明]张楠撰	38.00	华龄
子平汇刊7:新校命理探原	[清]袁树珊撰	48.00	华龄
子平汇刊8:重校绘图袁氏命谱	[清]袁树珊撰	68.00	华龄
子平汇刊9:增广汇校三命通会(全三册)	[明]万民英撰	168.00	华龄
纳甲汇刊1:校正全本增删卜易	郑同点校	68.00	华龄
纳甲汇刊2:校正全本卜筮正宗	郑同点校	48.00	华龄
纳甲汇刊3:校正全本易隐	郑同点校	48.00	华龄
纳甲汇刊4:校正全本易冒	郑同点校	48.00	华龄
纳甲汇刊5:校正全本易林补遗	郑同点校	38.00	华龄
纳甲汇刊6:校正全本卜筮全书	郑同点校	68.00	华龄
古今图书集成术数丛刊:卜筮(全二册)	[清]陈梦雷辑	80.00	华龄
古今图书集成术数丛刊:堪舆(全二册)	[清]陈梦雷辑	120.00	华龄
古今图书集成术数丛刊:相术(全一册)	[清]陈梦雷辑	60.00	华龄
古今图书集成术数丛刊:选择(全一册)	[清]陈梦雷辑	50.00	华龄
古今图书集成术数丛刊:星命(全三册)	[清]陈梦雷辑	180.00	华龄
古今图书集成术数丛刊:术数(全三册)	[清]陈梦雷辑	200.00	华龄
四库全书术数初集(全四册)	郑同点校	200.00	华龄
四库全书术数二集(全三册)	郑同点校	150.00	华龄
四库全书术数三集:钦定协纪辨方书(全二册)	郑同点校	98.00	华龄

书　名	作　者	定　价	版别
增补鳌头通书大全(全三册)	[明]熊宗立撰辑	180.00	华龄
增补象吉备要通书大全(全三册)	[清]魏明远撰辑	180.00	华龄
增广沈氏玄空学	郑同点校	68.00	华龄
地理点穴撼龙经	郑同点校	32.00	华龄
绘图地理人子须知(上下)	郑同点校	78.00	华龄
玉函通秘	郑同点校	48.00	华龄
绘图入地眼全书	郑同点校	28.00	华龄
绘图地理五诀	郑同点校	48.00	华龄
一本书弄懂风水	郑同著	48.00	华龄
风水罗盘全解	傅洪光著	58.00	华龄
堪舆精论	胡一鸣著	29.80	华龄
堪舆的秘密	宝通著	36.00	华龄
中国风水学初探	曾涌哲	58.00	华龄
全息太乙(修订版)	李德润著	68.00	华龄
时空太乙(修订版)	李德润著	68.00	华龄
故宫珍本六壬三书(上下)	张越点校	128.00	华龄
大六壬通解(全三册)	叶飘然著	168.00	华龄
壬占汇选(精抄历代六壬占验汇选)	肖岱宗点校	48.00	华龄
大六壬指南	郑同点校	28.00	华龄
六壬金口诀指玄	郑同点校	28.00	华龄
大六壬寻源编[全三册]	[清]周螭辑录	180.00	华龄
六壬辨疑　毕法案录	郑同点校	32.00	华龄
时空太乙(修订版)	李德润著	68.00	华龄
全息太乙(修订版)	李德润著	68.00	华龄
大六壬断案疏证	刘科乐著	58.00	华龄
六壬时空	刘科乐著	68.00	华龄
御定奇门宝鉴	郑同点校	58.00	华龄
御定奇门阳遁九局	郑同点校	78.00	华龄
御定奇门阴遁九局	郑同点校	78.00	华龄
奇门秘占合编:奇门庐中阐秘·四季开门	[汉]诸葛亮撰	68.00	华龄
奇门探索录	郑同编订	38.00	华龄
奇门遁甲秘笈大全	郑同点校	48.00	华龄
奇门旨归	郑同点校	48.00	华龄
奇门法窍	[清]锡孟樨撰	48.00	华龄
奇门精粹——奇门遁甲典籍大全	郑同点校	68.00	华龄
御定子平	郑同点校	48.00	华龄

书　　名	作　者	定　价	版别
增补星平会海全书	郑同点校	68.00	华龄
五行精纪:命理通考五行渊微	郑同点校	38.00	华龄
绘图三元总录	郑同编校	48.00	华龄
绘图全本玉匣记	郑同编校	32.00	华龄
周易初步:易学基础知识36讲	张绍金著	32.00	华龄
周易与中医养生:医易心法	成铁智著	32.00	华龄
梅花心易阐微	[清]杨体仁撰	48.00	华龄
梅花易数讲义	郑同著	58.00	华龄
白话梅花易数	郑同编著	30.00	华龄
梅花周易数全集	郑同点校	58.00	华龄
一本书读懂易经	郑同著	38.00	华龄
白话易经	郑同编著	38.00	华龄
知易术数学:开启术数之门	赵知易著	48.00	华龄
术数入门——奇门遁甲与京氏易学	王居恭著	48.00	华龄
周易虞氏义笺订(上下)	[清]李翊灼校订	78.00	九州
阴阳五要奇书	[晋]郭璞撰	88.00	九州
壬奇要略(全5册:大六壬集应钤3册,大六壬口诀纂1册,御定奇门秘纂1册)	肖岱宗郑同点校	300.00	九州
周易明义	邸勇强著	73.00	九州
论语明义	邸勇强著	37.00	九州
中国风水史	傅洪光撰	32.00	九州
古本催官篇集注	李佳明校注	48.00	九州
鲁班经讲义	傅洪光著	48.00	九州
天星姓名学	侯景波著	38.00	燕山
解梦书	郑同、傅洪光著	58.00	燕山

周易书斋是国内最大的易学术数类图书邮购服务的专业书店,成立于2001年,现有易学及术数类图书现货6000余种,在海内外易学研究者中有着巨大的影响力。通讯地址:北京市102488信箱58分箱　邮编:102488　王兰梅收。

1、学易斋官方旗舰店网址：xyz888.jd.com　微信号:xyz15652026606
2、联系人：王兰梅　电话:13716780854,15652026606,(010)89360046
3、邮购费用固定,不论册数多少,每次收费7元。
4、银行汇款：户名：**王兰梅**。
　　邮政：6010063592000109796　农行：6228480010308994218
　　工行：0200299001020728724　建行：1100579980130074603
　　交行：6222600910053875983　支付宝：13716780854
5、QQ:(周易书斋2)2839202242;QQ群:(周易书斋书友会)140125362。

北京周易书斋敬启